천도교의 민족운동 연구

천도교의 민족운동 연구

초판 1쇄 발행 2006년 10월 30일
　　2쇄 발행 2007년 9월 28일

지은이　조규태
펴낸이　윤관백
편　집　김은정
표　지　서혜미
펴낸곳　
등록　제5-77호(1998.11.4)
주소　서울시 마포구 마포동 324-1 곳마루 B/D 1층
전화　02)718-6252 / 6257　팩스　02)718-6253
E-mail　sunin72@chol.com

정가 · 18,000원
ISBN　978-89-5933-065-2　93900

· 저자와 협의에 의해 인지 생략.
· 잘못된 책은 바꿔 드립니다.

천도교의 민족운동 연구

‖ 책머리에 ‖

　천도교 하면 3·1운동이 떠오른다. 손병희 등 민족대표 15인은 독립선언서를 작성하고 독립선언식을 개최하였고, 보성사는 독립선언서를 제작·배포하였으며, 서울과 지방의 교인들은 적극적으로 독립만세운동에 참여하였다. 우리는 이러한 사실을 대강은 알고 있다.
　그러나 3·1운동 후 천도교인들이 어떠한 민족운동을 전개하였는가 하는 점은 잘 모르고 있다. 천도교단과 대한민국임시정부와의 관계, 만주지역에서의 천도교인의 민족운동, 천도교연합회와 고려혁명당, 천도교 구파와 조선공산당의 민족협동전선운동, 천도교 구파의 청년전위단체인 천도교청년동맹의 조직과 활동에 대해서는 거의 모르고 있다. 필자가 『천도교의 민족운동 연구』를 특별히 발간한 이유가 바로 여기에 있다고 하겠다.

　이 책은 일곱 편의 글로 구성되어 있다. 첫째 글 「천도교와 3·1운동－천도교의 역할과 지방독립만세운동의 특성－」에서는 3·1운동을 계획하고 거사를 일으키는 과정에서 천도교 중앙총부와 소속 지도자들이 한 역할과, 천도교인이 주도한 지방의 독립만세운동에 나타난 특성에 대하여 살펴보았다.

둘째 글 「만주지역 천도교세의 신장과 천도교인의 민족운동(1905~1922)」에서는 먼저 만주지역의 천도교의 전파와 천도교세의 신장에 대하여 검토하였다. 그리고 만주지역의 천도교인들이 벌인 독립만세운동과 무장투쟁단체인 군비단과 대한국민회 참가활동에 대하여 소개하였으며 1920년 경신참변 후 만주지역 천도교인의 동향에 대하여 서술하였다.

셋째 글 「천도교단과 대한민국임시정부」에서는 우선 3·1운동 후, 천도교 측에서 주도한 임시정부 수립활동에 대하여 살펴보았다. 그리고 천도교인의 상해 망명과 대한민국임시정부에서의 역할에 대해서 검토하였다. 마지막으로는 천도교인이 대한민국임시정부와 결별하고 북경에서 군사통일회의를 조직한 후 임시정부와 임시의정원을 비판하고 임시정부를 새롭게 창조하려 한 활동에 대하여 살펴보았다.

넷째 글 「개벽사의 출판문화운동-『개벽』을 중심으로-」에서는 1920년대 국내 천도교의 주도세력이 벌인 문화운동의 한 사례를 소개하였다. 여기에서는 먼저 천도교가 개벽사를 설립한 배경에 대하여 검토하였다. 이어 『개벽』의 편집진과 필진 및 이들의 논조를 분석하여 소개하였다. 그리고 『개벽』 편집진의 문화운동론과 그 변화에 대하여 기술하였다.

다섯째 글 「1920년대 천도교연합회의 변혁운동-항일정신 및 동학이념의 추구와 관련하여-」에서는 천도교 교파 중 동학의 항일정신과 평등이념을 굳게 지키려 한 천도교연합회의 활동에 대하여 검토하였다. 먼저 천도교연합회의 조직배경 및 주도인물과 그 특성에 대하여 살펴보았다. 그리고 천도교연합회가 벌인 항일운동과 공동촌 건설운동에 대하여 소개하였다.

여섯째 글 「천도교 구파와 신간회」에서는 먼저 천도교 구파의 결성 배경에 대하여 검토하였다. 그리고 천도교 구파가 조선공산당과 민족협동전선을 형성하고 벌인 6·10만세운동에 대하여 살펴보았다. 끝으로는 천도교 구파가 신간회에 참여한 배경과 신간회 본부와 지회에서의 천도교의 역할 및 민중대회 후 천도교 구파의 동향에 대하여 추적하였다.

일곱째 글 「천도교청년동맹의 조직과 활동」에서는 먼저 천도교 구파의 청년전위단체인 천도교청년동맹이 조직된 배경과 주도인물 대하여 검토하였다. 그리고 천도교청년동맹 혹은 천도교청년동맹원이 벌인 6·10만세운동과 신간회운동에 대하여 개진하였다.

필자는 본고를 작성하기 위하여 먼저 천도교에서 발간한 자료를 통하여 누가 어느 계파에 속하는지 확인하였다. 그리고 민족운동에 관한 자료를 검색하여 이들이 벌인 민족운동에 대하여 하나하나 조사하였다. 그리고 지금까지 소개되지 않은 러시아 문서보관소 소장 천도교 관련 문서, 북경 군사통일회의의 회원들이 발간한 『大同』 등의 자료를 새롭게 활용하였다

이 책을 내기까지 여러분의 도움을 받았다. 먼저 코민테른 자료 등 희귀한 자료를 선뜻 제공해주시고, 글의 체계도 다듬어주신 박환 선생님, 필자가 글을 발표할 수 있게 도와주신 최기영 선생님께 깊이 감사드린다. 그리고 글의 체계와 내용을 다듬느라 귀찮을 정도로 질문하여도 기꺼이 대답해준 성주현 선생에게도 고마운 마음을 전한다. 서투른 문장을 교정하느라 애써 주신 서동일·박종연·김미영님께도 감사의 마음을 표한다.

수익이 없을 이 책의 출간을 선뜻 허락해주신 도서출판 선인의 윤관백 사장님께 깊이 감사드린다.
　보잘것없는 책이지만, 이 책이 국내외에서 민족운동을 전개하다 희생된 천도교인들의 넋을 기리는데 작은 도움이 되기를 바란다. 아울러 일제시대의 찬란한 역사를 무대의 뒤편으로 보내고, 조용히 자신의 믿음을 실천해나가는 천도교인에게 기쁨이 되었으면 한다.

2006년 10월

曺 圭 泰

차례

책머리에 ·· 5

천도교와 3·1운동 ··· 13
　－천도교의 역할과 지방 독립만세운동의 특성－
　머리말 ‖ 15
　1. 천도교의 3·1운동 착수와 민족연합전선의 형성 ‖ 17
　2. 독립선언서와 『조선독립신문』의 제작·배포 ‖ 25
　3. 지방의 독립만세운동과 그 특성 ‖ 31
　맺음말－3·1운동 후 천도교의 동향－ ‖ 44

만주지역 천도교세의 신장과 천도교인의 민족운동(1905~1922) ······· 47
　머리말 ‖ 49
　1. 만주지역 천도교회의 설립과 천도교세의 신장 ‖ 51
　2. 만주지역 천도교인의 독립만세운동과 무장투쟁 ‖ 61
　3. 만주지역 천도교회의 문화운동 추진과 천도교인의 동향 ‖ 71
　맺음말 ‖ 82

천도교단과 대한민국임시정부 ··· 85
　머리말 ‖ 87
　1. 천도교인의 임시정부 수립 활동과 상해 망명 ‖ 89
　2. 천도교인의 대한민국임시정부 참여와 정치세력의 규합 ‖ 102

3. 천도교단의 대한민국임시정부와의 결별과
　　　　북경 군사통일회의의 조직 ‖ 106
　　4. 국민대표회의의 개최와 천도교단의 임시정부 창조 활동 ‖ 112
　맺음말 ‖ 122

개벽사의 출판문화운동 －『개벽』을 중심으로－ ·· 125
　머리말 ‖ 127
　　1. 개벽사의 설립과 운영체제의 정비 ‖ 129
　　2. 『개벽』의 논설 필진과 논설 내용 ‖ 139
　　3. 개벽사 주도인물의 문화운동론과 그 변화 ‖ 154
　맺음말 ‖ 164

1920년대 천도교연합회의 변혁운동 ·· 167
　－항일정신 및 동학이념의 추구와 관련하여－
　머리말 ‖ 169
　　1. 천도교총부의 혁신운동과 천도교연합회의 결성 ‖ 172
　　2. 천도교연합회의 주도인물과 그 특성 ‖ 188
　　3. 천도교연합회의 고려혁명당 결성과 공동촌 건립 ‖ 202
　맺음말 ‖ 217

천도교 구파와 신간회 ·· 221
　머리말 ∥ 223
　1. 천도교 구파의 형성과 민족협동전선운동의 대두 ∥ 224
　2. 천도교 구파의 신간회운동 ∥ 233
　3. 민중대회사건 후의 천도교 구파와 신간회 ∥ 238
　맺음말 ∥ 243

천도교청년동맹의 조직과 활동 ·· 245
　머리말 ∥ 247
　1. 천도교청년동맹의 설립과 주도인물 ∥ 249
　2. 지부의 확장과 천도교청년총동맹 체제의 정비 ∥ 259
　3. 천도교청년동맹과 6·10만세운동 ∥ 265
　4. 천도교청년동맹과 신간회운동 ∥ 270
　맺음말 ∥ 277

별표 ·· 279
찾아보기 ·· 289

제 1 장

천도교와 3·1운동
-천도교의 역할과 지방 독립만세운동의 특성-

머리말

　천도교는 '甲辰開化運動' 후인 1905년 12월 전통적인 종교인 東學에서 탈피하여 근대적인 종교로 모양을 갖추었다. 천도교는 정치활동을 계속하려던 一進會系 천도교인들이 1907년 侍天敎를 별립하여 나감에 따라 교세가 약화되었다. 그러나 천도교는 손병희를 정점으로 하고 권동진·오세창·양한묵 등 문명개화론계의 교인들을 중용하여 교회조직과 교리를 근대적으로 재편하였다. 그리고 1910년대 교리강습소, 사범강습소, 『천도교회월보』 등을 통하여 교인들에게 근대적 사고와 민족의식을 함양하였다. 그러면서 천도교는 人乃天의 이념과 輔國安民·廣濟蒼生의 교리에 따라 천도교적 이상사회를 건설하기 위해 항상 정치적·사회적 변혁을 모색하였다. 우선은 포교로써 교세를 증대하는 데 중점을 두었지만, 민족간의 평등으로서의 한국의 독립을 이루고, 정권을 장악하여 계층·계급간의 평등을 구현할 수 있는 새로운 사회를 이루려는 것도 결코 잊지 않았다. 마침, 1918년 제1차 세계대전이 끝날 즈음부터 기존의 파괴·학살의 文明을 비판하고 자유·평등·평화의 이상적인 문명, 혹은 새로운 文化를 건설하려는 改造思想이 유행하고, 미국의 윌슨 대통령이 제창한 '민족자결주의'에 고무되고, 일제의 경제적 착취와 정치적 억압에 불만을 느낀 한인들이 국내외에서 독립운동을 전개하자, 천도교에서도 1918년 말과 1919년 초 새로운 사회를 만들기 위해 독립만세운동을 준비하고 전개하였다.

천도교계에서 추진한 3·1운동이 우리 민족운동사에서 차지하는 위상이 결코 약하지 않아 그 동안 천도교계에서 추진한 3·1운동에 대하여 적지 않은 연구가 있어왔다.[1] 기존의 연구에 의하여 천도교의 3·1운동 준비과정, 민족대표의 선정과 독립선언서의 제작, 독립선언식의 거행, 독립만세운동의 지방 확산, 독립지도자의 민족적 사고 등 많은 부분이 밝혀졌다.

---

[1] 朴賢緖, 「三·一運動과 天道敎系」, 『三·一運動 50周年 紀念論集』(東亞日報社, 1969). 李炫熙, 「三·一運動裁判記錄을 通해서 본 天道敎代表들의 態度分析」, 『韓國思想』 12호, 1974. 황선희, 「天道敎의 人乃天思想과 三·一運動硏究」, 『한국사학논총』 하, 1992. 고정휴, 「삼일운동과 천도교단의 임시정부 수립 구상」, 『한국사학보』 3·4, 고려사학회, 1998. 김정인, 「천도교의 3·1운동의 전사」, 『한국민족운동사연구』 22, 1999. 이현희, 『3·1혁명, 그 진실을 밝힌다』(신인간사, 1999). 조규태, 「전남지역 천도교인의 3·1운동」, 『동학연구』 17, 2004. 이 외에 학술논문은 아니지만 잡지에 소개된 것으로는 다음의 것이 있다. 박창건, 「3·1운동과 지방교구의 활동」, 『신인간』 458호, 1988. 3. 조규태, 「만주에서의 천도교인의 3·1운동」, 『신인간』 583호, 1999. 3. 최홍규, 「경기지역과 천도교 3·1운동」, 『신인간』 584호, 1999. 4. 이정은, 「경상도지방 천도교인의 3·1운동」, 『신인간』 585호, 1999. 5. 김정인, 「전라도지역 천도교인의 3·1운동」, 『신인간』 586호, 1999. 6. 표영삼, 「평안북도의 3·1운동」, 『신인간』 587호, 1999. 7. 조규태, 「평안남도의 3·1운동」, 『신인간』 588호, 1999. 8. 박지태, 「황해도의 3·1운동」, 『신인간』 589호, 1999. 9. 성주현, 「강원도지역 천도교의 3·1운동」, 『신인간』 590호, 1999.10. 정혜경, 「충청도지역 천도교의 3·1운동」, 『신인간』 591호, 1999.11. 김인덕, 「함경도지역 천도교인의 3·1운동」, 『신인간』 592호, 1999.12.

천도교와 3·1운동 -천도교의 역할과 지방독립만세 운동의 특성-

그렇지만 천도교 지도자들이 3·1운동에 착수하여 그 노선을 확정하기까지의 과정은 아직 검토의 여지가 있다고 생각된다. 천도교측 민족대표 인사들의 정치·사회적 특성에 대한 규명도 충분하지 않다고 느껴진다. 또한 지방에서의 천도교의 3·1운동에 대해서도 종합적인 검토가 미흡하여 그 특성과 성격이 분명히 밝혀져 있지 않다고 생각된다.

따라서 필자는 첫째 천도교가 3·1운동에 착수하여 민족연합전선을 형성하기까지의 과정을 면밀히 검토하고 '독립선언' 방식의 운동을 택하게 되는 경위를 알아보겠다. 다음으로 3·1운동의 민족대표로 선정된 천도교측 인사들의 정치·사회적 특성을 밝히려 한다. 이어 3·1운동이 지방으로 확산될 수 있었던 배경으로 독립선언서와 독립신문의 제작·배포 등에 대하여 살펴보겠다. 마지막으로 지방에서 전개된 천도교의 3·1운동을 도표로 정리하고 여기에서 나타난 특징을 추출하여 설명하려 한다.

1. 천도교의 3·1운동 착수와 민족연합전선의 형성

천도교의 지도자들은 1918년 말 제1차 세계대전이 끝나고 식민지 국가의 독립문제가 제기되자 국제정세를 주의 깊게 주시하면서 우리 민족의 처지를 개선하는 문제에 다시금 관심을 갖게 되었다. 천도교에서는 1918년 11월 경부터 다시금 우리 민족의 처지를 개선하는 데에 관심을 깊게 가졌다. 천도교 중앙총부의 道師였던 권동진은 『大阪每日新聞』에서 미국 윌슨 대통령이 파리평화회의에 제출한 의제 14조 중 '민족자결주의'에 대한 조항을 보고 조선도 민족자결이 이루어져야 한다고 생각하였다.2) 이 무렵 吳世昌, 崔麟 등의 간부들도 비슷한 생각을 하고 있었다. 1918년 12월 초순 권동진이 오세창·최린을 만나 한국의 自決 문제를 해결하기 위한 운동을 전개하자고 제의하자 이 두 사람은 쾌히 승낙하였다. 세 사람은 운동의 첫걸음으로 민간의 사정을 탐색하기로 하였다.3) 자료상 확인되지 않지만 사안의 중대함으로 볼 때 이 일은 천도교의 교주이던 손병희와 협의 하에 추진되었음에 틀림없다고 생각된다.

민간의 사정을 탐색한 후, 이들은 여러 가지 풍문이 떠돌고 민심이 동요하고 있다는 것을 알았다. 이들은 12월 말 조선의 민족자결을 실현하는 방안으로 우선 조선의 自治를 제창하기로 하고, 그 운동을 위하여 1919년 봄 도오쿄오로 가기로 작정하였다.4) 이 때의 자치란 완전한 독립이 아닌 자율적 행정을 의미하는 정도였다.

그런데 1919년 1월 시베리아, 노르웨이, 상해 등 국외에 있는 한국인이 파리강화회의에 대표자를 보내어 독립운동을 하기로 하였다는 소식이 전해져 권동진 등에게 알려졌다.5) 또한 1월 중순 무렵 최린은 동경에서 2·8독립선언에 사용할 인쇄기 구입, 독립운동자금의 마련 등을 위해 국내에 파견되었던 宋繼白과 만나 일본에서의 독립선언 준비에 관한 소식을 들었다.6)

1월 상순 권동진·오세창·최린은 常春園으로 손병희를 자주 방

---

2) 「권동진에 대한 경성지방법원의 제1회 신문조서」, 국사편찬위원회 편, 『한민족독립운동사자료집』 11권, 1990, 41쪽.

3) 위의 책, 42쪽.

4) 「권동진신문조서」, 국사편찬위원회 편, 『한민족독립운동사자료집』 11권, 1990, 41·42쪽. 「오세창신문조서」, 앞의 책, 58쪽. 권동진 신문조서에는 自決이라고 나오나 오세창 신문조서에는 自治라고 나온다. 그런데, 권동진의 신문조서에도 1919년 1월 자치운동에서 독립운동으로 전환하였다는 말이 나오므로 1918년 12월 말에는 자치운동을 하기로 결정하였음에 틀림없는 것 같다.

5) 崔麟, 「自敍傳」, 『韓國思想』 4, 1962, 164쪽. 김상태 편역, 『윤치호 일기』, 역사비평사, 2001, 65쪽.

6) 玄相允, 「3·1운동 발발의 개략」, 『思想界』 1963년 3월호, 45·46쪽.

문하여 국내의 인심과 재외동포의 동향에 대하여 보고하였다. 그 때 손병희는 "장차 우리 면전에 전개될 시국은 참으로 중대하다. 우리들이 이 천재일우의 호기를 無爲無能하게 간과할 수 없는 일이다. 내 이미 정한 바 있으니 제군은 십분 분발하여 대사를 그릇됨이 없이하라"고 하였다 한다.7) 이 무렵 천도교의 중앙총부는 지방 교구에 1919년 1월 5일부터 49일간 특별기도회를 개최하게 하였는데 이것은 예년에 없던 특별한 행사였다.8) 그러니까 천도교 본부는 1월 초 모종의 운동에 대비하기 위하여 종교적 행사를 통하여 지방의 교인들을 결속하고 있었다.

  1월 중순 경 손병희는 朴永孝를 방문하여 "한국의 독립을 위한 국민대회를 개최하기 위해 박영효·尹致昊·손병희의 명의로 된 청원서를 조선총독부에 제출하려고 하는데 협조해 달라"고 하였다. 그렇지만 박영효는 조선총독부가 허락하지 않을 것이라 생각했으므로 확답을 하지 않았다.9) 손병희는 박영효의 부정적 태도 탓인지 윤치호를 만나지도 않은 것 같다.10) 요컨대 1월 중순 손병희는 대한제국의 관료출신이며 개화파 인사인 박영효·윤치호와 제휴하여 조선총독부와 일본정부에 독립을 청원하려고 모색하였으나 이것은 이루어지지 않았다.

  1919년 1월 20일 경 권동진·오세창·최린은 손병희를 만나 독립운동의 방략으로 '일본정부에 권고하여 독립자결을 이루려는 운동'을 결정하였다고 한다.11) 그러니까 천도교계에서는 1918년 12월

---

  7) 崔麟, 「自敍傳」, 如菴先生文集編纂委員會, 『如菴文集』 上, 1971년, 182쪽.
  8) 「경성지방법원의 오세창신문조서(제1회)」, 『한민족독립운동사자료집』 11권, 53·54쪽.
  9) 「박영효 신문조서」, 국사편찬위원회 편, 『한민족독립운동사자료집』 11권, 1990, 103쪽.
 10) 「윤치호의 경성지방법원 제1회 신문조서」, 국사편찬위원회 편, 『한민족독립운동사자료집』 11권, 105쪽.

경 자율적 행정을 획득하기 위한 자치운동을 하려고 하였다가 1919년 1월 중순 완전한 독립을 청원하는 방식의 독립운동으로 전환하였다.

그런데 1월 28일 이후 수 차례 손병희의 집에서 권동진·오세창·최린이 회합한 후 독립을 선언하기로 하였다. 이들은 독립선언서를 발표하고 배포함으로써 시위운동을 일으켜 독립의 열망을 알리고, 일본 정부, 귀족원·중의원, 조선총독부, 파리강화회의의 열국위원들에게 한국의 독립에 대한 의견서를 보내고, 미국대통령 윌슨에게 한국의 독립에 대한 청원서를 보내는 방식의 운동을 하기로 결정하였다.12) 그리고 1월 하순 독립운동의 방법으로 '대중화', '일원화', '비폭력'의 세 가지 원칙을 결정하였다.13)

1월 하순부터 천도교계에서는 여러 세력과의 제휴가 시도되었다. 이 때 그 일을 주로 담당한 사람은 최린이었다. 최린은 이미 1월 중순부터 중앙고등보통학교장 宋鎭禹·동교 교사 玄相允·역사연구자 崔南善 등과 함께 송계백을 통하여 도오쿄오의 2·8독립운동의 추진인사들과 의견을 교환하고 있었는데 1월 하순에도 이러한 접촉은 계속 이어졌다.14) 2월 상순 최린은 송진우·현상윤·최남선과 접촉하고 독립선언서의 발표를 위해 尹致昊, 金允植, 韓圭卨을 대표로 하기로 하고 윤치호·김윤식은 최남선, 한규설은 최린이 교섭하기로 하였다.15) 최린은 2월 초순 한규설을 방문하였으나 참여에 대

---

11) 국사편찬위원회 편, 「권동진신문조서」, 『한민족독립운동사자료집』 11권, 41·42쪽 ; 「손병희신문조서」, 위의 책, 64쪽.

12) 「고등법원 판결문(1920. 3.22)」, 독립운동사편찬위원회, 『독립운동사자료집』 5, 1972년, 16쪽 ; 「최린의 경성지방법원 제1회 신문조서」, 『한민족독립운동사자료집』 11권, 21쪽.

13) 崔麟, 「自敍傳」, 『韓國思想』 4호, 1962년, 164쪽. ; 『如菴文集』 上, 182쪽.

14) 「최린의 경성지방법원 제2회 신문조서」, 『한민족독립운동사자료집』 11권, 133·134쪽.

한 확답을 받지 못하였다. 또한 최남선이 김윤식·윤치호에게 교섭해보았으나 승낙을 얻지 못하였다. 송진우도 박영효를 방문하였으나 응락을 받지 못하였다.16)

이들 인사의 참여가 어려워지자, 송진우·현상윤은 이 운동의 계속적 추진에 부정적 태도를 보였다. 최남선도 독립선언서에 명의를 내지 않기로 하였다. 최린이 이 운동의 중지를 제의하자 최남선은 자신이 기독교계와의 연락을 담당하겠다고 말하고 李昇薰을 서울로 부르기로 약속하였다.17)

2월 7일 경 최린과 최남선은 현상윤을 통하여 水下洞 鄭魯湜의 집에 머무르던 金道泰에게 자신들의 계획을 말하고 정주의 이승훈에게 가서 오산학교 경영건을 이유로 들어 그를 상경하도록 하였다. 김도태는 당일 저녁차로 정주에 갔는데 이승훈은 사경회가 개최되던 宣川에 가 있어 그를 만나지 못하고, 오산학교 교사인 朴賢煥으로 하여금 선천에 가서 그 사실을 전하게 하였다. 박현환의 연락을 받은 이승훈은 2월 11일 상경하여 김성수의 별저에서 송진우·현상윤과 만나 천도교측의 의사를 들었다. 그리고 2월 12일 정주로 돌아가 평안도의 기독교계 인사들의 의사를 수렴하였다.18)

평안도로 돌아간 이승훈이 선천, 평양 등지의 기독교계 인사들과 접촉한 후 17일 서울에 와서 20일과 21일 권동진과 최린을 찾자 이들은 기독교계와 천도교계가 힘을 합쳐 독립운동을 하되 그 방식

---

15) 「최린의 경성지방법원 제1회 신문조서」, 『독립운동사자료집』 5권, 17쪽. 『한민족독립운동사자료집』 11권, 134쪽.

16) 「경성지방법원의 제1회 최린 신문조서」, 『한민족독립운동사자료집』 11권, 135~137쪽.

17) 「최린의 경성지방법원 제1회 신문조서」, 『한민족독립운동사자료집』 11권, 134·135쪽.

18) 2월 20일 경 손병희가 독립선언의 독립운동을 제의하였다 한다. 『경성지방법원의 제1회 최린 신문조서』, 『한민족독립운동사자료집』 11권, 51쪽.

은 독립청원이 아닌 독립선언을 할 것을 제의하였다. 또한, 2월 22일 이승훈과 함태영이 최린을 다시 방문하자 최린은 다시 한번 독립청원이 아니라 독립선언 방식의 운동을 할 것을 주장하였다.19) 천도교측의 입장을 들은 기독교계는 23일 함태영의 집에서 모여 천도교측과 합동하여 독립선언 방식의 독립운동을 하기로 결정하였다. 그리고 이승훈, 함태영이 교섭대표가 되어 24일 밤 권동진·오세창·최린과 만나 독립선언의 독립운동을 하기로 합의하였다.20) 이로써 천도교계와 기독교계의 협동전선이 이루어졌던 것이다.

불교계와의 협동전선은 최린이 1월 27·8일 경 일본 유학시 알게 된 한용운을 방문하여 독립운동에 관하여 의견을 나누면서 시작되었다.21) 당시 최린과 한용운은 다수의 동지를 얻는데 먼저 힘을 쓰고, 신도가 많은 천도교회를 중심으로 운동을 전개하자고 합의하였다.22) 이후 2월 20일 경 최린에게서 독립선언서의 발표, 독립청원서, 독립건의서의 송부 등에 의한 독립운동의 자세한 계획을 듣고 이것에 가맹하기로 약속하였다.23) 이리하여 불교계의 참여도 이루어졌다.

기독교, 불교 측과의 독립운동에 대한 협의가 한창 진행되던 2월 20일 오전 10시 경 권동진의 집에 모인 권동진·최린·오세창·이승훈 등은 민족대표로 천도교 15인, 기독교 15인, 불교 2인의 총

---

19) 「경성지방법원의 제1회 최린 신문조서」, 『한민족독립운동사자료집』 11권, 51쪽.
20) 朴漢尙, 「三·一運動 主導體 形成에 관한 考察」, 『三·一運動 50周年 紀念論叢』(東亞日報社, 1969년) 196~198쪽.
21) 「경성지방법원의 제1회 최린신문조서」, 국사편찬위원회, 『한민족독립운동사자료집』 11권, 탐구당, 1990, 26쪽.
22) 「한용운선생 신문조서」, 李炳憲, 『三·一運動秘史』, 時事時報社, 1959, 602쪽.
23) 「고등법원의 제1회 최린 신문조서」, 국사편찬위원회 편, 『한민족독립운동사자료집』 12권, 1990, 88쪽, 『三·一運動秘史』, 612·613쪽.

천도교와 3·1운동 -천도교의 역할과 지방독립만세 운동의 특성-

32인으로 하자고 결정하였다.24) 이에 따라 권동진은 오세창과 함께 천도교측의 민족대표를 인선하였다.25) 그리고 천도교에서는 朴寅浩의 이름으로 평안남도·북도를 중심으로 한 각 지역의 교구장들에게 명령하여 49일 기도가 끝난 2월 22일 이후 보고를 겸해서 서울로 올라오도록 하였다.26) 이후 손병희는 2월 20일 숭인동 천도교회에서 권병덕에게 민족대표로 참석할 것을 권유하여 응낙을 받았다.27) 권동진과 오세창은 2월 20일부터 26일까지 양한묵·나용환·나인협·임례환·홍병기·박준승·이종훈·이종일·홍기조·김완규의 응낙을 받았다.28) 이리하여, 손병희·권동진·오세창·최린 외에 권병덕·김완규·나용환·나인협·박준승·양한묵·이종일·임례환·홍기조·홍병기의 15명의 대표가 선정되었다.

천도교측 민족대표의 특성을 이해하기 위해 이들의 약력을 표시하면 다음의 〈표 1-1〉과 같다. 이 표에 의하면, 천도교의 민족대표들은 첫째 개화파 관료들로 일본에 망명하였다가 손병희와 교유한 후 동학 혹은 천도교에 입교한 사람들이 중심을 이루고 있다. 3·1운동을 처음부터 주도한 권동진·오세창·최린, 그리고 양한묵·이종일이 그렇다. 둘째 東學 시기에 입교하여 손병희 휘하에서 동학농민운동에 참가하고 천도교의 장로로서 활동한 인물이 주목된다. 이

---

24) 「경성지방법원의 권동진신문조서(제1회)」, 『한민족독립운동사자료집』 11권, 42쪽. 후에 기독측 대표가 한 사람 증가되어 총 33명이 된 것임.
25) 「권동진 취조서」, 『三·一運動秘史』, 189쪽.
26) 「영변천도교구장 언동에 관한 일」, 『한민족독립운동사자료집』 11권, 209~211쪽.
27) 「권병덕선생 취조서」, 『三·一運動秘史』, 216쪽.
28) 「권동진 신문조서」, 국사편찬위원회 편, 『한민족독립운동사자료집』 11권, 탐구당, 1990년, 43쪽. 이병헌 편, 「권동진선생 취조서」, 『三·一運動秘史』, 192쪽. 「이종훈선생 취조서」, 『三·一運動秘史』, 380쪽. 「이종일선생 취조서」, 『三·一運動秘史』, 388쪽.

〈표 1-1〉 천도교의 3·1운동 민족대표[29]

이름	나이	출신지 주 소	교회 지위	교회 내 경력	사회 경력
손병희	59	충북 청주 서울 가회동	3세 교주	1880 동학 입교 동학농민운동 주도 갑진개화운동 주도	1901-1906년 일본 망명
권동진	59	서울 정동 서울 돈의동	道師	1904년경 동경에서 입교 典制觀長 역임	1881년 육군 哨官 부임, 1895년 을미사변 후 일본 망명
오세창	56	서울 수표교 서울 돈의동		1904년 동경에서 입교	1894년 내무부 주사 1906년 중추원 부참의
최 린	42	함남 함흥 함남 함흥	보성고등보통 학교 교장	동경에서 손병희 만남 1910년 서울에서 입교	1904년 동경 府立中 특별과 입학 1909년 메이지대학 졸업
권병덕	52	충북 청주 서울 재동	道師	1884년 동학 입교 동학농민운동 참가	
김완규	43	서울 연지동	信徒		
나용환	56	평남 중화 평남 중화	道師	갑진개화운동 주도	
나인협	48	평남 성천 평남 평양	道師	1894년 동학 입교 갑진개화운동 주도	
박준승	54	전북 임실 전북 임실	道師	1890년 동학 입교	
양한묵	58	전남 해남 서울 재동	道師	1902년 동학 입교 동학농민운동 지도	1919년 3·1운동 직후 옥사
이종일	62	경기 포천 서울 경운동	天道敎月報課 課長	1906년 천도교 입교	제국신문사 사장 보성사 사장 양반
이종훈	65	경기 광주 서울 장동	長老	1881년 동학 입교 동학농민운동 참가 (손병희 휘하 활동) 갑진개화운동 주도	
임례환	55	평남 중화 평남 평양	道師	1899년 동학 입교 갑진개화운동 주도	
홍기조	55	평남 용강 서울 안국동	道師	1894년 동학 입교 갑진개화운동 주도	
홍병기	51	경기 여주 서울 소격동	長老	1892년 입교 동학농민운동 참가 (손병희 휘하)	

종훈, 홍병기가 바로 그런 예이다. 셋째 지방의 지도자로는 평안도 출신의 道師들이 다수라는 점이다. 평안도지방은 1894년 이후 손병희가 동학을 본격적으로 전파시켰고 천도교의 중심을 이루고 있던 지역이었다. 요컨대, 3·1운동시 천도교의 민족대표로 선정되었던 인물들은 손병희가 일본에 망명하여 맺은 인연으로 입교하거나, 동학농민운동시 손병희 휘하에서 활동하거나, 동학농민운동 이후 손병희가 포교하였던 평안도 지방의 두목 등 손병희 직계의 인물들로 이루어져 있었다.

2. 독립선언서와 『조선독립신문』의 제작·배포

천도교에서는 건의서, 청원서의 작성과 독립선언서의 인쇄를 맡았는데, 그 일과 관련된 전반적인 일의 처리는 최린이 주관하였다. 최린은 이미 1월 말 명문장가인 최남선에게 부탁하여 독립선언서 및 건의서와 청원서의 기초를 부탁하였다.30) 그 때 최린은 손병희, 권동진, 오세창과 협의하여 마련한 독립선언서의 취지를 최남선에게 전달하여 독립선언서의 작성에 참고하도록 하였다.31) 최남선은 2월 10일 경에 독립선언서와 미국대통령 및 파리강화회의 참석 열국 대표에게 보내는 건의서의 초안을 작성하여 최린에게 가져왔다. 최린은 독립선언서의 초안을 손병희, 권동진, 오세창에게 보내어 검토하게 하고, 2월 중순 함태영에게 전달하여 기독교측에서도 검토하도

---

29) 이병헌, 『三·一運動秘史』(시사시보사, 1969), 『한민족독립운동사자료집』 11권 등을 참고하여 작성.

30) 「경성지방법원의 최린신문조서(제1회)」, 국사편찬위원회, 『한민족독립운동사자료집』 11권, 탐구당, 1990년, 21쪽.

31) 「경성지방법원의 최린신문조서(제1회)」, 『한민족독립운동사자료집』 11권, 22쪽.

록 하였다. 또, 일본정부와 조선총독에게 보내는 청원서는 2월 20일 최남선이 최린에게 가져왔는데, 최린은 그것을 손병희, 권동진, 오세창에게 보이고, 함태영에게 주어 기독교측의 검토를 받게 하였다.32)

천도교·기독교의 고위 지도자들로부터 독립선언서 내용에 대해 동의를 얻은 최린은 2월 26일 최남선에게 이것을 건네 신문관에서 밤새 조판하게 하였다. 그리고 신문관에서 조판된 독립선언서는 27일 오세창으로부터 이미 부탁을 받아 기다리던 이종일에게 전달되었다.33) 이종일은 보성사 직원 신영구와 김홍규에게 명령하여 27일 밤에 독립선언서 21,000여 장을 인쇄하였다.34)

인쇄한 독립선언서 21,000여 장은 이병헌·신숙·인종익으로 하여금 안국동 네거리 옆의 오지영이 거주하던 고춧가루 집에 옮기려 하였으나 이 집에서 문을 열어주지 않아서 경운동의 이종일 집으로 옮겼다.35) 그리고 이종일은 28일 아침 사람을 보내어 독립선언서 3장을 오세창에게 건네주고, 인쇄완료를 통지하였다.36)

독립선언서의 배포는 각 교단별로 이루어졌는데 독립선언서의 제작을 총괄하였던 이종일이 독립선언서를 기독교계와 불교계에 배분하고 천도교계에 배포하였다. 오세창으로부터 쪽지를 갖고 가는 사람에게 독립선언서를 전달하라는 명령을 받은 이종일은 2월 28일 함태영에게 독립선언서 약 1,200~1,300장, 이갑성에게 1,500장, 그리고 이종일에게 300여 장를 교부하였다.37) 그리고 이종일은 같

---

32) 「경성지방법원의 최린신문조서(제1회)」, 『한민족독립운동사자료집』 11권, 22쪽.
33) 趙容萬, 「獨立宣言書의 成立經緯」, 『三·一運動 50周年紀念論集』, 221쪽.
34) 「최린신문조서」, 국사편찬위원회, 『한민족독립운동사자료집』 11권, 탐구당, 1990년, 24쪽.
35) 「獨立宣言 半世紀의 回顧」, 『新人間』 262호, 1969. 3, 50쪽.
36) 「이종일선생 취조서」, 이병헌 편, 앞의 책, 396쪽.

은 날 한용운에게 3,000장을 주어 불교계에 배포하게 하였다.38)

천도교 내에는 인종익에게 2,500장을 주어 충청도·전라도에, 안상덕에게 3,000장을 주어 강원도·함경도에, 金商說(金洪烈)에게 3,000장을 주어 평안도에, 이경섭에게 500장을 주어 황해도에 배포하게 하였다.39) 또한, 이종일은 2월 28일 자신의 집으로 온 이관에게 50여 장의 독립선언서를 주어 시내에 배포하게 하였다.40)

2월 28일 오전 7시 경 이종일로부터 독립선언서 2,000장을 받은 인종익은 다음날 1일 오전 11시 경 남대문 열차로 서울을 출발하여 대전에 도착한 후 1박하고, 다음날 오전 6시경 호남선 기차를 타고 오전 10시에 전주에 도착하였다. 인종익은 곧바로 전주교구를 찾아가 독립선언서 1,600내지 1,800매를 금융위원인 金振玉에게 전하면서 3월 2일 밤까지 이것을 사람의 왕래가 많은 전주 교구의 관내에 배포하고, 3월 3일까지는 인근 지역에 배포하게 하였다.41)

2월 28일 오전 10시 경 경운동 789번지 이종일의 집에서 조선독립선언서 약 2,000장을 받은 안상덕은 강원도 평강역에 이르러 동소 교구장에게 700여 장을 전달하고, 다음날 함남 영흥읍내에 이르러 동소 교구장에게 나머지를 교부하여 일반에게 배포하도록 하였다.

2월 28일 이종일을 만나 독립선언서 3,000장을 받은 김상열은 평양교구장에게 평양역으로 나오라는 전보를 발송하였다. 그리고 우기주의 명령으로 평양역에 나온 金洙玉에게 이것을 전달하였다.42)

---

37) 독립운동사편찬위원회, 『독립운동사자료집』 5권.
38) 「이종일선생 취조서」, 이병헌 편, 앞의 책, 397쪽.
39) 「이종일선생 취조서」, 이병헌 편, 앞의 책, 396쪽.
40) 「이종일 신문조서」, 국사편찬위원회 편, 『한민족독립운동사자료집』 11집, 1990, 161·162쪽.
41) 국사편찬위원회 편, 『한민족독립운동사자료집』 13권, 1990, 9쪽.

2월 28일 오전 11시 경 이종일로부터 독립선언서 2,000장을 받고 서흥, 수안, 곡산 등지의 배포 책임을 맡은 李景燮(李弼燮)43)은 2월 28일 오후 8시에 서울을 출발하여 3월 1일 오전 10시 서흥의 박동주 집에 도착하여 750장 정도를 그에게 전달하였다. 또한 3월 1일 오후 수안 읍내의 홍석정 집에 도착하여 그 집에 모인 홍석정과 홍석걸에게 필요한 양만큼 건네주고, 130매를 홍석정에게 주어 곡산에 전달하게 하였다.44)

천도교에서는 3·1운동의 실상을 알리고 그것의 확산을 위한 또 다른 방법으로 『조선독립신문』을 발간하였다. 3월 1일 아침, 이종일로부터 독립선언 사실을 신문에 써서 배포하라는 부탁을 받은 천도교회월보 편집위원 이종린45)은 보성사에서 "3월 1일 오후 2시 민족대표 33인이 태화관에서 독립선언을 발표하고 종로경찰서에 구인되었고, 독립운동을 힘차게 계속하라"는 등의 기사를 작성하여 『조선독립신문』 원고를 이종일에게 넘겨주었다. 그리고 이종린은 박인호의 명령을 받아 사립보성법률상업학교 교장 윤익선을 만나 그를 『조선독립신문』의 사장과 발행인으로 하기로 응락받았다.46)

이종일은 3월 1일 보성사에서 『조선독립신문』 1호 약 5,000매를 인쇄하여 이종린에게 주었다. 이종린은 이것을 다시 윤익선에게 넘겨주었다. 이종린과 윤익선의 명령을 받은 임준식 등은 동일 파고다

---

42) 『독립운동사』 2권, 390쪽.

43) 「이종일 신문조서」, 국사편찬위원회 편, 『한민족독립운동사자료집』 11권, 탐구당, 1990년, 161·162쪽.; 「이경섭 신문조서」, 앞의 책, 199쪽.

44) 국사편찬위원회 편, 『한민족독립운동사자료집』 11권, 200쪽.

45) 「이종일·이종린 대질신문조서」, 국사편찬위원회 편, 『한민족독립운동사자료집』 11권, 1990, 167·168쪽. 여기에서 이종일은 이종린에게 신문발행을 지시한 일이 없다고 하고, 이종린은 이종일에게서 지시받았다고 함.

46) 「공판시말서(제5회)」, 국사편찬위원회 편, 『한민족독립운동사자료집』 19권, 탐구당, 1994, 188·189쪽.

공원에서 『조선독립신문』 1호를 군중에게 배포하였다.47)

『조선독립신문』 1호의 발간 후, 이종린은 3월 1일 관훈동 서적조합 사무소에서 서기로 일하고 있던 천도교인 장종건을 만나 주모자가 체포되어 더 이상 보성사에서 인쇄할 수 없으니 『조선독립신문』의 인쇄를 맡아달라고 부탁하였다. 그리고 이종린은 3월 2일부터 동월 7일까지의 사이에 『조선독립신문』 2호, 3호, 4호의 원고를 작성하여 장종건에게 전하였다. 장종건은 동 원고를 받아 서적조합 사무실에서 임승옥·김영작 등과 매번 약 600매씩을 프린트본으로 발간하여 이종린에게 전달하였다. 이종린은 임준식으로 하여금 배포하게 하였다. 이 신문의 2호에는 "임시정부를 설치하며 임시대통령을 선출한다"는 사실 등이 기재되었고, 3호에는 "조선 13도 대표를 선정하고 3월 6일 오전 11시 종로에서 조선독립대회가 열린다"는 내용과 3월 5일의 3·1운동 상황 등이 기재되었다.48)

신문 제4호를 발간하고 이종린이 체포되자, 장종건은 『조선독립신문』을 계속 발간하기로 마음먹었다. 그는 3월 13일 경 劉秉倫의 집에서 "각 경찰서에 구속중인 피고들은 일제히 만세를 불렀다. 철원군수는 3월 10일 오전 10시 스스로 태극기를 들고 군중의 선두에 서서 만세를 부르며 독립선언을 하였으므로 모범적 군수이다. 3월 1일 독립선언을 함과 동시에 일본이 조선에 시행한 폭정 26개조의 긴 논문과 일본 부속서류를 첨부하여 파리강화회의에 송부하도록 미국영사에 위탁하였다"는 등의 조선독립을 고취하는 내용을 자신과 崔基垩이 작성하여 3월 15일 경 광화문통 유병륜의 집에서 『조선독립신문』 제5호 약 700매를 발간하였다. 또한, 장종건은 3월 15,

---

47) 「공판시말서(제5회)」, 국사편찬위원회 편, 『한민족독립운동사자료집』 19권, 탐구당, 1994, 189쪽.

48) 「공판시말서-이종린부분」, 국사편찬위원회 편, 『한민족독립운동사자료집』 19권, 1994, 96·97, 188·189쪽.

16일 경 광화문통 유병륜의 집에서 최치환·임승옥·최기성·강태두 등과 함께 "조선은 민족자결주의에 의하여 독립을 하였다. 만약 독립이 되지 않으면 세계의 전란을 일으킨다"는 등의 내용을 기재한 『독립신문』제6호 약 900매를 인쇄하였다. 그리고 장종건은 견지동 주막집인 이인열의 집에서 조선독립운동에 관한 기사를 작성하여 다른 사람으로 하여금 최기성에게 전달하여 유병륜의 집에서 『조선독립신문』제7호 수 백매를 인쇄하게 하였다. 이후, 장종건은 유병륜의 집이 발각될까 우려하여 고양군 용강면 예덕리 남정훈의 집으로 이전하였다. 그리고 동소에서 3월 22일 경 "조선독립운동 축하행렬자 수 천명에게 불법으로 헌병순사가 칼을 뽑아 수십명을 상해하고, 경찰이 여학생에게 악형을 가하여 옥사하게 하고, 조선총독이 외국인의 생명·재산에 대하여 만행을 하였으므로 미국함대가 인천으로 입항한다"는 등의 기사가 실린 『조선독립신문』제8호를 최치환과 함께 남정훈의 집에서 등사판으로 약 600매를 인쇄하였다. 또, 동월 24일 "간도에서 무장독립군을 조직한 조선인동포가 조선독립의 선언을 하고 몽고에서도 이미 동포가 독립선언을 하였다"는 등의 기사가 실린 『조선독립신문』9호와 그 부록 약 2,000매를 최치환과 함께 남정훈의 집에서 발간하였다. 그 후 그는 남정훈으로 하여금 최기성에게 전달하여 서울 등지에 배포하게 하였다.49) 이런 천도교의 『조선독립신문』 발간 활동은 다른 각계의 인물들이 신문을 발간하는 데 영향을 주었다.

한편, 천도교에서는 3·1운동 거사 직전인 1919년 2월 25일 무렵 평안도 등 각 지방 교구의 책임자들을 서울로 올라오게 하여 이들로 하여금 독립선언식의 개최사실을 알리고 독립만세운동을 확산

---

49) 「공판시말서-장종건부분」, 국사편찬위원회 편, 『한민족독립운동사자료집』 19권, 1994년, 99~104, 190·191쪽.

케 하였다. 평안도의 예를 들면 다음과 같다. 1919년 2월 25일 무렵 서울의 천도교 중앙총부의 박인호는 평안도·황해도 지역의 오영창(吳永昌) 등 도사 7·8인, 교구장 10여인, 전도사 10여인 등 총 30여인을 서울로 올라오게 하였다.50) 이들은 3월 1일 탑골공원에서 독립만세운동에 참여하였다. 3월 2일 중앙총부에 나가자 이들은 서울에서의 제2회의 독립만세를 끝내고 각자 지방에 돌아가 지방에서의 제3회의 독립만세를 부르도록 명령을 받았다. 그에 따라 이들은 3월 4일 무렵 서울을 출발하여 지방에 돌아와 관내 교인들에게 서울에서의 독립만세운동 소식을 알리고 독립만세운동을 전개하도록 설유하였다고 한다.51)

3. 지방의 독립만세운동과 그 특성

천도교에서는 독립선언서와 『조선독립신문』 배포, 교구장 등 교구 임원들의 독립운동 사실 통보 등으로 급속히 독립만세운동 소식을 지방에 확산하였다. 이에 따라 전국에서는 3월 1일부터 천도교인들이 주도하는 독립만세운동이 전개되었다.

이상의 지방에서의 천도교인들의 시위상황을 표로 나타내면 다음의 〈표 1-2〉와 같다.52)

---

50) 당시 서울에 올라온 사람 중 확인되는 인물로는 황해도 곡산군교구장 李鼎錫, 평북 철산교구장 崔永坤, 평남 진남포교구장 金光翰, 평북 정주교구장 金鎭八, 가산교구장 安處欽, 창성교구장 姜益漸, 평안남도 안주교구장 金案實, 순안교구장 金光俊, 평양교구장 金洙玉, 중화교구장 崔周憶, 강동교구장 韓寬珍, 성천교구장 李燉夏, 양덕교구장 孫泰龍, 덕천교구장 朴汪植 등이다. 『한민족독립운동사자료집』 11, 209~211쪽.

51) 『한민족독립운동사자료집』 11권, 210쪽.

52) 「조선소요사건일람표」(1919년 4월 말일), 국회도서관, 『한국민족운동사료』 3·1운동편 1권, 1977, 361~441쪽.

〈표 1-2〉 천도교 주도 지방 독립만세운동
① 〈3월 1일~10일〉

일 도	3월 1	2	3	4	5	6	7	8	9	10
경기										
충남										
충북										
강원										
경남										
경북										
전남										
전북										
평남	중화 상원250		중화 상원 140 중화 중화500 중화 양정300 안주4000 강서4000	순천 자산1500 성천1000	중화 풍동500 순천 초평100 강동 만달250 덕천830 순천신창 3000 양덕60	중화 간동400 순천 사인2000 강서 함종5000 평원 순안2000	평원 석암1200		영원116	맹산 100
평북	의주 1200 의주 의주350		선천2000 의주 비현1000	용천 양하500 선천6000 신의주 700	운산 북진300 운산 운산300 선천 수청150	용천 외상200	선천 산보400 의주 옥상435 용천읍동 20			해주 390
황해	황주 300	수안450 송림210	곡산 150	곡산150						
함남							정평220			이원 800 단천 파도 500
함북										성진 200
중국										

천도교와 3·1운동 -천도교의 역할과 지방독립만세 운동의 특성-   33

② 〈3월 11일~21일〉

일\도	11	12	13	14	15	16	17	18	19	20
경기					가평 북1000			강화 부내 20000		
충남				공주 신상400						
충북										
강원										
경남								진주 4000		
경북								안동 2500		
전남										
전북			전주 1500							
평남	평원 공평120									
평북			의주 광평230		의주 광평 1400		의주 고성200			
황해	장연200	송화200								
함남	북청 노덕386 이원 남 150	정평80 이원 남 200	북청 신창150	정평 선덕500 이원 동70 풍산 이인 1000 장진 신남300	정평 장원370	북청 보성150 홍원600	홍원 1000 북청 차서140 이원 동 400 정평 고산300	고원 200	홍원 평60 이원 1500	
함북	성진 700	길주 1000			경성 용성300					
중국			화룡 청산리			장백30				

③ 〈3월 21일~31일〉

일\도	21	22	23	24	25	26	27	28	29	30	31
경기				양평 갈산 1000		광주 중대 600		광주 경안 1500	오산800	용인 수지1500 양평 용문2000 양서130	용인 외사3000 화성 향남1000 의왕800
충남											
충북											
강원			화천 60								
경남										고성 회화500	
경북											
전남											
전북											
평남										성천 삼흥1000 강동 삼등500 강동1000	
평북			의주 비현 200		용천 용천 1000 의주 월화 600	의주 고관 350	의주 주내 3000	의주 주내 400 의주 가산 300	의주 주내80 의주 송장800	신의주 300 신의주 고녕삭 500 의주 수진 700	위원200 벽동200 창성 우80 삭주1400 삭주 외남20 초산400 구성500 구성 방현5000

천도교와 3·1운동 -천도교의 역할과 지방독립만세 운동의 특성-

〈3월 21일~31일〉 계속

일\도	21	22	23	24	25	26	27	28	29	30	31
평북											방현5000 구성 사기1000 태천 태천3000 정주 마산200 정주3600 용천 부라100
황해											연백 백천 300
함남	영흥 선흥 200	단천 북두일 300									
함북											
중국					집안 치화보 60			훈춘 수신사			집안 대양차 200

④ 〈4월 1일~10일〉

도＼일	4월 1	2	3	4	5	6	7	8	9	10
경기	양평 양서2000 화성 반월600	용인 남사400		수원 우정 2000 양평 갈산 4000 여주 1000	시흥 1500 양평 저제 2700					
충남										
충북	300									
강원	홍천200 횡성2000	홍천동 8000 홍천 내촌400		원주 소초 200	이천 낙양 60		평강 400 평강 평강 200 평강 현내 160 양양 300		양양 현북 600	
경남	고성80									
경북										
전남										
전북										
평남	성천 대곡400		삭주 양삼 100	의주 월화 200 의주 위화 100 의주 광성 200	삭주 외남 1000 창성 청산 300 중화 간동 300	삭주 외남 1000 창성 청산 500	옹천 읍동 700	강동 강계 700		

천도교와 3·1운동 -천도교의 역할과 지방독립만세 운동의 특성-

〈4월 1일~10일〉계속

일\도	4월 1	2	3	4	5	6	7	8	9	10
평북	의주 위화200 용천 부라200 구성 방현300 구성 사기1500 태천2500 구성3000 삭주 외남500 삭주2600 창성1000 벽동800	의주1200 의주 수진2000 용천 부라500 용천 양서500 초산200 삭주 외남1000 창성 동창500	의주 양삼 100	의주 구룡70 월화 200 위화 100 광성 200	삭주 외남 1000 창성 청산 300	삭주 외남 8000 삭주 삭주50 창성 청산 500	용천 읍동 300	강계 강계 700		
황해		신천 신천1000	평산 문무 300		금천 동화 600 장연 속달 1000	신천 용진 300	신천 용문 150 신천 용진 300	신계 미수 500		
함남						정평 문산 200				
함북	부룡									
중국							장백 집안 통구 200		장백	

⑤ 〈4월 11~21일〉

일\도	11	12	13	14	15	16	17	18	19	20	21
경기				진위40							
강원											
평남											
평북											

그리고 이 표에 기초하여 천도교인이 주도한 지방 독립만세운동의 특성을 살펴보도록 하겠다.

첫째, 전체적으로 시위가 많았던 지역은 평남, 평북, 함남의 순서이다. 이것은 이 지역이 동학농민운동 후 포교가 집중적으로 이루어지어 교인들의 수가 많았기 때문이다. 시위의 횟수와 참가인원은 다음의 〈표 1-3〉의 기소자의 추세와 대체로 일치한다. 〈표 1-3〉에 의하면 평안도 출신의 기소자가 가장 많고 다음으로 함경도 출신의 기소자가 그 다음으로 많다.

둘째, 3월 1일부터 10일까지의 시기에 독립만세운동이 집중적으로 전개된 지역은 평안남도·평안북도·황해도이다. 이것은 이 지역

〈표 1-3〉 3·1운동 참가 기소자의 종교별 현황53)

감옥 \ 종교	천도교				기독교				불교	
	교구장	전도사 교사	강당원 기타	합계	목사	전도사 교사	장노 조사 기타	합계	승려	합계
경성	3	6	13 여 1	22 여 1	17	17 여 4	8	42 여 4	7	71 여 1
공주					1	2		3		3
함흥	2	12	6	20	2	11	4	17		37
평양	7	31	26	64	27	14 여 3	136 여 1	177		241 여 4
해주		4		4	5	7	9	여 4		25
대구	5			5	1	6 여 1	8	9 여 1	6	26 여 1
부산									17	17
광주	1		1	1		5	4	9	3	14
합계	18	53	46 여1	117, 여 1	53	62 여 8	169 여 1	284, 여 9	33	401 여10

53) 조선총독부, 「소요사건검사처분인원표」, 국회도서관, 『한국민족운동사료』 3·1운동편 2권, 245쪽.

천도교와 3·1운동 -천도교의 역할과 지방독립만세 운동의 특성-

에 천도교 인사들을 통하여 독립선언서가 조기에 전해지고 독립만세 운동의 착수 소식이 일찍 전해졌기 때문이다.

한 예로 황해도 수안지역의 시위 상황을 소개하도록 하겠다. 황해도 지방은 곡산군 곡산면 南川里 거주자인 李景燮으로 부터 독립선언서를 받고 시위를 전개하였다. 황해도에서는 특히 동부지방인 수안에서의 시위가 대표적이었다. 3월 1일 이경섭으로 부터 수안교구장 안봉하는 나찬홍, 한청일, 金宗鎬 등에게 독립선언서를 전달하고 각지에 배포하게 하였다. 그리고 3월 2일 천도교교구실에서 각지의 천도교 지도자인 김영만·한청일·홍석정·김형선·나찬홍·이달하·장성도·나용일·안창식·홍길재·이윤식·이용호·홍두옥·홍두익·최용식 등과 수안지역에서 독립만세운동을 추진하는 것에 대하여 논의하였다. 논의의 결과 3월 3일 수안읍에서 독립만세운동을 전개하고, 그 실행은 한청일과 홍석정이 맡기로 결정하였다. 그런데 3월 2일 저녁 무렵 수안헌병분대장 野呂光 중위와 헌병오장인 下川忠一외 3명이 수안의 천도교교구실에 들이닥쳐, 수안교구장 안봉하와 김영만·최용식 등 11명이 수안헌병분대에 연행되었다.54)

그러나 다행스럽게 일경의 체포를 면한 한청일, 홍석정, 이영철 등은 3월 3일 수안읍내에서의 시위를 이끌었다. 3월 3일 새벽 6시경 수안교구실에 교인들이 모이자, 이영철은 선두에 서고, 한청일과 홍석정은 중앙에 위치하여 태극기를 들고 천도교인들을 이끌고 읍내로 진출하였다. 시위대가 수안금융조합 사무소 앞 노상에 이르자, 이영철은 "우리는 오늘로써 일본의 통치를 벗어나 자유민이 되고 조선국 독립의 목적을 이룰 것인즉 일동 독립만세를 부르며 수안헌병대로 하여금 퇴거시키지 않을 수 없다"는 요지의 연설을 하였다. 그

---

54) 독립운동사편찬위원회, 『독립운동사자료집』 제5권, 671~696쪽, 안봉하등 복심법원판결문(1920.11.22).

러자 천도교인들은 이에 동조하여 오전 6시 반 경 헌병분대 앞 뜰에 모였다. 여기에서 이영철과 홍석정 등은 조선은 독립선언을 하였으니 속히 이곳을 우리에게 명도하라고 하였다. 또한 만일 응하지 않으면 계속해서 모인 천도교인들이 이것을 관철할 것이라고 하였다. 또, 한청일은 일본이 "5천년의 역사를 가진 우리를 병합하였다"고 하였고, "우리들을 압박하고 자유를 빼앗아갔다"라고 외치고, 태극기를 흔들며 시위를 독려하고, 만세를 선창하였다.

오전 11시 경 오관옥, 이동욱 등이 이끄는 천도교인들은 다시 헌병분대 앞에 집결하였다. 이동욱은 헌병분대의 정문 안으로 들어와 "우리는 독립하여 자유민이 되었으니 분대를 명도하라"고 요구하고 다른 몇몇의 천도교인과 함께 사무실로 침입하려고 하였다. 이 때 헌병의 발포가 있었다. 그리하여 6명이 사망하고 9명이 부상당하였다.55) 이로 인해 천도교인들은 해산하여야만 하였다.56)

이어서 오후 1시경 한청일·홍석정은 그 뒤로 모여든 양석두·김희덕·정이언·이치제·최명백·강몽락·박정훈·이종섭·김병령·양계은·김여진·김하경·오병선·유광선·김태혁 등 150~160명의 교인들을 이끌고 헌병분대 앞에 가서 독립만세를 외쳤다.57) 시위대는 헌병분대에서 쳐 놓은 금줄에 접근하였고, 일본 헌병의 발포로 3명이 사망하고 9명이 부상당하였다.58) 시위를 이끌었던 홍석정과 한청일은 이 때 사망하였다.59) 오관옥도 총을 맞고 쓰러졌

---

55) 국회도서관, 『한국민족운동사료』 3·1 운동편1, 1977, 6쪽.

56) 독립운동사편찬위원회, 『독립운동사자료집』 제5권, 681·682쪽, 안봉하등 복심법원판결문(1920.11.22)의 증인 野呂光 신문내용.

57) 독립운동사편찬위원회, 『독립운동사자료집』 제5권, 681, 682, 701면 안봉하등 복심법원판결문(1920.11.22), 안봉하등 고등법원판결문(1920. 3.22).

58) 국회도서관, 『한국민족운동사료』 3·1 운동편 1, 1977, 6쪽.

59) 국사편찬위원회, 『한민족독립운동사자료집』 12권, 1990, 150쪽, 한병익의

천도교와 3·1운동 -천도교의 역할과 지방독립만세 운동의 특성-

다60)고 하는데 뒤에 형을 받은 기록이 나오지 않는 것으로 보아 이 때 사망한 것으로 보인다.

셋째, 강원도지역에서 3월 중순 이후 독립만세운동이 전개되었던 것은 독립선언서의 전달 사실 및 배포계획이 노출되어 중요 지도자들이 검거되었기 때문이다.61)

강원도 평강의 천도교구장 李泰潤은 2월 28일 안상덕으로부터 700매의 독립선언서를 받은 후 철원과 김화교구에 연락하여 3월 1일 평강교구에서 대책회의를 개최하였다. 그리하여 이태윤은 敎訓 崔炳勳으로 하여금 철원군에 독립선언서 170매를 전달하게 하였고, 蔡章淑으로 하여금 150매를 가져가게 하고 그 중 60매를 화천군에 송달하게 하였다. 또 金千鎰에게 120매를 주어 일부를 통천군에 전달하게 하고 나머지는 회양군에 전달하도록 하였다. 그리고 이천군에는 張善處로 하여금 15매를 전달하게 하였고, 춘천교구에는 林宗漢·申允喆에게 150매를 주어 전달하게 하였다. 그리고 평강군내에는 김창석이 33매를 받아 각지에 배포하고, 남면, 현내면, 서면, 고삽면, 유진면에도 수매씩 전달하여 요지에 부착하게 하였다. 춘천군에 독립선언서를 전달하라는 책임을 맡은 사람은 3월 4일 춘천 읍내에서 체포되었으나, 다른 지역은 일단 독립선언서가 각 교구에 전달되었다. 그렇지만 이들은 3월 초 거사를 일으키기 전에 거의 다 체포되고 말았다.62)

신문조서(2회), 『한민족독립운동사자료집』 15권, 1991, 27쪽, 김희룡의 신문조서(2회).

60) 독립운동사편찬위원회, 『독립운동사자료집』 제5권, 682쪽 안봉하 등 복심법원판결문(1920.11.22).
61) 성주현, 「강원도지역 천도교의 3·1운동」, 『신인간』 590호, 1999년. 10월, 77쪽.
62) 독립운동사편찬위원회, 『독립운동사』 2권, 1971, 521-522쪽.

넷째, 충청도와 경상도지역에서는 천도교인들이 주도하는 시위가 거의 일어나지 않은 것처럼 되어 있다. 그러나 다음과 같은 지역에서 천도교인이 주도하여 시위를 전개하였다고 한다.

충남 동부지방인 대전에서는 3월 31일과 4월 1일 유성면에서 천도교인이 기독교인과 연계하여 200여명의 군중을 이루어 시위를 전개하였다. 논산군에서는 3월 10일 강경읍에서 천도교인들이 기독교인 등과 시위를 전개하였다. 또 3월 14일 신상면(현 유구면) 유구시장에서 黃秉周 등이 시위를 주도하였다.63)

충남 서부지방인 부여에서는 3월 6일 임천읍 구교리에서 朴容和, 崔容澈, 朴性堯, 黃宇京 등 천도교인의 주도로 시위가 전개되었다. 청양군의 사양만에서는 4월 7일 밤 교구장 韓道洙 등이 산에 횃불을 올리고 독립만세운동을 전개하였다. 아산군의 온양면에서는 玄昌奎가 서울의 3월 1일 시위에 참가하였다가 權秉悳의 지시를 받고 내려와 3월 14일 오전 천도교인을 이끌고 시위를 전개하였다. 서산군의 서산읍에서는 3월 16일 천도교인의 시위가 있었다.64)

충북의 북부지방인 음성군에서는 梁俊成, 金龍鎭 등이 3월 18일 음성읍내에서 수천명의 군중과 함께 시위를 전개하였다. 충주군에서는 3월 11일 충주면의 달천리에서 洪鍾浩, 金興培 등 천도교인 시위를 전개하였다.65)

충북 남부지방인 청주에서는 3월 22일 청주면에서 민원식 등 천도교인이 주도하여 시위가 전개되었다. 괴산군에서는 4월 1일 미원면에서 李成 등 천도교인이 300여명의 군중을 이루고, 3월 21일 북일면 내수리시장에서 閔文植 등 천도교인 10여명이 주동하여 시

---

63) 독립운동사편찬위원회, 『독립운동사』 3권, 1971, 100, 102, 108쪽.
64) 독립운동사편찬위원회, 『독립운동사』 3권, 1971, 127, 129, 143, 149, 153쪽.
65) 독립운동사편찬위원회, 『독립운동사』 3권, 1971, 62, 75쪽.

위를 전개하였다.66)

경남 동부지방인 울산군 언양면 남부리에서는 4월 2일 李圭寅 등의 천도교인이 군중 1,000여명을 이끌고 시위를 전개하였다. 창녕군 영산읍에서는 구중회, 장진수, 김추은 등이 3월 13일 오후 2시 영산 앞 남산봉에 올라 '決死團員盟誓書'에 서명날인하고 6,700명의 군중을 이루어 영산읍내로 시위행진을 벌였다.67) 경남 남부지방인 고성읍에서는 4월 1일 삼산면의 천도교도에 의해 시위가 촉발되었다.68) 경북 북부지방인 안동에서는 宋基植·宋弘植 등이 기독교측과 연계하여 3월 18일 안동읍의 장날에 150명 가량의 군중을 이루어 시위를 전개하였다.69)

다섯째, 천도교인들은 국내에서만 독립만세운동을 전개한 것이 아니라 서간도와 북간도에서도 독립만세운동을 전개하였다. 서간도의 집안현, 장백현, 북간도의 연길현, 화룡현, 훈춘현 등지에서 독립만세운동을 전개하였다.

여섯째 여러 지역에서 독립만세운동이 전개될 수 있었던 것은 먼저 교회조직과 연원조직을 통하여 조직적으로 독립선언서가 배포되고 독립만세운동의 사실이 전파될 수 있었던데 연유하였다. 즉, 교구에서 전교실로 전해졌으며, 교구장에서 전교사에게, 교회 책임자로부터 일반교인에게, 전교자로부터 피전교자에게 전해지고 알려졌다. 당시 천도교인들은 손병희와 교구장의 명령을 거의 절대적인 것으로 받아들여 위험을 무릅쓰고 시위에 참여하곤 하였다.

일곱째 인쇄기가 전국의 대교구에 보급되어 독립선언서의 제작이

---

66) 독립운동사편찬위원회,『독립운동사』3권. 1971. 80, 83, 84쪽.
67) 독립운동사편찬위원회,『독립운동사』3권. 1971. 203·204, 228-230쪽.
68) 독립운동사편찬위원회,『독립운동사』3권. 1971. 262쪽.
69) 독립운동사편찬위원회,『독립운동사』3권. 1971. 398쪽.

가능하여 독립선언서를 널리 배포하는 것이 가능하였기 때문이다. 예컨대 전주 대교구에서는 3월 1일 독립선언서를 전달받아 비치된 인쇄기로 인쇄한 후 2일과 3일에 인근 지역에 배포하였다.70) 천도교총부는 이미 3·1운동 이전에 30여개소의 대교구에 등사기 한 대씩을 비치하고 이사원 한 사람씩을 선발해서 봉황각에서 특별 연성을 시킨 바 있었는데71) 이것이 독립선언서의 인쇄·배포에 크게 도움이 되었던 것이다.

맺음말 - 3·1운동 후 천도교의 동향 -

3·1운동으로 천도교는 손병희 등 15인의 천도교 지도자가 투옥되었고, 각지의 천도교 지도자 1,300여명이 입감되었다. 더욱이 1919년 5월 초와 6월 초에도 독립운동자금을 거두었다는 죄목으로 천도교 중앙총부의 간부와 지방교구의 임원들은 대거 검거되었다. 천도교에서 경성제일은행에 저금한 20만원, 교주 박인호가에 보관되던 70만원, 교인 김상규의 집에 있던 30만원 등 총 100만원이 압수되었고, 지방교구에서 보낸 수천원의 성미금액을 제외하고는 모든 동·부동산의 사용이 금지되어 천도교총부는 간부들의 월급도 주지 못할 상황이었다. 또한 수일마다 형사가 내도하여 천도교인들은 자유로운 신앙활동도 하기 어려운 처지였다. 지방에서는 정주교구가 소실되고 선천교구가 강점되었다. 그리고 선천과 정주의 교인들이 대량 살상당하고, 벽동군의 교인들은 교회로부터 쫓겨났으며, 교인들의 가택이 다수 불탔다. 이에 따라 신변의 안전을 위하여 탈교하

---

70) 김정인,「전라도지역 천도교인의 3·1운동」,『신인간』586호, 1999. 6. 77쪽.
71)「獨立宣言 半世紀의 回顧」,『신인간』262호, 1969년. 3. 48쪽.

는 교인들이 속출하였다.

천도교에서는 민족운동의 새로운 방략을 모색하기 위하여 1919년 9월 2일 天道敎靑年敎理講硏部를 설립하였다. 그리고 1920년 3, 4월 이것을 천도교청년회로, 다시 1923년 9월 천도교청년당으로 발전시켰다. 천도교청년회는 1920년부터 『개벽』・『신여성』 등을 발간하여 文化主義와 文化運動論을 전파하였다. 그리고 천도교청년당은 소년부・농민부・여성부・청년부 등의 부문운동을 전개하였다. 이러한 문화운동은 일본유학출신 등 근대적인 교육을 받은 사람들에 의해서 주도되었으며, 무력에 의한 급진적 사회변혁을 추구하기보다는 정신적 개조에 의하여 새로운 문화를 건설하고, 문화적 역량을 키움으로써 민족문제를 해결하고 이상적 사회를 건설하려는 점진적 민족운동이었다. 이를 위해서는 일제와의 타협이 불가피한 측면도 없지 않았다.

천도교의 문화운동에 반대하고 사회주의사상을 수용하여 교회의 연합적 운영을 주장하며 무력적 항일운동을 계속하려는 오지영, 최시형의 아들 崔東曦 등 일부는 천도교연합회를 별도로 세웠다. 그리고 1922년 고려혁명위원회를 조직한 후 1926년 吉林에서 고려혁명당을 조직하여 항일운동을 계속하려 하였다.

또, 3・1운동 후 점차 교권에서 소외된 천도교의 구세력은 1925년 천도교 구파로 떨어져 나가 6・10만세운동과 신간회운동 등 소위 비타협적 민족운동을 전개하였다. 이때 천도교 구파는 청년전위단체로 천도교청년동맹을 조직하고, 6・10만세운동과 신간회운동을 추진하여 나갔다.

한편 만주에 거주하던 천도교인들은 서간도와 북간도에서 독립만세운동을 전개하였다. 특히 서간도의 집안현과 장백현, 북간도의 연길현에 있던 천도교구 소속의 천도교인들은 관내의 기독교인과 연계하여 독립만세운동을 치열하게 전개하였다. 독립만세운동 후 만주지역의 천도교인들은 무장투쟁활동을 전개하였다. 장백교구의 천도교인들은 대한독립군비단에 참여하여 활동하였고, 연길현의 국자가와 용정의 천도교인들은 대한국민회에 참여하여 활동하였다.

국내에서 임시정부를 수립하려다가 여의치 않게 되자, 일단의 천도교인들은 연해주와 만주를 거쳐 상해로 망명하였다. 최동오, 신숙, 홍도, 남형우 등은 상해의 대한민국임시정부에 참여하여 활동하였다. 그런데 천도교인들은 대한민국임시정부의 요직에 기용되지는 못하였다. 여기에 불만을 느낀 신숙 등의 천도교인들은 북경으로 이동하여 統一黨을 기반으로 1921년 박용만 등과 함께 북경 군사통일회의를 조직하고 대한민국임시정부를 비판하며, 임시정부 창조활동을 전개하기도 하였다.

제 2 장

만주지역 천도교세의 신장과 천도교인의 민족운동(1905~1922)

머리말

　천도교는 국내에서만 민족운동을 전개한 것이 아니었다. 천도교는 중국의 東北3省, 즉 吉林省·遼寧省·黑龍江省이 위치한 만주지역에서도 민족운동을 전개하였다. 1922년 말 천도교에서 분립한 천도교연합회는 1926년 길림에서 正義府·衡平社와 삼각동맹을 이루어 高麗革命黨을 조직하고, 국내진공작전을 전개하기 위한 준비로서 당원과 군자금을 모집하는 활동을 전개하였다. 또 1930년대 중반 장백지역에 거주하던 천도교인 중 일부는 김일성이 조직한 재만한인조국광복회에 참여하여 김일성부대와 함께 활동하기도 하였다.
　그런데, 만주지역의 천도교인들이 1920년대 중반과 1930년대 중반에 이 지역에서 민족운동을 전개할 수 있었던 것은 그곳에 천도교의 종교적 기반이 형성되어 있었기 때문이었다. 이러한 재만 천도교의 종교적 기반을 이해하는 것은 재만천도교인의 민족운동을 파악하기 위한 기초가 될 뿐만 아니라, 국내·중국 關內·노령 연해주의 천도교인과 한인의 민족운동을 이해하는 데도 도움이 된다.
 따라서 이미 천도교인의 만주이주와 만주지역의 천도교세, 재만 천도교인의 3·1독립만세운동과 무장투쟁활동에 대해서 개괄적인 검토가 있었다.1) 그리하여 1910년대 만주지역 천도교의 조직과 천도교 교역자, 만주지역 천도교인의 독립만세운동과 무장투쟁단체 참여활동, 3·1운동 이후 만주지역 천도교회의 문화운동에 대해서 부분적으로 이해하게 되었다.
 그렇지만 기존의 연구에서는 재만천도교인의 3·1독립만세운동 참여 사례와 무장투쟁단체 참여사례를 소개하고 있지만, 소략하게 소개되어 활동내용이 누락된 부분도 있고, 또한 사실이 잘못 설명된 부분도 있다. 더욱이 3·1독립만세운동과 무장투쟁단체 활동에서의 천도교인들의 역할과 기여와 한계에 대해서는 분명히 해명하지 못한 측면이 있다. 또한 일본의 간도 출병 후 천도교회가 문화운동을 추진하던 상황에서 민족적 재만천도교인의 동향에 대해서는 제대로 검토를 하지 못하였다. 필자가 다시금 1910년대 말~1920년대 초 만주지역 천도교인의 민족운동을 검토하려는 이유가 바로 여기에 있다고 하겠다.
 필자는 본고에서 먼저 만주지역 천도교의 교세와 사회적 기반 및 민족적 성격에 대해서 정리하려 한다. 다음으로는 만주지역 천도교인의 3·1독립만세운동의 사례와 그 역할에 대해서 알아보고, 만주지역 무장투쟁단체에서의 천도교인의 구체적 역할에 대해서 살펴보겠다. 마지막으로는 일본의 간도출병 후 독립운동단체에 참여하였던 천도교인들의 향배에 대해서 알아보려 한다. 여기에서는 천도교인들

---

1) 졸고, 「중국 동북지역의 천도교인과 민족운동」(상·하), 『신인간』 551·552호, 1996. 6·7. 성주현, 「일제하 만주지역 천도교의 포교와 조직」, 『동학연구』12. 2002. 9. 성주현, 「일제하 만주 지역 천도교인의 민족운동-3·1운동과 독립운동단체 참여를 중심으로」, 『동학학보』 5. 2003. 6.

의 국내, 관내와 연해주지역 민족운동 단체와의 관계에 대하여 살펴보고, 아울러 천도교인들의 사회주의단체와의 관계를 규명해보려 한다.

1. 만주지역 천도교회의 설립과 천도교세의 신장

천도교가 창시되기 전인 동학시대에 만주지역에는 동학도가 몇 명 혹은 수십 명 정도 존재하고 있었던 것 같다. 1884년 경 서울의 명문부호의 아들로 동학신자인 金以器가 화룡현 湖川浦(지금의 용정현 회경가)와 阿米達(지금의 개산툰 자동골 막바지)에 와서 청년 10여명을 모집하여 1894년까지 동학을 연구하였다고 한다. 그러나 1895년 3월 7일 김이기가 회령관아에 체포되어 사형을 당하고, 그의 제자였던 金英烈마저 천주교로 개종하자 연변지역의 동학도들은 거의 자취를 감추었다고 한다.[2]

그러다가 1905년 12월 東學이 天道敎로 바뀐 후 천도교에서 근대적인 교회체제를 갖추기 위하여 敎區를 설치할 무렵 만주지역에는 또 다시 천도교가 활발히 전파되었다. 연변지구에는 벌써 1906년 경 金得雲, 黃熙龍에 의하여 전교가 시작되어[3] 1906년 2월 무렵 北間島 龍井의 제4구에는 천도교전교실이 있었다. 이후 함남 永興郡의 천도교도인 白士元, 高尙律 등이 龍井村에 들어와 포교를 확대한 결과 1913년 8월 경 용정전교실은 龍井敎區로 발전되었다.[4]

---

2) 「연변천주교의 연혁과 오늘의 상황」, 『연변문사자료』 8, 1997, 3쪽.

3) 김죽산, 「중국 조선족종교의 원류와 역사적 역할」, 『當代中國朝鮮族硏究』(중국 연변:연변인민출판사, 1992), 245~246쪽.

4) 金正明 編, 『朝鮮獨立運動』 2권, 11쪽. 국회도서관 편, 『한국민족운동사료』 3·1운동편 1권, 1977, 690쪽.

용정교구는 청년 申明德과 金子天, 李德在, 金宗憲, 張南極, 朴讚淳, 兪鎭國, 申道極 등의 노력으로 교세가 크게 신장되었다. 그리하여 1918년 무렵에는 50호 정도의 교호가 있었다. 이들은 어려운 형편이지만 십시일반하여 용정교구실을 신축하였다.5)

연길현의 국자가에는 1906년 11월 경 厚洞에 북간도교구가 설립되어 있었다. 당시 북간도의 교구장 鄭桂玩은 서무원 朴欒俊과 이문원 朴周勳을 延吉縣 撫民府에 파견해 公函을 바치고 천도교교리를 소개하였다. 이에 따라 撫民府 관리인 劉恕心은 북간도교구장 정계완을 찾아와 교리를 토론하고, 천도교를 통하여 韓中友誼를 돈독히 하자고 하기까지 하였다. 이 무렵 撫民府 관리인 劉萬喜와 韓人 崔天喜, 姜禹範, 李德俊 등이 천도교에 입교하였다.6) 그리고 1907년 3월에는 吉林亞次總督府의 관리들이 대거 입교하였다. 그리고 이곳에 전교실이 마련되기도 하였다.7)

1911년 7월 경에는 和龍縣의 月新社에도 和龍敎區가 설립되었다. 교구장에는 全子天, 共宣員에 李成敎, 典制員에 朱和燮, 금융원에 朴尙碧, 서기에 金炳官이 임명되었다. 또한 순회교사 1명과 전교사 14명이 임명되었다.8)

서간도 輯安의 冲和堡 小陽岔 지역에는 이미 1910년 이전에 西邊界敎區가 설립되었던 것으로 보인다. 그리고 1910년 8월 경 서간도에 거주하는 李鶴巢가 서변계에 교구를 신설하겠다고 청원하자 중앙총부에서는 이것을 인허하고 해당지역의 교호수를 修報하고 교구장을 薦報하라고 하였다.9) 그리고 서간도지역에서 교호수와 교구

---

5) 鄭桂玩, 「북간도용정교구실기」, 『천도교회월보』 102호, 1918. 12, 37·38쪽.
6) 『萬歲報』, 1906. 11. 22.
7) 『萬歲報』, 1907. 3. 10, 3. 11. 성주현, 「일제하 만주지역의 천도교의 포교와 조직(1900~1920), 298·299쪽.
8) 『천도교회월보』 13호, 1911. 8, 71쪽. 15호, 1911. 10, 67·68쪽.

장을 보고하자 1910년 11월 집안현 致和堡 太平溝에 西邊上界敎區를 신설하고 趙觀珉을 초대교구장으로 임명하였다.10)

서간도 臨江縣에 천도교를 전파한 사람은 李英錫, 鄭鏞謙, 金寬浩 등이었다. 이들이 어느 곳 출신이고 지역에 이주한 시기가 언제인지는 확실하지 않다. 이들이 처음 이주한 직후에는 교호가 13호가 못 되었지만 1914년 중반에는 85호 정도에 육박하였다. 이처럼 교호가 증가하자 1917년 1월 경에는 기존의 전교실을 확대하여 교구를 설치하였다.11)

함남 혜산진의 대안지역인 장백지역은 廉學模에 의하여 포교가 행해졌다.12) 염학모는 함남 단천 출신으로 1876년생이었다. 그가 장백에 오게 된 경위와 온 시기는 현재 알 수 없다. 그는 북청대교구 소속 단천교구의 교인으로 장백지역에 와서 포교활동을 벌인 결과 장백지역의 薦主로서 활동하였다. 1882년 경 함남 홍원군 평포면 외상리 출생인13) 朴基潤도 장백지역의 포교에 기여하였다. 박기윤은 1902년 동학에 입교한 후 언제인지 잘 알 수 없으나 장백에 와서 포교를 행한 결과 1916년 장백교구의 초대교구장에 선임되어 포교활동을 하였다. 1916년 당시 전교사 姜啓東·朴弘允·朱彬 등이 전교사로서 활동하였다.14) 이들의 포교활동 결과 장백교구는 1917년 교구실을 신축할 수 있었다.

---

9) 『천도교회월보』 2호, 1910. 9, 57쪽.

10) 『천도교회월보』 3호, 1910. 10, 50쪽.

11) 李淵燮, 「支那臨江縣天道敎729講習所創立記」, 『천도교회월보』 49호, 1914. 8, 38·39쪽.

12) 鄭桂玩, 「長白府敎區建築記」, 『천도교회월보』 88호, 1917.11, 26·27쪽.

13) 「高等法院 判決文」(1920. 1.17), 독립운동사편찬위원회, 『독립운동사자료집』 10권, 972쪽.

14) 〈표 2-1〉 참조.

아울러 南滿의 鳳凰城에도 1912년 교구가 설립되었다. 1912년 1월 경 고귀문이 중앙총부에서는 이것을 인정하고 고귀문을 교구장에 임명하였다.15)

이 외에 안동현 지역에는 李仁乾·文應祥이 1909년 경 천도교에 입교하여 안동현 지역에 포교를 하고 있었다. 그러나 그 수는 그리 많지 않아, 1919년 경 10여호 정도 되는 수준이었다.16)

서간도 지방 교구의 관할은 西邊下界敎區와 西邊上界敎區는 초산 대교구에서, 그리고 臨江縣傳敎室(임강현교구)는 강계 대교구에서 담당하였다.17) 장백교구는 북간도 교구에서 관장하였던 것으로 보인다. 『천도교회월보』 중앙총부휘보의 내용을 참고하여 정리한 만주지역 천도교구의 임원은 〈표 2-1〉, 〈표 2-2〉와 같다.

만주지역의 천도교구에서는 교인들에게 교리를 강해하여 천도교에 대한 이해를 깊게 하며 근대적인 학문을 소개하여 이들을 계몽시키려는 목적에서 교리강습소를 설치하였다. 정확한 설치연도는 알 수 없지만 1911년 경 북간도 局子街 御北 廣濟村에는 천도교 제366강습소가 있었다.18)

---

15) 『천도교회월보』 19호, 1912. 2. 65쪽. 21호, 1912. 4. 언문부 70쪽.
16) 최린홍, 「안동에 설립된 전교실의 시종을 거하야」, 『천도교회월보』
17) 『천도교종령집』(천도교중앙총부, 1983), 181~188쪽.
18) 『천도교회월보』 19호, 1911.12. 70쪽. 1911년 7월 본 강습소에서 실시한 추기시험에서 1학년 우등생은 姜敏虎·李春盛·張雲奎·李春栽·金希元·權國峻·姜文吉·金相憲·安必得·李成白이고 급제생은 金泳洙·申鉉白·李在禧·吳世煥·徐尙劍·金秉周·李成學·姜九禹·李成敎·全子天·文昌逸·韓鳳成이었다. 2학년 우등생은 柳炳鶴이고 급제생은 柳勵相이었으며, 1학년 新募集班의 우등생은 李昌棕·李昌억·金龍雲·張斗天·孫宗現·全日權이오 동반 급제생은 全衡權·金源禽·金源根·李昌樺·姜이吉·張斗南·李興權·孫宗官·朴齊英이었다.

〈표 2-1〉 1919년 이전 서간도지역의 전도교회와 역대교구임원

교구명칭	위치	설립일	역대교구장	역대교구임원
서변 상계 교구	輯安縣 致和堡 太平溝	1910.11	趙觀珉(10.12-) 金成浩(-12.12) 邊琼龍(11.4-17.4) 李殷權(17.6-18.9) 金忠益(18.11-)	理文員 : 金忠益(10.12-) 共宣員 : 金公瑞(12.2-14.7) 金忠益(13.5-) 李潤泰(14.7-) 典制員 : 李鶴巢(-13.9) 朱大汝(-15.11) 巡廻敎師 : 趙觀珉(16.9-) 金融員 : 崔龍贊(10.12-) 李錫俊(13.5-14.3) 趙觀珉(10.12-) 沈龜澤(14.7-16.1) 崔鎭賀(16.3-17.4) 吉文元(17.5-) 任龍진(17.6-) 傳敎師 : 金成浩(16.7-) 吉文元・朱鳳浩・李贊日 ・沈昞河(17.8-) 書記 : 金明用(13.7-)
서변 하계 교구	輯安縣 沖和堡 小陽岔	1910년 이전	金昌道(-11.3) 金錫謙(11. 4-11.11) 金持詰(11.11-13. 2) 金昇權(13. 2-) 趙德龍(14.6-16.2) 朴希俊(16.3-17.9) 金炳鍊(17.10)	공선원 : 金日鳳(11.6-) 黃在中(12.3-) 金炳鍊(13.5-18.3) 金宗河(18.8-) 전제원 : 朴希俊(11.7-) 金秉仁(12.3-) 金瑞和(仁)(13.5-15.4) 金炳鍊(16.5-) 金呂植(-16.5) 순회교사 : 崔德信(15.8-) 李允韋(17.6-) 금용원 : 趙昌熙(11.7-) 金昇權(12.3-) 金秉俊(13.5-) 전교사 : 金興瑞(14.7-16.1) 金俊涉(16.7-17.5) 崔德化・金應道(15.5-) 金才秀(15.7-) 金澤球(15.7-) 朴萬昊(16.7-) 朴覺心(17.5-) 任鳳權(18.2-) 洪錫運(18.3-)

〈표 2-1〉 계속

교구명칭	위치	설립일	역대교구장	역대교구임원
임강 교구	臨江縣	1917.1	朴良禧(17.1-18.2) 李英錫(18.2-)	풍선원 : 柳春秀(19.2-) 전체원 : 李春燮(17.2-18.3) 李春燮(-18.8) 玄仁成(18.8-) 강도원 : 李淵瑩(17.5-18.2) 李淵瑩(18.3-19.3) 全俊原(19.3-) 순회교사 : 金波汝(18.7-) 금융원 : 金寬浩(-17.10) 李景胄(17.10-18.3) 李淵瑩(18.3-) 전교사 : 玄仁成・李學範(17.6-) 韓謙嬅・金羲嬅・柳承嬅・ 金春嬅・韓泰嬅(17.8-) 李品胄(17.10) 李錫珍元容波(18.3-) 裵愛嬅(19.1-) 金基麟・李鵬模(19.3-) 서기 : 金俊源(17.5-)
장백 교구	長白縣	1916.10	朴基潤(16.10-) 金世寬(-19.2) 李龍寅(19.2-)	풍선원 : 李龍虎(18.2-) 李啓學(19.2-) 전체원 : 朱林(16.11-17.10)金世寬(17.10-18.4)李道連・18.4-) 강도원 : 李啓學(18.2-) 순회교사 : 廉學模(17.4-) 尹澤龍(18.8-) 尹泰容(18.9-) 廉學模(18.12-) 금융원 : 朴弘允(16.10-17.10)趙廢禧(17.10-19.3)趙廢禧(-19.3) 李斗卓(19.3-) 전교사 : 姜隆東・朴弘允・朱彬(16.10・) 李芳黃・李龍寅・ 李衡鍾(17.4-) 方官菁17.6-) 趙誠謨・李鍾鎬・朱永嬅・金虎嬅(18.2-) 李明黃・金昌億・金明三・朴連嬅・白渭嬅(18.4-) 玄世嬅・金時嬅・金壽嬅・白渭嬅(19.1-) 崔永嬅・朴重嬅・金成嬅・金虎嬅・李周金・趙誠謨・ 金昌億・金基化・金明三(-19.1) 金秉弘・李春根・金基萬(19.2-)

〈표 2-2〉 1919년 이전 북간도 지역 천도교구의 임원

교구명칭	위치	설립일	역대교구장	역대교구임원
龍井 教區	延吉府 龍井市	1913.8	白樂瑩(13.8-16.9) 申明德(16.9-18.2) 申道楣(18.2-19.2) 白樂瑩(19.2-)	공선원 : 朴春植(19.2-) 전제원 : 李鍾鍵(-16.10) 강도원 : 南奕鍾(-17.12) 金熙盛(17.12-) 순회교사 : 張仁懿(18.2-19.2)李愈在(18.2-) 李鳳在(19.2-) 금융원 : 朴榮順(-17.12) 李鳳在(17.12-) 李鳳在(-19.2) 金元英(19.3-) 전교사 : 文楠邦・李元任・申道樞・李昌曄・金宗曄(16.9-) 金秉權・朴容俊・李賓任・全熙敎(18.2-19.2)朴瑞興・ 李泰彦・金宗協・張龍台・申明世・崔成男・趙炳植・ 崔昌基・鄭賜俊(19.2-)
북간도 교구 局子街 敎區	延吉縣 局子街	1906.11	金秉周(-10.11) 金澤慶(-11.3) 姜成禹(11.6-12.3) 李成奎(12.3-13.2) 朴炳運(13.2-15.6) 李成學(15.7-16.3) 安弘億(16.3-17.2) 安泰弘(17.2-18.2) 朴炳運(18.2-)	공선원 : 李道秀(11.6-) 安弘億(12.3-) 張雲奎(13.2-16.2) 金宗憲(13.10-) 兪領國(14.2-) 姜載文(18.2-) 吳世煥(19.2-) 전제원 : 朴基八(13.2-) 金用權(14.2-) 金秉周(15.2-16.2) 姜成禹(16.2-) 李昌律(-18.2) 張雲奎(18.2-) 李大元(18.5-) -19.3) 張雲奎 -19.3) 李襲曄(19.3-) 강도원 : 李成鶴・柳勳相・李春敎(11.12-) 李羲燁・吳敏泳(-13.2) 車炳運(-13.2) 李鳳在(13.12-) 車炳運(-14.2) 姜成禹(-14.2) 金周鏑(14.2-) 姜禹禹(14.2-) 李廷烈(-16.3) 李義浣(16.3-17.2) 金道煉(16.3-17.2) 순회교사 : 張信奎(17.2-18.2) 李加白・崔蓋(18.2-) 金晦正 : 張斗天(16.3)・宋星九・金河俊(15.6-) 李羲曄(18.2-)

〈표 2-2〉계속

교구명칭	위치	설립일	역대교구장	역대교구원
북간도 교구 局子街 敎區	延吉縣 局子街	1906.11	金秉司(-10.11) 金澤慶(-11.3) 姜九禹(11.6-12.3) 李成奎(12.3-13.2) 朴柄璉(13.2-15.6) 李成學(15.7-16.3) 安弘億(16.3-17.2) 安泰弘(17.2-18.2) 朴柄璉(18.2-)	금융원 : 金周鍋(12.3-)・鄭永孝(13.11-)・李羲沅(-14.2) 李羲燦(-14.2)李羲乾(-16.2)李羲暉(16.3-) 李羲暉(-18.2)吳敬氷(18.2-19.3)張子天(19.3-) 전교사 : 全成龍(11.7-)李羲乾(11.9-13.2) 韓鳳皮・崔龍奎・金頓鍾・崔昌愛(15.6-) 車萃均(17.1-)安泰燁(17.2-)吳世局・崔鳳俊(18.2-) 金河暎・姜興俊・吳一京・安貞觀(19.3-) 서기 : 李昌根(13.2-)金頓鍾(14.3-)吳世煥(16.3-) 韓衡球(-13.10)金頓鉉(17.1-)
利龍 敎區	利龍縣	1911.7	全子天(11.7-) 孫基璨(14.3-15.2) 李成鐸(15.2-17.5) 孫基鐸(17.5-18.3) 朴尚進(18.3-)	공선원 : 李成教(11.7-)金重衡(13.4-)金元寬(14.4-) 金秉鍋(16.2-)朴尚進(17.5-)崔龍端(17.5-) 李道俊(18.5-) 전제원 : 孫基璨(-13.5)姜世仲(13.5-14.2) 李成鳳(14.3-15.3)全子天(15.3-16.2) 高鶴仙(16.2-)李大元(18.7-) 감도원 : 韓鳳皮・李成龍・孫基鐸(11.12-) 李成鳳・姜世仲(-13.5) 금융원 : 朴尚進・李成白・金秉鍋(13.5-14.4) 金秉鍋・李昌标・姜世郁(14.4-15.4) 梁雲鳳・金宗瑩・李成鳳(15.4-16.2) 許梓・李昌标(16.2-) 전교사 : 孫宗現(17.4-18.7)梁雲鳳・李成白(18.7-) 금융원 : 朴尚碧(11.8-)梁雲鳳(-13.5)徐春興(13.5-14.3) 徐春興(-17.3)朴尚碧(17.4-18.3)徐春興(18.3-) 전교사 : 崔基範・徐天雄・黃明暉(正 18.10-) 서기 : 姜敏吳(13.4-)金鯝鍾・徐宗現(16.2-)朴齊英(18.5-)

1913년 10월 洪尙面 道川里에 제729강습소가 설치되었다. 정태원, 이현홍, 유광칠, 이선풍, 김필운, 유로훈 등 6인은 1913년 말에서 1914년 중엽까지 729강습소에서 수학하였다.19)

장백현에서는 전교구장 박기윤, 신임교구장 김세관, 이두심, 李周益 등이 주도하여 1917년 12월 교리강습소를 설치하였다. 이 교리강습소의 所長은 이두심이었고 所監은 이주익, 그리고 강사는 단천군 신만면 개평리에 사는 박한익이 담당하였다. 제1기의 강습은 1917년 12월 9일부터 1918년 3월 3일까지 실시되었다.20)

또한 일반인을 위한 교육기관으로서 초등학교와 중등학교 수준의 교육기관을 설치하였다. 이는 어린아이들을 입교시키기 위한 사업이었다. 북간도 연길현 국자가에서는 1908년 韓明義塾을 설립하였다.21)

화룡현의 月新社敎區에서는 1913년 4월 三浦社 북동쪽 月新社 樞楡溝子에 講堂을 마련하여 교육을 실시하였다. 이 강당의 운영비는 연간 약 65원 정도였는데 학생들의 학부형으로부터 받아 충당하였다. 1916년 12월 당시 교장은 孫基鳳, 교사는 許允이었으며 학생수는 약 20명 정도였다. 교육내용은 東京大全, 歷史, 地理, 修身, 博物, 物理, 生理, 漢文, 作文, 習字, 算術, 體操, 唱歌로 천도교의 교리와 초등학교 수준의 신구학문을 가르쳤던 것 같다.22) 용정교구에서는 1916년 1월 6일 연길현 崇禮社 龍興洞에 東興學校를 설립하여 학생들에게 通鑑, 史略, 千字, 修身, 算術, 歷史, 溫習, 國文

---

19) 李淵燮,「支那臨江縣天道敎七二九講習所創立記」,『천도교회월보』49호, 1914. 8. 38쪽. 미상, 앞의 책, 43쪽.

20) 李啓學,「장백현강습소에더ᄒᆞ야」,『천도교회월보』93호, 1918. 4. 20~23쪽.

21) 김죽산,「중국조선족종교의 원류와 역사적 역할」,『當代中國朝鮮族硏究』(延邊: 연변인민출판사, 1992), 246쪽.

22) 姜德相 편,『現代史資料』27권, 146쪽.

등을 가르쳤다. 그 교육내용으로 보아 초등학교 수준이었던 것 같으며, 구학문을 주로 하고 부분적으로 신학문도 소개한 것으로 짐작된다. 1916년 12월 당시의 교장은 李化俊, 교사는 南澤龍이었으며 학생수는 12명 정도였다.23)

서변상계교구에서는 1916년 12월 이전 輯安縣 西溝에 서당을 설립하여 8세 이상 16세 이하의 아동들에게 漢文과 習字를 교육하였다. 교사의 보수는 매년 잡곡 10石(중국 도량형 기준)이었는데 학부형으로부터 받은 곡식으로 충당하였다. 1916년 12월 경 교사는 趙昌冷이었으며 학생은 18명이었다.24)

이러한 천도교의 교육기관은 포교의 중요한 수단이었다. 강습소를 통하여 교육을 받으려는 어린이와 청년의 천도교 입교를 꾀하였던 것이다. 한편 강습소는 포교와 계몽 이외에도 학생들에게 반일민족의식을 고취시키는 장으로 활용되었다. 예컨대 16도구의 학교촌은 '독립군의 소굴'이라고 불릴 정도였다.25) 이러한 교육기관에서 반일민족의식을 함양한 학생들은 삼일운동 이후 독립만세시위운동, 군자금조달, 친일파 처단, 무장투쟁 등 독립운동에 참여하였다.

1917년 4월 경 典制觀長 黃錫翹와 도사실 編輯員 吳知泳 두 사람은 京城日報와 每日申報 양사의 주최로 조직된 滿洲視察團에 참가하여 중국의 동북지역을 시찰하고 4월 29일 돌아왔다. 양인의 시찰 때 鮮人會의 會長인 鄭民和, 그 간부인 朴昌植・尹應大 등이 천도교에 입교하기도 하였다.26)

---

23) 姜德相 편, 『現代史資料』 27권, 146, 150쪽.
24) 姜德相 편, 앞의 책, 159쪽.
25) 1921년 2월 16일, 「간도총영사대리영사 堺與三吉이 외무대신 伯爵 內田康哉에 올린 보고」, 外務省史料館, 『鮮人ト宗教』 3(4-3-2의 2-1-9 不逞團關係雜件 朝鮮人ノ部).
26) 『천도교회월보』 82호, 1917. 5. 44쪽.

만주지역 천도교세의 신장과 천도교인의 민족운동(1905~1922)

1917년 6월 경 북간도의 延吉縣에는 약 460여명의 교인이 있었다.27) 1911년 경 延吉縣 志仁鄕 西溝에는 천도교인의 마을인 廣濟村이 있었다. 강구우는 이곳에 거주하였다.28)

이처럼 만주지역에서 천도교구가 설립되어 전교사·순회교사 등을 파견하여 포교를 확대하고, 교리강습소·학교 등을 통하여 교육을 통한 포교를 확대하자, 천도교인의 수는 점차 증가하였다. 1919년 경 환인·홍경현 지방에는 800여 호의 천도교도가 있었다.29)

이곳의 천도교인들은 포교에 힘을 기울여, 북간도와 서간도에 수천 명의 교인이 있었다. 비록 그 교인수가 시천교와 기독교에 비해서는 미미하였지만,30) 집단적인 활동을 할 정도의 교세를 갖추고 있었다.

3. 만주지역 천도교인의 독립만세운동과 무장투쟁

1919년 3월 1일 서울에서 행해진 독립선언식과 서울에서의 시위에 만주지역의 천도교인이 간여하였는가 하는 것은 잘 알 수 없다. 그러나 국내에서의 독립만세운동은 교인들에 의해서, 아니면 신문을 통해서 만주에 알려졌다.

그리하여 만주지역의 천도교인 중에는 국내에서의 독립만세시위에 참여하기 위하여 입국을 기도한 사람도 있었다. 서간도의 吉林省

27) 金正明 편, 『朝鮮獨立運動』 2권, 11쪽.
28) 국가보훈처, 『북간도지역 독립군단명부』, 1997, 171쪽.
29) 金正明 편, 『朝鮮獨立運動』 2권, 872쪽.
30) 1921년 2월 16일, 「간도총영사대리영사 堺與三吉이 외무대신 伯爵 內田康哉에 올린 보고」, 外務省史料館, 『鮮人ト宗敎』 3(4-3-2의 2-1-9 不逞團關係雜件 朝鮮人ノ部).

輯安縣 外岔溝 小陽岔에 거주하던 천도교인 金秉七은 동지 3명과 함께 여비를 조달하여 서울에 가서 독립운동에 참여하려고 하였으나 3월 10일 초산에 도착하여 손병희가 체포되었다는 소식을 듣고 다시 輯安縣으로 돌아왔다.31)

3월 25일 오후 3시경 輯安縣의 서남쪽 楡樹林子에서는 太平溝 西邊上界敎區長인 金忠益의 주도로 천도교도 약 60명이 楡樹林子街 북단과 동지역 堡甲局 안 광장에서 태극기와 弓乙旗를 흔들면서 독립만세운동을 벌였다. 그러다 堡甲局長 張犿軒과 그 부하의 제지를 받고 해산하였다.32)

3월 31일 정오 輯安縣 太平溝 磊石岔 기독교 교회당 앞에서 천도교인들은 기독교인과 함께 400여명 정도의 혼성시위대를 구성하여 기독교 목사 白時完의 主唱에 호응하여 독립만세를 부르며 부근을 행진하였다.33)

3월 31일 오전 11시경에는 輯安縣의 서남쪽 冲和堡 小陽岔의 천도교 서변하계교구 교구장 金呂植과 奉訓 金秉七 및 교도 120여명은 大陽岔 保甲局 부근에 집합하여 독립만세를 고창하였다. 또한 이들은 外岔市街에 들어가 오후 2시경 각자 태극기와 독립의식을 고취하는 내용이 기재된 깃발을 흔들면서 가두행진을 하였다.34) 그러나 輯安縣 경찰 제2구 區官 李王勝 이하 무장순경 10명이 제지하여 곧 해산하였다.35)

4월 8일 천도교도 약 200명은 輯安縣 通溝의 朝鮮人組合總支部

---

31) 姜德相 편, 『現代史資料』 26권, 113쪽.
32) 金正明 편, 『朝鮮獨立運動』 2권, 813쪽. 姜德相 편, 『現代史資料』 2권, 112쪽.
33) 金正明 편, 『朝鮮獨立運動』 2권, 814쪽.
34) 위의 책, 813·814쪽. 姜德相 편, 『現代史資料』 26권, 116쪽.
35) 「한인독립운동에 관한 건」(1919. 4.10), 『不逞團關係雜件-在滿洲部』.

를 습격할 목적으로 태극기를 흔들고 독립만세를 부르면서 輯安縣 麻線溝를 경유하여 通溝로 향하였으나 중국 관헌에 의하여 저지당하였다.36)

4월 3일, 4일 寬甸縣 河漏河 草荒溝에서 천도교인들은 기독교인과 함께 200명 정도의 무리를 이루어 기독교회에 모여 독립만세를 고창하고 연설을 행하였다.37)

3월 28일 柳河縣 三源浦, 通化縣 哈泥河, 興京縣 旺淸門 지방의 천도교인들은 興京縣 旺淸門의 기독교회에 모여 기독교인, 부민단원 등과 500명 정도의 무리를 이루어 독립문제를 협의하였다.38)

3월 16일 정오 함남 惠山鎭 대안 長白縣에서는 천도교인 약 30여명이 태극기를 흔들며 일본헌병 8명을 기습하기도 하였다. 그러나 일본헌병과 중국 관헌에게 주모자 3명이 체포된 후 그만 해산하였다.39) 이러한 장백현에서 전개된 천도교인의 독립운동은 장백부에 거주하는 장백면장인 金秉潤, 장백현 太平溝의 金洛允 등이 기독교에 독립운동가와 연계하여 활동하고 있었다.40) 이 시위에는 장백교구의 천도교인이 대거 참여하였으리라 판단된다.

이후 김병윤은 4월 초 李昌雲, 劉一優 등 장백현 내 各社 鄕約長(面長)과 함께 국내 및 남만주 각지의 한인과 함께 독립운동을 전개하기로 하고 독립선언서에 의하여 민족의식을 고취하였다. 이들은 4월 10일 국내의 함남 혜산진에서 독립만세운동을 전개하기로 계획하고, 당일 오전에 長白縣 출발하여 혜산진 상류 1리 반 정도 떨어

---

36) 金正明 편, 『朝鮮獨立運動』 2권, 814쪽.
37) 姜德相 편, 『現代史資料』, 130쪽.
38) 姜德相 편, 『現代史資料』 26권, 126쪽.
39) 姜德相 편, 『現代史資料』 26권, 91쪽.
40) 姜德相 편, 『現代史資料』 26권, 124쪽.

진 普惠面 松峰里에서 渡江하여 혜산진으로 진입하려고 하였으나, 미리 정보를 입수한 일본 관헌의 경계가 엄하여 뜻을 이루지 못하고 장백현으로 돌아왔다.41) 김병윤은 4월 21일 이창운의 집에서 유일우·이창운·鄭三星과 같이 장백일본헌병주재소 감독보조원에 대하여 "남한에서는 감독보조원의 과반이 제복을 벗고 독립운동이 참여하고 있으니, 그도 일반보조원을 지휘하여 병기를 탈취하여 도주하라"고 권유하였다.42)

북간도에서는 먼저 延吉縣 용정교구와 국자가교구의 천도교인들이 1919년 3월 13일 용정에서의 3·13시위에 참여하였다. 앞 장에서 살핀 前 局子街敎區長이었던 姜九禹와, 전 龍井敎區長이었던 申明德은 朝鮮獨立議事會에서 발표한 독립선언서에 南北滿洲朝鮮人代表로 참여하였다.43) 연길에 있는 천도교 국자가교구와 용정교구의 원로가 용정의 3·13시위에 대표로 참석한 것으로 보아, 연길지역의 천도교인들이 대거 참석하였음을 짐작할 수 있다. 실제로 四茂社의 천도교인 65명이 3·13시위에 참여하였다.44)

3월 27일 延吉縣 守信社 九沙坪에서 4,000여명이 참가한 가운데 연합시위가 전개되었을 때, 琿春에 거주하던 천도교 주무 李河英(1919년 당시 32세)은, 金塘村에서 독립선언서를 인쇄하여 갖고 와서, 琿春, 獐足登, 金塘村, 初沼尾, 連花洞, 六道泡子 玉泉洞, 黑項子에서 온 각 학교 교사와 학생들에게 나누어주고 독립선언식을 주도하였다. 동 식장에서 이하영은 "吾人 이천만동포가 10년 전에 일본에게 병합되어 금일까지 굴욕적 압박을 받아 이에 참지 못하고

---

41) 姜德相 편, 『現代史資料』 26권, 151쪽.

42) 姜德相 편, 『現代史資料』 26권, 165쪽.

43) 성주현, 「일제하 만주지역 천도교인의 민족운동」, 『동학학보』 5, 2003. 6, 33쪽.

44) 姜德相 편, 『現代史資料』 26권, 103쪽.

타국으로 유랑하여 辛苦艱難을 맛보면서 시기의 래도를 기다리고 있었는데 금회 불국에 있어서의 만국평화회의에서 미국대통령 윌슨씨의 제창에 관계되는 자결주의에 기인하여 더욱더 모국도 독립할 수 있었던 것은 각자 애국심이 왕성한 데 기인함이라"고 하는 연설을 하여 독립의식을 고취하였다.45)

화룡현에서는 3월 15일 이후 茂山郡 西江 대안의 화룡현 각지에서 천도교인들은 기독교인 등과 함께 독립운동을 전개하고 있었다.46) 1919년 3월 18일 간도 청산리에서 기독교도 金河範, 檀君敎徒 金賢默 등의 주도로 900여명의 군중이 시위를 전개할 때, 천도교인들은 기독교인 및 단군교인과 함께 적극 참여하였다.47) 구체적인 인명은 확인되지 않지만, 이 시위에는 화룡교구의 천도교인들이 대거 참여하였을 것으로 판단된다.

이들은 시위투쟁에 국한되지 않고 군자금조달, 친일파처단, 무장단체의 조직과 무장투쟁으로 발전하여 나아갔다. 1919년 3월 초 집안현 태평구의 천도교도는 기독교, 扶民團과 기맥을 통하고 독립운동을 효과적으로 수행하기 위하여 義勇團靑年會를 조직하고 단원의 모집에 주력하였다.48) 또한 많게는 2, 30엔 적게는 4, 50전씩 모은 독립운동자금을 비밀리에 독립운동단체에 전달하였다.49)

長白府의 천도교인 金秉潤은 1919년 5월 3일 유일우, 이창운, 朴基潤 기타 지도인물 수명과 함께 이창운의 방에 모여 향후 독립운

---

45) 姜德相 편, 『現代史資料』 26권, 128쪽. 국회도서관 편, 『한국민족운동사료』 3·1 운동편 3권, 1979, 290·291, 393쪽에는 이 천도교도의 이름이 李河英으로 되어 있다.
46) 姜德相 편, 『現代史資料』 26권, 93쪽.
47) 姜德相 편, 『現代史資料』 26권, 100쪽.
48) 姜德相 편, 『現代史資料』 26권, 151쪽.
49) 姜德相 편, 『現代史資料』 26권, 113쪽.

동의 방략을 협의하였다. 이들은 파리강화회의에서 대한의 독립이 승인되지 않으면 2천만 韓族은 최후의 수단으로서 무력적 행동을 전개하지 않으면 안 된다고 보았다. 이들은 지금 우리 동포는 각지에 산거하니 일제히 힘을 합쳐서 통일적 행동으로 해야 한다고 보았다. 그리하여 김병윤은 이들과 함께 제1구는 경성, 제2구는 미국 샌프란시스코, 제3구는 하얼빈, 제4구는 블라디보스톡, 제5구는 상해로 정하고, 연락 및 군자금 모집의 임무를 행하려고 하였다. 그리하여 모아진 돈으로 러시아와 중국으로부터 무기를 구입하고 무력투쟁을 전개할 것을 협의하였다.50)

1919년 5월 대한독립단원인 鄭員이 장백지역에 와서 단원을 모집하자, 천도교인 김병윤(함남 단천)과 박기윤은 劉一優 등 약 40명과 함께 이에 가입하여 대한독립단의 단원이 되었다.51) 1919년 음력 6월 말 奉天省 長白縣에서 大韓獨立團 長白支團이 조직되자, 金秉潤은 부단장이 되었고, 박기윤은 재무원이 되었다. 대한독립단 장백지단이 10,000원 이상을 목표로 군자금을 모집할 때, 김병윤과 박기윤은 유일우와 함께 13道溝부터 23道溝까지의 지방에서 군자금을 모집하였다. 그리하여 김병윤은 200원을 모금하였다. 박기윤은 대한민국임시정부의 태평양회의 대표파견 등을 위한 군자금을 모집하라는 연락을 받고 安載植 외 수명을 지휘하여 국내와 중국 각지에서 음력 6월말부터 8월 10일(음력 윤 7월 15일)까지 군자금 1,750圓을 모집하였다.52)

김병윤은 독립운동자금의 합법적 모집을 위하여 昌興商會를 활용

---

50) 姜德相『現代史資料』26권, 103쪽.
51) 機密公 제86호,「鴨江沿岸地方 不逞鮮人의 狀況에 關한 건(1920. 7. 17)」,『조선소요관계서류』7.
52) 京城覆審法院 判決文(1919.12. 8). 대한독립단 장백지단의 설립 당시 단장은 劉一優, 부단장은 李殷啓였다.

하였다. 창흥상회는 1919년 5월 崔鎭國이 설립한 것으로 목면, 염, 어류, 미곡류를 판매하는 상점이었다. 그런데 김병윤은 1919년 음력 7월 유일우와 함께 이 상회를 대한독립단 장백지단의 별동대로 하기로 하였고, 이후 자본금은 독립운동의 자금에 충당소비하였다. 당시 김병윤은 창흥상회의 부회장으로 있었고, 천도교인 金洛允이 회원으로 있었다.53)

대한독립단 장백지단은 1919년 11월 1일(음력 9월 9일) 17도구 東坪德里의 李東白의 집에서 모임을 갖고 軍備團으로 발전하였다. 이때 박기윤·강건·조성극은 군비단 본단 재무부의 부원이었다. 그리고 김병윤은 외교부의 외교총장 겸 장백지단장으로 활동하였다. 廉學模는 서무부의 부원이었다. 朴基潤은 長白縣 長白府에 위치한 제4지단의 지단장으로도 활동하였다. 그의 휘하에는 천도교인 金洛允이 財務員으로 있었다. 제4지단은 권총 2정에 탄약 100발을 갖추고 있었다.54)

군비단에서 활동하던 천도교인 염학모는 1920년 8월 29일 경술국치기념일에 長白縣 중심지에 大寺洞, 小寺洞, 16道溝, 17道溝 방

---

53) 高警 제94호, 「국외정보: 대한독립군비단의 조직, 昌興商會의 독립운동」(1920. 1. 7), 『조선소요사건관계서류』 5. 이 상무회를 위하여 자금을 출자한 사람은 金秉潤, 金洛允, 金秉衡, 徐景泰, 安正甫, 李喜在, 李龍浩, 黃信德, 張子軒 등이었는데 천도교인 김병윤과 김락윤은 각기 20주의 금액을 출자하였다. 그리고 김병윤은 이 상회의 부회장으로, 천도교인 金洛允은 會員으로 활동하고 있었다.

54) 關機高收 제12699호 『臨時報』 제15호(1922. 1. 16), '長白縣下 不逞團의 系統的 調査'. 이 자료에 의하면, 軍費團이 설립된 것은 8월이라고 되어 있다. 『독립군의 수기』, 72쪽. 『독립군의 수기』 72쪽에는 군비단의 설립일이 9월 9일이라고 되어 있다. 「大韓獨立軍備團의 組織」(1920. 1. 7), 『조선소요사건관계서류』 6. 에는 11월 1일이라고 하였다. 그런데 11월 1일은 음력으로 9월 9일이다.
金秉潤의 직함과 관련하여, 『독립군의 수기』에는 외교부원으로 나오나, 「군비총단 역원의 개선 및 全 支團의 移動」(1921. 11. 30), 『불령단 관계 잡건-조선인의 부-재만주의 부(30)』. 외교총장 겸 지단장으로 나온다.

면에 거주하는 한인을 모아 놓고 기념식을 거행하였다. 그는 대한민국임시정부의 公報를 배포하고 낭독하여 배일사상을 고취하였다.

1921년 2월 경 趙勳(33세)은 군비단의 외교부장, 金東俊(37세)은 군사부장, 염학모(49세)는 재무부원, 조성극(42)은 경찰부원, 이계학은 경찰부원, 김락윤(44세)은 외교부원으로 활동하고 있었다.55) 趙誠極은 1921년 10월 군비단에서 군수품의 원활한 조달을 위해서 군량품징수회를 조직하였을 때 장백현 17도구 왕가동에 조직된 제4구의 都監으로 활동하였다.56)

한편 북간도의 연길과 화룡에 거주하던 천도교인들은, 연길현에서 3·13시위를 주도하였던 인물들이 그날 조선독립의사회를 조선독립기성회로 발전시키자 姜九禹와 申明德은 이에 참여 의사부원으로 활동하였다.57) 또, 조선독립기성회가 상해에서 대한민국임시정부가 조직된 후 그 명칭을 大韓國民會로 변경하자, 천도교인 중 姜九禹, 崔翊龍, 金河俊 등이 대한국민회의 간부로 활동하였다. 함북 鍾城 출신인 강구우(1885~?)는 대한국민회 총부의 부회장으로 활동하면서 延吉縣 志仁鄕 依蘭溝에서 大韓國民會 제2중부지방회의 회장으로 활동하였다.58) 최익룡은 대한국민회에 참여하여 대한국민회 사령부의 사령관인 安武의 副官으로 활동하였고, 1920년 大韓國民

---

55) 高警 제4696호, 「국외정보: 대한독립군비단의 역원 변경에 관한 건」(1920. 2.19), 『조선소요사건관계서류』 5.

56) 關機高收 제12699호 「臨時報」제15호(1922. 1.16), '長白縣下 不逞團의 系統的 調査'.

57) 박환, 『만주한인민족운동사연구』(일조각, 1991), 66쪽.

58) 박환, 「北間島 大韓國民會의 成立과 活動」, 『尹炳奭敎授華甲紀念韓國近代史論叢』, 1990, 801-806쪽. 강구우는 함북 鍾城 출신으로서 북간도 천도교회의 지도자로 활동하였는데 1919년 3월 13일 북간도 지역에서 결성된 朝鮮獨立期成會의 議事部員으로 활동하였다. 그는 이 기성회가 동년 4월 대한국민회로 발전하자 여기에 참여하였던 것이다.

會, 大韓義民團, 大韓新民團, 大韓光復團이 연합하여 北路司令部를 결성하자 북로사령부의 參謀部 書記로 활동하였다.59)

1920년 8월 경 대한국민회는 행정부와 사령부 체제로 편제되었다. 행정부에는 본부인 총부와 지방조직인 지방총회·지방회·지회로 편제되었다. 이 무렵 많은 천도교인들이 대한국민회의 본부와 지방조직에 참여하였다. 앞의 〈표 2-2〉에서 확인된 천도교의 간부 중에서 대한국민회의 회원으로 활동한 사람을 소개하면 〈표 2-3〉과 같다. 먼저 총부에서는 이성교와 최륜이 재무부원으로 활동하였다. 표에는 나오지 않지만 강구우는 총부의 부회장으로 활동하였다고 한다.60)

지방조직에서 활동한 인물로 먼저 1중부지방회의 12구지회 부회장으로 활동한 이성학이 있었다. 그는 상의향 동불사 대북구에 거주하였던 것으로 보인다.

그리고 지인향 의란구 대북구에 근거한 제2중부회에서 활동한 인물로는 강구우·이성학·오세환·이윤백·최륜·김석현 등이 있었다. 강구우는 회장으로, 이성학은 의사부원으로, 오세환·김석현은 경호부원으로, 이윤백은 사교부원으로, 최륜은 재무부원으로 활동하였다.

---

59) 최익룡(1896.11.29~1923. 7. 2)은 함북 城津郡 鶴上面 五德里 출신으로서 서울에서 五星學校를 졸업하고 1913년 9월 7일 普成專門學校를 입학하여 1918년 3월 22일 졸업하였다. 그 후 삼일운동이 일어나자 독립만세운동에 참여하였다가 북간도의 용정에 망명하였다. 한편 그는 1921년 경 천도교의 용정교구에서 동흥중학교를 설립하는데 관여하고 동교의 교사로서 활동하면서 대한국민회의 경호부원으로 활동하였다. 그러던 중 그는 인근 지역에서 친일 밀정으로 활동하고 있던 朴生兼를 처단하였다. 이 사건으로 그는 무기징역을 받고 청진형무소에서 복역하던 중 1923년 8월 경 탈옥하려다가 사망하였다.

60) 박환, 『만주한인민족운동사연구』(일조각, 1991), 72·73쪽.

〈표 2-3〉 대한국민회 내 천도교인(1920년 8월)

소속	이름	직책	거주지	전거
총부	李成敎	재무부원		77
총부	崔崙	재무부원		74, 77 171
총부	金河俊 金用誠	전임재무		78
제1중부 12구지회	李成學	부회장	尙義鄕 銅佛寺 大北溝	96
제2중부	姜九禹	회장	지인향 의란구 동구 지인향 서구 광제촌 거	171
제2중부	李成學	의사부원		172
제2중부	吳世煥	경호부원		174
제2중부	李允伯	사교부원		173
제2중부	崔崙	재무부원		171
제2중부	金碩鉉	경호부원		174
제2중부 石人溝지회	金秉周	지회장, 후	지인향 석인구	180
제2중부 廣濟村지회	吳敏泳	지회장	지인향 서구 광제촌	183
제2중부 廣濟村지회	李義涴	재무		183
동부	崔昌基	사교부원		101
동부 10지회	姜世仲	지회장	月新社 傑滿洞 岐豊洞	107
서부	崔翔龍	비서, 3차	수신향 救世洞	109
서부	金弘善	비서	수신향 구세동	109
서부 14지회	李泰彦	회장	수신향 2道溝	120
제1남부				
제2남부				
제1북지방회 5지회	李德在	회장 비서	춘화향 대봉오동	161
제2북부				

　제2중부지방회 지회의 회원으로 활동한 천도교인으로는 석인구지회 지회장으로 활동한 김병주, 광제촌지회의 지회장으로 활동한 오민영, 광제촌지회의 재무로 활동한 이희완 등이 있었다.
　그리고 동부지방회에서는 최창기가 사교부원으로 활동하였다. 강

만주지역 천도교세의 신장과 천도교인의 민족운동(1905~1922)

세중은 월신사 걸만동 기풍동에 근거한 동부지방회 10지회의 지회장으로 활동하고 있었다. 서부지방회에서는 최익룡이 비서로 활동하였고, 김홍선도 비서로 활동하였다. 그리고 이태언은 서부지방회 14지회의 회장으로 활동하였다. 또한 제1북부지방회의 5지회의 회원으로 李德在가 있었다.

대한국민회의 재무부원이었던 金河俊은 1919년 동안 大韓國民會에 55원을 제공하였다고 한다.61) 실제 모금액은 이보다 훨씬 많았을 것이다.

중국 동북지역의 천도교인들이 전개하였던 독립운동에서 나타나는 특징은 첫째 독립만세운동에서 무장투쟁으로 발전하였다는 것이다. 둘째는 천도교 별도의 독자적인 운동을 전개하지 않고 기독교 등과 연대하여 활동하였다는 점이다.

3. 만주지역 천도교회의 문화운동 추진과 천도교인의 동향

만주지역의 천도교회는 천도교중앙총부의 지휘를 받았으므로 결코 국내의 운동노선과 무관하게 움직일 수는 없었다. 그러나 한편으로 만주지역의 천도교회는 무장독립투쟁의 현장에 위치하거나 가까이 있었으므로 그 지역의 독립운동세력의 움직임도 좌시할 수 없는 위치에 있었다. 이러한 양면적인 입장에서 만주지역의 천도교회는 어떠한 입장을 취하였고, 그에 대한 일반교인들의 태도는 어떠하였는지 살펴보도록 하겠다.

국내의 천도교 중앙총부와 교구에서는 1919년 9월 2일 천도교청

---

61) 姜德相 편, 『現代史資料』 27권. 114쪽.

년교리강연부를 설립한 후 교리·교사의 연구와 선전에 치중하겠음을 천명하고, 1920년 4월 천도교청년교리강연부를 천도교청년회로 바꾸고 본격적인 문화운동을 추진하였다. 바로 이 시기만주에서는 일본과의 무장투쟁을 전개하기 위한 독립운동단체의 통합이 있었고, 결전을 위한 준비가 갖추어지고 있었다.

천도교교구의 중요 책임자가 대한독립군비단이나 대한국민회에 가입하여 일본과의 일전을 모색하고 있던 바로 그 1919·1920년에 만주지역의 천도교인들이 문화운동을 주창하는 것은 결코 쉽지 않았다. 그러나 3·1독립만세운동의 열기가 다소 가시자, 포교활동을 재개하였고, 1920년 말 일제의 경신참변과, 1921년 6월 자유시사변을 겪고 난 후에는, 만주지역의 천도교회는 교회의 발전과 교인의 문화적 발전에 힘을 기울였다.

그리고 중국의 봉천성 관전현에서는 1920년 3월에 方燦斗, 金珍尙, 金榮澤, 金致浩의 노력으로 관전현 남쪽 下漏河 小葳子溝에 寬甸縣敎區를 설립하였다. 교호는 100호에 훨씬 이르지 못하였지만 방찬두가 특별히 중앙총부에 요청하여 설립될 수 있었다.62)

3·1운동의 열기가 다소 식은 1921년 9월 安東縣에서는 金永錫, 文應祥, 李仁乾, 朴容鶴 등이 노력하여 천도교전교실을 마련하였다. 전교실은 文應祥이 내어 놓은 집 2칸을 사용하였다. 9월 25일 侍日부터 예배를 보았다.63) 이 때 이 지역에 전교실과 교구가 설립될 수 있었던 것은 이 지역의 천도교인들이 독립만세운동에서 종교적인 활동 쪽으로 관심을 돌렸던 것을 표현하는 것이 아닐까 생각된다.

북간도에는 1921년 2월 당시 龍井村, 延吉縣 局子街, 修心浦(和

---

62) 李瓘, 「中華奉天省寬甸縣天道敎區室記」, 『천도교회월보』 127호, 1921. 3. 83~84쪽.

63) 崔麟弘, 「安東에 設立된 傳敎室의 始終을 擧하야」, 『천도교회월보』 136호, 1921.12, 83~85쪽.

만주지역 천도교세의 신장과 천도교인의 민족운동(1905~1922)

龍縣 湖川街 附近)의 3곳에 천도교구가 설치되어 있었다. 신도수는 용정에 150여호 약 500명, 국자가에 70호 약 250명, 수심포에 40호에 약 200명 내외가 있었다. 당시 북간도의 천도교인수는 총 950명 정도에 지나지 않았다. 이것은 북간도지역의 천도교인들이 1919년에 독립만세운동에 참여하고, 1920년 군비단과 대한국민회 등의 무장투쟁단체에 활동한 탓에 포교에전념하지 못한 때문이라고 여겨진다. 게다가 다른 종교로 전교한 사람이 늘어난 것도 한 가지 원인이었다. 한 예로, 1920년 말 만주지역의 천도교인 중에는 青林教로 전교하는 사람들이 있었다.64) 청림교는 동학계의 종교인데, 3·1운동 후 野團이란 독립운동단체를 조직하고 활동하다, 그 무렵 독립운동에서 문화운동 쪽으로 방향을 선회하고 활동하였으므로, 천도교인 중 이러한 노선을 지지하였던 사람들이 청림교로 전교하였던 것이다.

그러자 龍井教區長 李德在는 1921년 세력을 만회하기 위하여 교리강습을 실시하고 수료생으로 하여금 포교하게 함으로써 교인의 수를 약 20,000 여명까지 증가시키려 계획하였다.65) 1921년 2월 10일 연길청년회, 용정청년회와 화룡현교구는 연길청년회에서 연합회의를 개최하고 용정·연길·화룡 지역에 대교구를 하나 설치하기로 합의하였다. 그리고 각 교구와 각 지역의 청년회가 연합하여 포교를 전개하기 위하여 協成布德部를 두기로 하였다.

협성포덕부는 부장 1인과 부원 몇 사람을 두어 1921년 2월 10

---

64) 1921년 2월 16일 간도총영사대리영사 堺與三吉 외무대신 伯爵 內田康哉에 올린 보고. 외무성사료관, 4-3-2의 2-1-9, 不逞團關係雜件 朝鮮人ノ部, 『鮮人ト宗教』3.

65) 1921년 2월 16일 간도총영사대리영사 堺與三吉 외무대신 伯爵 內田康哉에 올린 보고. 외무성사료관, 4-3-2의 2-1-9, 不逞團關係雜件 朝鮮人ノ部, 『鮮人ト宗教』3.

일부터 3월 말까지 50여일간 포교활동을 하였다. 이 포교 활동은 25일씩 나누어 1기, 2기로 진행되었다. 1기의 포교사업은 매인 10호씩 포고한다는 목표 아래 3월 5일까지 진행하였다. 제2기의 포교사업은 3월 6일부터 4월 2일까지 진행되었는데, 협성교리강습회 졸업생 가운데에서 17인을 새로 뽑아 포교사업에 참여하게 하였다. 이 때 포덕에 종사한 포덕부의 직원은 다음과 같다. 협성포덕부의 부장은 朴林이었으며, 部員으로는 전문, 도흥, 최명호, 박찬순, 강희춘, 이성교, 신도극, 박승건, 변영무, 신명의, 이윤백, 강순, 김상규, 오세환, 유진국, 김희성, 문정방, 박용준, 김하준, 전자천, 이희엽, 박건, 김석종, 김정권, 장남욱, 강희원, 이동희, 최익룡, 강신, 김정훈, 문병무, 박정순, 서춘영, 정봉식, 김하영, 박내천, 신명섭, 남영종, 장자천, 홍남준이었다. 제1기 포교사업으로 180호가 새로 입교하였고, 제2기 포교사업으로 교인과 교구의 수는 증가하였다. 새로 157호가 입교하였다. 이러한 포교활동으로 頭道溝와 銅佛寺에 새로 교구가 설립될 수 있었다.66)

이러한 포교사업으로 교인과 교구의 수는 증가하였다. 1922년 1월 당시 북간도에 설립되어 있었던 교구와 신도수, 소속재산, 부속사업에 관한 사항은 다음과 같다.

〈표 2-4〉에 의하면 1922년 1월 경 북간도지역에는 6개의 천도교구와 남자 974명, 여자 521명의 총 1,495명의 교인이 있었다. 그런데 천도교회측 기록에 의하면 1921년 말 북간도에는 5개의 교구, 200여개의 전교실, 3,000여호의 教戶가 있었던 것으로 파악되고 있다.67) 1923년 2월에도 7개 교구, 3,000여 교호, 교인수

---

66) 미상, 「북간도포교상황」, 『천도교회월보』 129호, 1921. 5, 101쪽.

67) 최명호, 「북간도 우리 교회발전책의 전추인 사립동흥학교를 소개하여」, 『천도교회월보』 147호, 1922. 12, 79쪽. 『동아일보』 1922. 4.21.

〈표 2-4〉 북간도지역의 천도교 기관과 신도(1922년 1월 당시)[68]

교구명칭	위치	설립년월	소속재산	유지방법	포교방법	교역자	신도수	부속사업과 단체	연혁과 교세
天道敎 龍井村敎區	龍井村 第4區	1906. 2	교회당외 토지, 가옥	聖米	전도사	區長 金宗憲	남 300명 여 100명	東興中學校, 천도교청년회	1919년의 독립만세사건 후 교도증가
天道敎 延吉敎區	局子街	1908. 7	교회당과 西講學校 건물 약 1,600원	성미	전도사	區長 張秉杰	남 200명 여 100명	延吉第1小學校, 천도교연길청년회	1922년 5월 청년회 후 활동 활발
天道敎 百草溝敎區	汪淸縣 百草溝	1921. 8		성미	전도사	구장 朱來洙	남 150명 여 100명		특이한 점 없었으나 점차 교도 증가
天道敎 月新社敎區	和龍縣 月新社	약 10년 전		성미	講道員과 共宣員 등의 상호 講數	구장 李민天	남 300명 여 200명	천도교청년회	1919년부터 교도증가, 교회 신설예정
天道敎 銅佛寺敎區	延吉縣 尙義鄕 銅佛寺	1921. 7		성미	매 일요일에 전 도사가 포교	전도사 高龍周	남 12명 여 10명		설립후 5개월이므로 특이 한 형적 없음
天道敎 石峴敎區	汪淸縣 春化鄕 石峴綾村	1921. 8		성미	매 일요일 전도 사가 포교	巡廻敎師 崔俊傑	남 12명 여 11명		설립후 3개월이므로 특이 한 형적 없음
合計	총 6개소					교역자 6명	남 974명 여 521명		

68) 1922년 3월 15일 間島總領事 堺與三吉이 外務大臣 內田康哉에게 보고한 「間島地域 朝鮮人ノ宗敎調査」에 관한 건, 『鮮人ト宗敎』部, 2-1-9, 不逞團關係雜件 朝鮮人 3에 소수. 외무성사료관, 4-3-2의

10,000여명을 유지하고 있어,69) 1922년과 비교하여 큰 변화는 없었다.

천도교는 부속사업으로서 청년회를 만들어 서울과 각지의 청년회와 연락을 주고받으며 활동하고 있었다. 북간도의 용정교구, 연길교구, 화룡교구에는 천도교청년회가 조직되었다. 세 교구의 청년들은 대체로 여기에 가입하였다. 그리고 용정교구에는 여신도 許天의 발기로 1921년 3월 29일 여자청년회가 조직되었는데, 당시의 회원은 약 30명 정도에 달하였다.70)

북간도지역의 천도교청년회는 이것은 국내의 청년회에서 전개하는 신문화운동과 맥을 같이하는 것이었다. 이는 간도천도교청년회장 최명호의 다음과 같은 내용의 연설문을 통하여 살필 수 있다.

> 대저 세력이 강한 데에는 세력 약한 자가 있으며, 권리 있는 데에는 권리 없는 자가 있으며, 자유와 행복이 있는 데에는 자유 없는 자가 유하다 하노라. 왜 이처럼 불균형·불평등한가 하면 소위 문명발달이란 그것에 기원하는 것이다. 그 문명발달이라함은 民族的敎育과 民族的團結이 그 토대인가 하노라. 고로 민족적 교육과 민족적 단결이 유하면 이상에 들은 자유와 행복과 권리와 존경 모든 것을 가질 것이로되 만일 그 교육과 그 단결이 없으면 이상 모든 것을 득함은 고사하고 도리어 멸시와 학대와 멸망을 당하리니 이른바 優勝敗劣이 곧 이것이다.

요컨대 청년회의 문화운동은 민족적 교육과 민족적 단결에 기초하여 문명의 발달을 이룩함으로써 민족의 발전을 이루고 이를 통하여 민족적 자유와 권리를 향유하기를 기대한 것이었다. 이것은 즉각

---

69) 『조선일보』, 1923. 2. 4.
70) 미상, 「간도여자청년회발기」, 『천도교회월보』 128호, 1921.2, 109쪽.

적인 대일항전을 지양하고 인간의 정신적 각성을 통하여 文化를 바꾸고 실력양성을 통하여 독립을 쟁취하려는 운동이었다. 이런 점에서, 만주지역의 문화운동의 주체들이 항시 일제로부터 주의·관찰을 받을 정도로 항일의식을 간직하고 있었다71)고 하더라도, 이 운동은 일제의 통치에 저항하기 보다는 순응하는 상태에서의 전개된 것이었다.

만주지역의 천도교청년들은 교리강습소와 학교를 통한 문화운동을 전개하였다. 1920년 11월 용정 교구실에는 間島協成講習所를 설치하였으며72) 간도여자청년회는 여자교리강습소를 설립하려고 계획하였다.73)

또한 1921년 4월 朴贊順, 최익룡, 崔明昊, 김석종, 신도극, 朴春植, 남영종, 유진국, 신명의, 鄭鳳植, 박정순, 李鳳在 등이 발의하여 천도교 私立東興學校를 창립하였다.74) 이 東興學校는 1920년대 중반 학교의 유지를 위하여 일본의 지원을 받으려고 하였다. 따라서 학생과 지역의 주민들로부터 비판을 받기도 하였다.

이처럼 천도교회가 종교적인 활동과 문화운동을 추진하던 상황에서 독립운동을 전개하려던 천도교인은 교회와 천도교청년회의 교인들을 활용하기는 하였지만, 이 기관을통하여 독립운동을 하기는 여의치 않았다. 따라서 개별적으로 독립운동을 전개할 수 밖에 없었다.

먼저 천도교인 중에는 계속 만주지역에서 독립운동단체에 참여하

---

71) 1921년 2월 16일 간도총영사대리영사 堺與三吉 외무대신 伯爵 內田康哉에 올린 보고. 외무성사료관, 4-3-2의 2-1-9, 不逞團關係雜件 朝鮮人ノ部, 『鮮人ト宗敎』 3에 소수.

72) 朴載厦, 「천도교간도협성종학강습소기」, 『천도교회월보』 128호, 1921. 2, 109~111쪽.

73) 미상, 「간도여자청년회발기」, 『천도교회월보』 128호, 1921.2, 109쪽.

74) 미상, 「북간도학교창설」, 『천도교회월보』 129호, 1921.5, 101·102쪽.

여 활동하는 사람들이 있었다. 姜錬翔은 1921년 9월 장백현 僑民團 議事會의 총무로 활동였다. 그는 1921년 10월 군비단과 흥업단 등이 합하여 大韓國民團으로 편제되자 대한국민단의 재무부장으로 활동하면서 대한민국임시정부 함남교통사무국의 參事로 활동하였다.75) 이후 강연상은 1922년 4월 匡正團의 재무부원으로 활동하였고, 1924년 正義府의 선전부장으로 활동하기도 하였다.76)

함남 이원 출신인 姜啓東(본명 姜是春, 1889년생)은 1920년 11월 安圖縣 興道子에서 천도교인이었던 金中建 등이 大震團을 조직하자 장백현 16도구 大德水 西谷에서 支團長으로 활동하였다.77) 그는 1921년 초 大震團이 撫松縣에 근거를 두고 있던 興業團과 통합하자 여기에 참여하여 총무로 활동하였다.78)

함남 이원 출신인 趙成極(1879년생)은 1920년 10월 일본군의 간도 출병시 귀순하였던 것으로 보인다. 그러나 그는 다시 光復團에 참여하여 伍長으로 활동하였다. 그리고 1921년 6월 경 태극단이 광복단에 합류한 후 장백현 17도구 達鷄德里에 근거한 제2구분단의 書記로 활동하였다.79)

염학모는 1921년 6월 경 장백현 18도구 大町亨洞 上里에 근거를 둔 군비단의 제3구지단 지단장으로 활동하고 있었다. 그리고

---

75) 『朝鮮民族運動年鑑』 147, 152, 161쪽. 「강우건 유고」, 국가보훈처, 『독립군의 수기』, 1995.
76) 「강우건 유고」, 국가보훈처, 『독립군의 수기』, 1995. 조선총독부 경무국, 『國外容疑朝鮮人名簿』, 1934, 110쪽.
77) 金正明 편, 『朝鮮獨立運動』 2권, 966쪽. 『國外容疑朝鮮人名簿』, 110쪽.
78) 金正明 편, 『朝鮮獨立運動』 2권, 1004・1005쪽.
79) 金正明 편, 『朝鮮獨立運動』 2권, 893, 906, 1005쪽. 機密 제244호, 「歸順申告者連名簿 送付에 관한 건」(1920.12.14), 『不逞團關係雜件-朝鮮人의 部-在滿洲의 部(24)』에 의하면, 귀순자에 曹成極이 확인되는데 이는 趙成極의 오기로 사료된다.

1921년 10월에는 대한민국임시정부 함남 교통사무국의 參事로 활동하였다. 그러나 그는 1921년 12월 17일 그만 병사하고 말았다.80)

1922년 12월 장백현에 위치한 保民會에서는 과거 군비단에서 활동한 천도교인 박기윤, 조성극 등을 회유하기 위하여 노력하였다. 그러나 박기윤과 조성극은 이에 응하지 않았다.81) 다만, 이들은 독립운동을 하기가 여의치 않자, 종교적인 활동과 계몽운동에 주력하였다.

다음으로, 만주지역의 천도교인들 가운데에는 중국 關內로 이동하여 북경에서 천도교인인 申肅 등과 함께 북경 군사통일회의의 활동을 전개하거나, 국민대표회의를 개최하여 임시정부의 창조활동을 전개한 사람들이 있었다. 강구우는 1921년 4월 북경에서 개최된 군사통일회의에 대한국민회의 대표로 참석하여, 박용만·신숙 등과 함께 군사기관의 통일을 위한 활동을 전개하였다.82) 그는 이것이 실패로 돌아가자, 국민대표회의 개최를 위한 활동을 전개하였다. 그리고 1923년 1월 상해에서 개최된 국민대표회의에 참석하여 창조파의 附屬代表로 참석하였다. 이영근(이민창)도 1923년 1월 상해에서 개최된 국민대표회의에 창조파로서 활동하였다.83)

한편 만주지역의 천도교인 중에는 공산주의를 수용하여 고려공산당에 간여하는 사람들이 생겨났다. 강구우는 1921년 11월 永安縣 寧古塔 지방에 머무르면서 고려공산당 북만지부의 지부장으로 선임

---

80) 金正明 편, 『朝鮮獨立運動』 2권, 906, 1010쪽. 『朝鮮民族運動年鑑』 155, 161쪽.

81) 關機高收 제17200호, 「移住鮮人 保護 및 不逞鮮人 懷柔와 動靜」(1922.12. 4), 『朝鮮人에 對한 施政關係 雜件-保民會(2)』

82) 『大同』 3호, 1921. 7.19. 3·4면.

83) 국회도서관, 『한국민족운동사료』 중국편, 112쪽.

〈표2-5〉 북간도지역의 종교(1925년 6월)[86]

		장로교	남감리교	천주교	천도교	시천교	제우교	대종교	청림교	공교	대성유교	원종교	불교	합계
延吉縣	포교자	55	10	14	6	13		2	3	1	2	7	2	155
	교회	44	4	13	6	9		2	1	1	2	3	2	87
	신자	11768	614	3078	1231	789		199	360	4000	826	131	71	23067
和龍縣	포교자	22		2	1				1				1	27
	교회	13		3	1				1				1	19
	신자	1177		907	263	45	50		747	322			60	3571
汪淸縣	포교자	3	1		5			11	1					21
	교회		2		2			1	1					6
	신자	179	65		374			2300	16					2934
琿瑃縣	포교자	17	2	8				1	1	2			1	32
	교회	17	2	8				1	1	2			1	32
	신자	1265	131	874				42	15	77				2404
합계	포교자	137	13	24	12	13		14	5	4	2	7	4	235
	교회	74	8	24	9	9		4	3	4	2	3	4	144
	신자수	14389	810	4859	1868	834	50	2541	1138	4399	826	131	131	31976

되었다.[84] 曹權植은 1921년 11월 영안현 영고탑에 조직된 고려공산당 북만지부의 공산군의 중대장에 선임되었다.[85]

 이처럼 천도교인 중에서 공산주의에 경도되는 사람이 나오자 1920년대 중반 천도교인의 수는 줄어들었다. 1925년 6월경 북간도지역의 천도교인수는 〈표 2-5〉와 같다. 이표에 의하면 1925년 6

---

84) 「寧安縣地方 不逞團의 共産黨支部 組織의 件」(1922.12.18), 『不逞團關係雜件-朝鮮人의 部-鮮人과 過激派』 2.

85) 「寧安縣地方 不逞團의 共産黨支部 組織의 件」(1922.12.18), 『不逞團關係雜件-朝鮮人의 部-鮮人과 過激派』 2. 성주현, 「일제하 만주지역 천도교인의 민족운동」, 『동학학보』 5, 2003. 6, 320쪽.

월 북간도의 천도교인수는 1922년 수준으로 줄어들어 있었음을 알 수 있다.

1925년 8월 경 額穆縣 蛟河縣 天道敎宗理院에서는 宗理師 李春耘의 名으로「同德에게 告함」이라는 제목으로 배포한 인쇄물에는 다음과 같이 되어 있다.

> 1924년 봄 천도교 중앙총부의 포덕과 주임 鄭廣朝가 남북만주를 시찰하고 거액의 경비와 다대한 노력을 들여 각 지방을 순회하며 민중을 각성시키고 포교를 벌인 결과 많은 동포가 천도교를 믿게 되었다. 그리하여 경하, 임강, 빈강, 영안, 왕청, 혼춘, 연길, 화룡현에 종리원을 설치하여 본교의 진흥에 전력하고 있는 것은 즐거운 현상이다. 그러나 연길, 혼춘, 화룡의 세 縣은 일본관헌의 압박과 주목 등으로 그 발전이 지지부진하였으나 점차 발전하리라는 것은 의심의 여지가 없다고 보았다. 일반인들이 공산주의와 무정부주의에 매몰되고 있는데 청년교도들이 공산주의 혹은 무정부주의에 빠지지 않기 위해서는 자중과 숙려를 다하여서 우리 민족의 당면의 의무를 다하는데 뜻을 두지 않으면 안된다. 이것은 진실로 아 삼백만 교도의 충성적 신앙과 정신적 단결과 민족적 관념 아래에서 오족자결의 기치를 세우고 아 이천만 민중의 공존공영의 목적을 달하여 금수반도에 신근화를 피우는 방책이다. 아교도들이 세정에 미혹되지 않으려면 오직 아교의 표어를 믿고 기원하면 아 민족의 행복은 금에 이른다.
> 一. 아행위는 정의이다. 二. 아행위는 노력이다. 三. 아행위는 奮鬪이다. 四. 아행위는 罵進이다. 五. 아행위는 犧牲이다.87)

---

86) 機密제193,「在滿 朝鮮人槪況 作成에 관한 件」(1925. 6.12),『朝鮮人에 대한 施政關係雜件 一般의 部(3)』.

87) 1925년 8월 15일, 간도총영사 영목요태랑이 외무대신 남작 폐원희중랑에게 올린 보고,「지나령천도교의 선전에 관한 보고」, 외무성사료관, 4-3-2의 2-1-9, 不逞團關係雜件 朝鮮人ノ部,『鮮人卜宗敎』3에 소수.

이에 따르면 1925년 경 천도교인 중에서는 공산주의와 무정부주의에 기울어지는 사람들이 있었음을 알 수 있다.

1926년 2월 경 남만 지방에 재주하는 천도교인 중에서 탈교하여 공산당에 가입하고, 勞動會, 探險靑年會, 北滿聯盟靑年會, 冒險宣傳隊 등 공산주의자들이 주도하는 단체에 가입하여 활동하는 사람이 증가하였다. 그러자 奉天省 興京縣 天道敎 滿洲總管所 宗理師 鄭光生은 교도들이 탈교하는 것을 막기 위하여 「계고문」을 일반교도에게 배포하고, 각 교구장에게 명령하여 중국관헌의 도움을 받아 공산주의자들의 포섭행위를 저지하라고 하였다.88) 그러나 1920년대 중반 만주지역 천도교인의 수는 크게 늘어나지 않았다.

맺음말

1905년 동학이 천도교로 명칭을 바꾼 후 서간도와 북간도에도 천도교구가 설립되었다. 1910년 서간도지역의 輯安縣 致和堡 太平溝에는 천도교 서변상계교구가 설립되었고, 輯安縣 沖和堡 小陽岔에는 서변하계교구가 설립되었다. 또한 임강현에는 1917년 임강교구가 설립되었고, 장백현에는 1916년 장백교구가 설립되었다. 또한 북간도의 연길현 국자가에는 1906년 말 북간도교구가 설립되어 있었으며, 1913년 연길현 용정에는 용정교구가 설립되었다. 화룡현에는 1911년 화룡교구가 설립되어 있었다.

1919년 3·1운동이 일어나자, 서간도와 북간도의 천도교구에서

---

88) 高警 第1071號, 「在滿天道敎徒ノ赤化傾向ト同敎會幹部ノ沮止手段ニ關スル件」 (1926. 3. 31), 외무성사료관, 4-3-2의 2-1-9, 不逞團關係雜件 朝鮮人ノ部, 『鮮人ト宗敎』 3에 소수.

는 교인과 함께 집단적으로 독립만세시위를 전개하였다. 서간도에서는 집안현의 서변상계교구와 서변하계교구의 교인들이 집안현 등지에서 독립만세시위를 벌였다. 또한 장백현에서는 金秉潤이 기독교의 유일우·이창운 등과 함께 연합시위를 벌였고, 함남 혜산진에 진출하여 시위를 벌이려고 하였다. 북간도에서는 용정에서 벌어진 3·13 시위에 강구우·신명덕 등의 주도로 국자가교구와 용정교구의 천도교인들이 대거 참여하였다.

만주지역의 천도교인들은 독립만세운동 뿐만 아니라, 만주지역의 독립운동단체에 참여하여 활동하기도 하였다. 먼저 장백교구의 천도교인들은 대한독립군비단의 조직에 참여하고 그 임원으로 활동하였다. 다음으로 북간도지역의 천도교인들은 대한국민회의 조직에 참여하여 활동하였다.

1919년 말 독립만세운동의 열기가 가라앉고, 1920년 일본군의 간도출병으로 만주에서 독립운동을 하기가 여의치 않자 만주지역의 천도교구는 서울의 천도교중앙총부의 운동과 발맞추어 포교활동과 문화운동에 주력하였다. 북간도지역의 천도교인들은 協成布德 활동을 전개하고, 또한 포교의 일환으로 교리강습소와 東興學校 등의 사숙을 운영하였다. 이리하여 1922년 경 북간도지역에는 6·7개의 교구에 10,000여인의 천도교인이 있을 정도로 교세가 발전하였다.

그러나 이러한 교회의 종교적 활동과 문화운동에 불만을 가진 천도교인들은 교회라는 기관을 이용하지 않고 개별적으로 독립운동단체에 참여하여 활동하였다. 먼저 강연상은 만주지역의 독립운동단체인 대한국민군, 정의부에 참여하여 활동하였다. 다음으로 중국 관내에 가서 군사통일회의 활동이나 국민대표회의 활동을 전개하기도 하였다. 강구우는 1921년 북경에 가서 군사통일회의에 참여하고, 1923년 상해에서 개최된 국민대표회의에는 임시정부를 노령에 새롭게 창조할 것을 주장하는 창조파의 부속대표로 활동하였다. 이영근, 강수희 등도 창조파의 일원으로서 활동하였다.

그리고 1921년 경 만주에 공산주의조직이 설립되자, 강구우는 1921년 11월 영안현 영고탑에서 고려공산당 북만지부의 지부장으로 활동하였다. 또 조권식은 당시 고려공산당 산하 공산군의 중대장에 선임되어 활동하기도 하였다.

1920년대 중반 만주지역의 한인들이 공산주의에 경도되던 때 만주지역의 천도교인들도 이에 영향을 받았다. 그리하여 만주지역의 천도교인 중에는 공산주의와 무정부주의를 수용하여 사회주의 활동을 하는 사람들이 생겨났다. 이것은 천도교세의 약화로 이어졌다.

제3장

천도교단과 대한민국임시정부

머리말

주지하다시피, 천도교인들은 3·1운동의 준비와 전개에 막대한 기여를 하였다. 이러한 천도교인들의 활동은 단지 독립선언과 시위를 통해 독립에 대한 열망을 보여주는 데 국한된 것은 아니었다. 천도교단 측에서는 독립선언 후 정부를 수립하기 위한 구체적인 계획안을 마련해 놓았으며, 정권의 획득도 염두에 두고 있었다.[1]

기존의 연구에 의하여, 천도교단이 대통령제를 지향하는 대한민간정부, 노령임시정부, 조선민국임시정부의 조직과 선포에 관여한 것으로 밝혀진 바 있다. 또한, 이 정부의 조직에 관여한 인물들도 개략적으로 추적되기도 하였다.[2] 또한, 한성정부를 수립하는 데 관여

---

1) 慎鏞廈, 「대한민국임시정부와 지도자의 역할」, 『대한민국임시정부의 역사적의의』 도산사상연구회 제8회 세미나 발표문, 3~5쪽. 고정휴, 「3·1운동과 임시정부 수립에 따른 몇 가지 문제제기」, 『제40회 전국역사학대회 발표요지』, 1997, 141~144쪽.

2) 李炫熙, 「大韓民國臨時政府의 樹立計劃과 天道敎」, 『韓國思想』 20, 1985. 潘炳律, 「대한국민의회의 성립과 조직」, 『한국학보』 46, 1987. 고정휴, 「3·1

한, 천도교인인 申肅과 安尙德의 활동을 부분적으로 검토한 연구도 있었다.3)

그러나 위의 임시정부를 조직하는 데 관여하였던 천도교인의 이후의 활동과 또 다른 임시정부의 수립 및 운영에 관여한 천도교인의 활동을 다룬 연구는 아직 없는 실정이다. 특히, 대한민국임시정부의 수립과 운영에 관련된 천도교인의 활동과 천도교단의 역할에 대해서는 거의 주목하지 못하였다. 3·1운동에서의 천도교인의 역할과 천도교단의 임시정부 조직 경력으로 판단할 때, 대한민국임시정부에서 천도교단이 일정한 역할을 수행했으리란 점을 쉽게 예상할 수 있다. 그럼에도 불구하고, 아직 이에 대해서 주목하지 못하였던 것은 관심의 부족 탓도 있겠지만, 자료의 부족이 주요한 원인이었다고 생각된다.

필자는 천도교단과 대한민국임시정부와의 관계를 밝히기 위하여, 기왕에 소개되었던 일제측 정보 문서와 회고집 이외에, 상해·북경지역에서 활동한 천도교인이 발간한 『大同』 등의 자료와 이승만 자료 및 러시아측 자료를 활용하려 한다. 또한, 상해·북경지역에서 활동하던 천도교인과 천도교중앙총부와의 관계를 밝히기 위하여 천도교회에서 발간한 『천도교회월보』 등의 교회측 자료를 활용하려 한다.

이 연구를 수행하기 위하여 필자는 다음의 사항에 초점을 두었다.

운동과 임시정부 수립에 따른 몇가지 문제제기」, 『제40회전국역사학대회 발표요지』, 1997. 고정휴, 「3·1운동과 天道敎團의 臨時政府 수립 구상」, 『韓國史學報』 34, 1998. 이현희는 노령임시정부를 대한국민의회가 조직한 것으로 보고 있는 데 반하여, 반병률은 대한국민의회가 노령정부를 수립하지 않았다고 논증하였고, 고정휴는 이것을 발전시켜 노령정부가 대한민간정부의 연장선상에 있는 전단정부라고 보았다.

3) 李賢周, 「3·1운동 직후 '國民大會'와 임시정부 수립운동」, 『한국근현대사연구』 6, 1997.

첫째, 대한민간정부의 수립을 주도한 인물과 노령정부의 수립을 주도한 인물의 특성을 살피고 이들의 관련성을 밝히려 한다. 그리고, 이 문제와 관련하여, 대한민간정부·노령정부를 수립하려 한 천도교인들이 임시정부의 수립을 위하여 상해로 망명하였고 상해 임정의 수립에 참여한 점을 규명하여 보겠다. 둘째, 대한민국임시정부의 수립과 함께 상해에 망명하였던 천도교인들과 이들의 성격을 밝히고, 천도교인들이 결집하여, 정치·사회세력화 하는 과정을 검토하려 한다. 셋째, 대한민국임시정부 내에서의 천도교단의 역할과 그 한계를 검토함으로써, 천도교단이 '북경군사통일회'를 조직하는 배경을 알아보고, 북경군사통일회와 대한민국임시정부와의 길항관계를 살펴보려 한다. 이 문제와 관련하여서는 北京에서 활동하였던 申肅의 활동을 주목하려 한다. 넷째, 대한민국임시정부와 결별한 천도교단이 대한민국임시정부를 개혁하기 위한 國民代表會議에서 어떠한 입장을 취하고, 어떠한 정치세력과 제휴하였는가 하는 점을 추적해보도록 하겠다.

1. 천도교인의 임시정부 수립 활동과 상해 망명

우선, 천도교인들이 중국의 상해로 망명하는 계기를 알아보자. 이를 위해, 3·1운동 직후, 천도교단에서 임시정부의 수립을 추진한 인물과 이들의 활동에 대하여 자세히 검토해보도록 하겠다.

3·1운동 후 천도교 측에서 발간한 『朝鮮獨立新聞』의 3월 3일자 (2호)와 3월 5일자(3호) 기사에는 다음과 같은 기록이 있다.4)

---
4) 『우남이승만문서』 4권, 73쪽. 국사편찬위원회, 『한국독립운동사』 자료 5권, 1·2쪽.

1) "假政府組織說, 日間, 國民大會를 開하고 假政府를 組織하며 假大統領을 選擧한다더라. 安心 安心 不久에 好消息이 有ㅎ리라."(2호)
2) "十三道 各 代表者를 選定하여 三月 六日 午前 十一時 京城 鍾路에서 朝鮮獨立人大會를 開催할 것이므로 神聖한 我 兄弟姉妹는 一齊히 會合하라."(3호)

위의 내용에 따르면, 수일 내에 국민대회를 열고 임시정부를 수립하며 임시대통령을 선출한다고 되어 있다. 물론, 이 기사의 내용은 사실이 아니었다. 그러나, 위의 내용으로, 기사를 작성하고 신문을 발간하는 데 간여한 사람들이 임시정부의 수립을 구상하고 있었다는 점만은 분명히 알 수 있다.

『조선독립신문』은 천도교 대도주 박인호·천도교회월보과 과장 겸 보성사의 사장 이종일·천도교회월보 편집인 이종린, 보성법률상업학교 교장 윤익선 등이 간여하여 3월 1일 창간되었다.5) 그리고 2호는, 이종일·윤익선 등이 체포되었으므로, 이종린의 주관으로 발간되었다.6) 비록, 임시정부 조직설은 창간호에는 없고, 2호에 실려

---

5) 독립운동사편찬위원회, 『독립운동사자료집』 5권 3·1운동재판기록, 1972, 26, 149~155쪽. 이미 『조선독립신문』의 발간 경위는 윤병석이 검토한 바 있다(「硏究 노-트·朝鮮獨立新聞의 拾遺」, 『中央史論』, 79~80쪽). 그는 京畿道警察部 査察彙報 제16회(1919. 3.12)와 경성지방법원의 이종린 예심조서(1919. 6.10)를 참고하여, 『조선독립신문』은 이종일이 발간을 계획하여, 이종린을 끌어들이고, 박인호 및 윤익선과 협의하여 발간된 것으로 보고 있다. 또한, 위의 자료집 147쪽의 예심종결결정서(1919. 8.30)에도 2월 28일 이종일에게서 의뢰를 받은 이종린이 박인호 및 윤익선과 협의하여 발간하였다고 되어 있다. 그런데, 위의 자료집 26쪽에 나오는 고등법원 판결(1920. 3.22)에 의하면, 박인호와 이종일이 『조선독립신문』의 발간을 주모하여, 이종일은 같은 課 편집원 이종린에게 원고를 작성하게 하였으며, 박인호는 보성법률상업학교 교장 윤익선과 협의하여 조선독립신문사 사장의 명의를 사용할 것을 승락받은 후, 이종린이 신문의 발간을 주관한 것으로 되어 있다.
6) 『조선독립신문』 2호는 이종린이 3월 2일 관훈동 177번지 자신의 집에서 원고

있지만, 그렇다고 하여 이종린이 독단으로 임시정부의 수립 내용을 기사화 하였다고 보기는 힘들다. 왜냐하면, 고작 35세의 『천도교회월보』의 편집원에 불과한 그가 임시정부 수립과 같은 중대한 사항을 결정하였다고 보기 어렵기 때문이다. 아무래도, 『조선독립신문』의 창간에 간여한 대도주 박인호, 이종일, 윤익선, 손병희 등이 집단적으로 임시정부의 수립을 계획하였던 것으로 보인다.

이와 관련하여 이종일 등이 조직하였다는 대한민간정부가 주목된다. 정부의 형태가 대통령제로 동일하며, 이종일이 간여한 점에서 『조선독립신문』에서 언급한 그 정부의 구체적 모습으로 보인다. 그렇지만, 이에 대해서는 이론이 없지 않으므로,7) 『조선독립신문』 발간 주도자와 대한민간정부 구성원을 상호 비교하고, 천도교인들이 '大韓'이란 칭호를 사용한 사례를 비교하여, 대한민간정부의 실존 가능성을 재점검해보도록 하겠다.

먼저, 『조선독립신문』의 발간을 주도한 인물들의 특성과 천도교내 위상을 알아보기 위하여, 이들의 약력과 3·1운동 전후의 활동을 〈표 3-1〉로 나타내 보았다. 다음으로 대한민간정부에 인선된 인물들을 〈표 3-2〉로 제시하였다.

두 표에서 나타나는 특징은 첫째, 『조선독립신문』을 발간한 이종일·이종린과 대한민간정부에 인선된 권동진·오세창은 모두 대한제국 말 대한협회에 관여하였던 인물들이다.8) 둘째, 대한민간정부의

를 작성하고, 조선서적조합 서기인 張悰鍵(비종교인)·임승옥(비종교인)·김영조(비종교인)의 도움으로 관훈동 155번지의 인쇄서적조합에서 인쇄되었고, 3월 2일 천도교인 林準植에 의하여 배포되었다(독립운동사편찬위원회, 『독립운동사자료집』 5권 3·1운동재판기록, 1972, 146~149쪽).

7) 대한민간정부는 『默菴備忘錄』에 나온다. 그런데 이 자료는 회고조로 기사가 만들어졌고, 정부조직의 시기와 주체, 人選 등의 문제가 매우 모호하여, 사료적 가치를 의심하고, 따라서 대한민간정부의 조직 사실을 의심하기도 한다. 이 문제에 대해서는 고정휴, 앞의 글, 216쪽 참조.

〈표 3-1〉『조선독립신문』1호-2호 발간 관여자의 약력

약력 이름	생년 나이	출신지	신 분	종교 경력	사회경력	비 고
박인호	1856 (64)	충남 덕산		동학입교(1983) 동학농민운동참가 (1894) 천도교 대도주(08-)		
이종일	1858 (62)	충남 태안	星州 李氏 양반	입교(1906) 보성사 사장 겸 천도 교회월보과 과장	『제국신문』 창간 (1896) 대한협회 평의원 겸 회보편집인/	3.1 오후 2시 피체
윤익선	1871 (49)	충남 서산			보성법률상업학교 교장	3.1 오후 6시 피체
이종린	1885 (35)	충남 서산	星州 李氏	1912년 입교 천도교회월보 편집원	『대한협회회보』 주필	3.10 피체

구성원인 이승만은 『제국신문』의 창간시 이종일과 편집을 하였으며 이동녕은 『제국신문』의 창간에 참여하였다는 점에서 이종일과 밀접한 관련을 맺고 있었다. 셋째, 이종일이 한때 김윤식으로부터 개화사상을 배웠다는 점에서, 김윤식도 이종일과 인연이 깊었다.9)

다음으로 이종일이 정부의 명칭으로 '大韓'이란 칭호를 사용할 수 있었던 배경과 관련된 문제이다. 첫째, 이종일이 "大韓國 백성에게 속한 신문이라"는 뜻에서 『제국신문』이라 제호를 정한 점,10) 둘째, 이종일이 1898년 3월 '민권의 總合과 정부의 秕政을 비판하는 것'을 목적으로 大韓帝國民力會를 조직하였던 점,11) 셋째, 이종일ㆍ권

---

8) 이들이 대한협회에서 함께 활동하였음은 鄭灌, 『舊韓末期 民族啓蒙運動硏究』, 50·51쪽 참조.
9) 박걸순, 『이종일』(독립기념관, 1997), 5, 45쪽.
10) 崔起榮, 「『帝國新聞』의 刊行과 下層民 계몽」, 『大韓帝國時期 新聞硏究』, 21쪽.
11) 박걸순, 『이종일』, 26쪽.

천도교단과 대한민국임시정부

〈표 3-2〉 대한민간정부 구성원

구분 이름	직위	출생 연도	출생 지역	신분	사회경력	종교경력
손병희	대통령	1861	충북 청원	중인 향리	일본망명, 개화파 접촉	천도교 2세교주
오세창	부통령	1864	서울	중인 역관	개화당사건으로 일본 망명(02), 대한협회 부회장	일본에서 손병희 만나 입교
이승만	국무총리	1875	황해 평산		『제국신문』 편집 참여	감리교인
이동녕	내무부 장관	1869	충남 청원		『제국신문』 발간 참여 서전서숙 설립 신민회	유교
김윤식	외무부 장관	1835	서울	양반	이종일의 스승 흥사단장	유교
안창호	학무부 장관	1878	평남 강서		대한인공립협회, 흥사단 신민회	북장로교인
권동진	재무부 장관	1861	경기 포천		임오군란 후 일본 망명 대한협회 평의원	일본에서 손병희 만나 입교
노백린	군무부 장관	1874	황해 은율		1895년 일본유학생 신민회	
이시영	법제부 장관	1869	서울	양반	신민회 신흥강습소	유교
박용만	법제부 장관	1881	강원 철원		한인소년병학교 대한인국민회	기독교인
문창범	노동부 장관	1872	함북 경원		전로한족중앙총장	
김규식	의정부 장관	1881	경남 동래	양반	YMCA교사 모스크바약소민족대회와 파리강화회의 대표	북장로교
최린	총무부 장관	1878	함남 함흥	중인	명치대법과 졸	일본에서 손병희에 교화된 후 1910년 입교

〈표 3-3〉 노령정부 구성원의 약력

구분 이름	직책	생년	출신지	교육상황	사회경력	종교경력
손병희	대통령	1861	충북 청원		일본 망명	천도교 2세 교주
박영효	부통령	1861	경기 수원		일본에서 손병희 접촉	유학자
이승만	국무총장 외무총장	1875	황해 평산	배재학당	독립협회, 대한인국민회	감리교
안창호	내무총장	1878	평남 강서		신민회, 대한인국민회, 흥사단	
윤현진	탁지총장	1892	경남 양산	명치대 법과	대동청년당	
이동휘	군무총장	1873	함남 단천	한성무관학교	신민회	
유동열	참모총장	1879	평북 박천	1895년 일본 유학	신민회 조선인적위대	
남형우	사법총장	1875	경남 고령	명치대 법과	대동청년당	천도교인, 최륜·이종훈 연비
남형우	산업총장					
진정원	평화대사					
김규식	강화대사	1881	경남 동래		대한민간정부 구성원	

※ 임원명단은 「대한독립혈전기」에 기재된 3월 29일 상해발 현순씨의 전보에 의하여
작성.
김원용, 「재미한인50년사」에 이름과 직책이 다르게 된 부분은 음영으로 처리

　동진·오세창 등이 大韓協會의 간부로 활동하였던 점을12) 통해 볼
때, 이종일이 임시정부의 칭호에 '大韓'이란 용어를 삽입하였을 가능
성이 매우 높다.
　요컨대, 위의 두 가지 측면에서 볼 때, 기왕에 알려진 대한민간정

---

12) 鄭灌, 『舊韓末期 民族啓蒙運動研究』(형설출판사, 1995), 51쪽.

부가 바로 이종일이 구상한 임시정부와 깊은 관계가 있다는 점이다. 그런데, 잘 알려져 있듯이, 『조선독립신문』의 발간을 주도한 이종일·윤익선은 3월 1일 체포되었고, 이종린은 10일 체포되었다. 따라서, 대한민간정부의 수립계획은 실현되지 못하였다.

그렇지만, 임시정부의 수립 계획은 다른 천도교인에 의하여 계속 추진되었다. 이 가운데 특히 주목되는 것이 1919년 3~4월 경 조직되었다고 하는 노령정부이다.13) 이 노령정부의 구성원은 다음의 〈표 3-3〉과 같다.

〈표 3-3〉과 같이 노령정부의 대통령으로 손병희가 거론되는 것으로 노령정부의 조직에는 천도교인이 깊이 관계하였다고 생각된다. 그렇다면, 천도교측을 대표하여 이 노령정부의 조직에 관여하였던 인물은 누구였을까? 필자는 그 인물이 남형우로 짐작된다. 왜냐하면, 남형우는 천도교 교적에 따르면, 李鍾勳 혹은 崔崙 소속의 교인으로 되어있기 때문이다.14) 또한 그는 경북 高靈 출신으로 보성법률상업학교를 졸업하고 1911년부터 1917년까지 동교의 교수로 활

---

13) 이 대한국민의회가 1919년 2월 25일 우스리스크에서 개최된 전로한족총회를 개편하여 조직된 대한국민의회를 계승한 것인지, 아니면 그것을 계승하면서도 그 주도인물이 바뀐 것인지는 자세하지 않다. 그런데, 반병률은 후자가 문창범 등 노령의 귀화한인들이 주도하였다면, 전자의 대한국민의회는 이승만계와 안창호계 인물이 주도한 것으로 보고 노령정부의 실재를 의심하고 있다(반병률, 「大韓國民議會의 성립과 조직」, 『韓國學報』 46, 1987, 157~165쪽). 반병률과 달리, 고정휴는 첫째 대한민간정부와 노령정부의 정부형태(대통령제)와 수반(손병희)이 동일하고, 둘째 부통령으로 임명되었던 오세창과 박영호가 모두 손병희가 일본 망명 시절 접촉하였던 인물이며, 셋째 대한민간정부와 노령정부가 모두 국무총리로 이승만을 지명한 점을 들어, 이 노령정부가 천도교측과 밀접한 관련이 있다고 보고 있다. 다만, 이 노령정부는 실제로 조직되었다기 보다는 천도교와 직접 관련된 특정 세력 또는 인물이 대외적 선전 효과를 노리고 상해의 현순에게 거짓으로 선전했던 것으로 보고 있다(고정휴, 「3·1운동과 天道敎團의 臨時政府 수립 구상」, 『韓國史學報』 34, 1998).

14) 천도교중앙총부, 『天民譜錄』(1915)에는 남형우는 연원이 최륜으로 되어 있고, 경성교구, 『천민보록』(1915) 제3호에는 연원이 이종훈으로 되어 있다.

동하여15) 대한민간정부의 수립에 관여하였던 보성법률상업학교 교장 윤익선과 관계를 맺고 있었다. 아울러 그는 북장로계 기독교인으로16) 이승만과 연락을 주고받고 있었다.17) 또한 그는 1909년 노령정부의 석산총장에 임명되었던 尹顯振 등과 함께 청소년 중심의 비밀단체인 大東靑年黨을 결성하였고, 윤현진과 명치대 법과 동문이었다.18) 요컨대, 남형우는 대한민간정부 수립을 주도한 사람들이 체포되자 이승만·안창호·이동휘계 인물 및 명치대 동문들과 접촉을 갖고 노령정부를 조직하는 데 천도교의 입장을 반영하였던 것으로 판단된다.

그런데, 노령지역에는 백군과 적군간의 전쟁으로 자유로운 정치활동이 여의치 않았다. 대신에 자유로운 외교활동이 가능한 上海는 임시정부가 위치할 적합한 지역으로 가치가 인정되었다. 그리하여, 점차 국내·만주·노령·미주 등지의 독립운동가들이 상해지역으로 몰려들었다. 그러자, 노령정부의 수립을 주도하던 현순과 같은 이승만계 인물들은 노령지역에 정부를 수립하려던 구상을 상해에 수립하려는 쪽으로 바꾸었다. 그리고 3월 하순에는 신한청년당 인사들과 현순 등의 이승만계 인사 등이 중심이 되어 독립임시사무소를 설치하였다.19)

이러한 흐름에 짝하여, 노령정부의 수립에 간여하였던 남형우는

---

15) 朝鮮總督府 亞細亞局,「要視察人名簿」國家報勳處,『大韓民國臨時政府關聯要視察人名簿』, 1996. 120·121쪽.

16) 朝鮮總督府 亞細亞局,「要視察人名簿」國家報勳處,『大韓民國臨時政府關聯要視察人名簿』, 1996. 120·121쪽.

17)「李承晩이 瘦石(南亨祐)에게 보낸 편지(1921. 4.18)」,『雩南李承晩資料』16권, 34쪽.

18) 윤현진에 대해서는 국가보훈처,『독립유공자공훈록』5권, 1988, 689쪽 참조.

19) 독립운동사편찬위원회,『독립운동사』4권, 1969. 113쪽.

1919년 3월 하순에서 4월 초 사이 上海로 건너왔다.20) 또, 정확한 망명시기는 알 수 없지만, 경남 진주 출신으로 일본에 유학하였던 것으로 보이는 李瑛根도21) 1919년 4월 초 상해에 머무르고 있었다. 다음으로 洪濤(洪鎭義)도 상해 임정의 수립에 참여한 천도교인이었다.22) 함남 함흥 출신으로 명치대 법과를 졸업한 홍도는 1918년 여름 李春塾과 함께 노령지역을 여행하고 니콜리스크에서 문창범·윤해 등과 회견하고 일본유학생과 연락하여 독립운동을 전개하려고 하였었다.23) 그는 3·1운동 후인 1919년 3월 말 경 상해로 망명하였던 것 같다.24) 그런데, 1919년 3월에서 4월 초순, 중국의 상해로 망명하였던 천도교인인 남형우·이영근·홍도는 일본에 유학하였거나 보성법률상업학교를 졸업한 근대적인 교육을 받은 사람들이란 공통점이 있었다.

이들은 상해에서 조직되고 있던 임시정부에 천도교인을 끌어들이기 위한 활동을 전개하였다. 홍도는 4월 초순 "상해임정을 선포하고 만들기 위하여" 이봉수와 함께 서울에 왔다.25) 그는 정광조를 비롯

---

20) 국가보훈처, 『獨立有功者功勳錄』 5권, 1988, 559·560쪽.
21) 「北京地方 定住·來往 不逞鮮人調」(1924. 8), 日本 外務省 史料館 『不逞團關係雜件, 鮮人部』 3권, 4-3-2, 2-1-6. 이 자료에 따르면 그는 통일기성회(후에 구파로 됨)의 천도교인이었다고 되어 있음.
22) 홍도는 첫째, 1919년 4월 2일 한남수와 홍면희가 안상덕에게 국민대회시 천도교의 대표가 되어 줄 것을 청하자, 안상덕이 홍도를 소개한 점(「안상덕예심조서」, 『독립운동사자료집』 5권, 139쪽)과 둘째 홍도가 상해의 성화회에 참석하였다는 점으로 판단할 때 천도교인으로 판단된다.
23) 독립운동사편찬위원회, 『독립운동사자료집』 9권, 553·554쪽.
24) 『조선민족운동연감』 3쪽의 기록을 통하여, 홍도가 1919년 4월 8일 이춘숙·한남수 등과 상해로 간 것처럼 보이나, 「안상덕예심조서」(『독립운동사자료집』 5), 138·139쪽이나, 「안상덕공판시말서」(『한민족독립운동사자료집』 19권, 1994), 27쪽에 의하면, 홍도는 4월 2일 이전에 상해에 있었던 적이 있었음을 알 수 있다.
25) 「안상덕예심조서」, 『독립운동사자료집』 5권, 138·139쪽. 申肅, 『나의 一生』

한 천도교 중심인물과 접촉하여 상해임정 추진세력과의 연계를 명령 받았음에 틀림없다.26) 그가 오자, 국민대회의 개최계획에 천도교대 표로서 참여하였던 安尙德은 국민대회의 개최를 추진하던 한남수와 홍면희에게 洪濤를 소개하였다.27) 아마도, 천도교 실권자인 정광조 와 연락을 위해서는 명치대 동문인 홍도가 유리하다고 본 때문이 아 닌가 한다. 그러나 3·1운동 직후, 일제가 천도교총부를 감시하고 통제하던 상황에서, 홍도가 정광조를 만났을 가능성은 희박하다. 설 사, 만났더라도, 정광조를 비롯한 천도교의 실권자를 상해 임정 수 립과정에 참여시킬 수는 없었을 것 같다. 홍도는 4월 8일 상해로 돌아왔다.28) 그리고, 천도교 중심인물의 참여가 어렵다는 사실을 보고하였다.29)

이 무렵 상해에 머무르던, 천도교인들은 독자적으로 정치단체를 조직하였다. 이것과 관련하여 주목되는 것이 1919년 4월 6일 상해 에서 당헌과 강령이 공포된 統一黨이다. 1921년 북경 군사통일회의 에 統一黨 대표로 참석하였던 신숙 등은 북경 군사통일회의 기관지 『대동』 3호에서 統一黨이 1919년 4월 6일 만들어졌다고 한 점에 서, 이 통일당은 천도교인이 만들었음에 틀림없다. 통일당의 강령과

(日新社, 1963), 50쪽.

26) 이광수, 「나의 고백」, 『李光洙全集』 7권(삼중당, 1970), 255~257쪽. 평북 정주의 東學 大接主 박찬명 밑에서 1904년 갑진개화운동에 참여한 경력이 있 던 李光洙가 李鳳洙에게 손병희의 사위이며 천도교 중앙총부의 大宗司長으로 明治大 政經科 卒業生인 鄭廣朝와 천도교의 중심인물을 만나게 하였던 사실로 보아, 홍도도 동일한 임무를 부여받았을 가능성이 있다.

27) 「안상덕예심조서」, 『독립운동사자료집』 5권, 138·139쪽.

28) 『조선민족운동연감』, 3쪽.

29) 국사편찬위원회, 『한국독립운동사』 자료 4권, 1968, 27쪽. 그와 함께 서울에 파견되었던 이봉수가 상해임정의 수립과정에 33인의 참여가 어렵다고 보고한 점으로 보아 홍도도 천도교 중심인물의 참여가 어렵다고 보고했을 가능성이 높다.

당헌을 소개하면 다음과 같다.30)

〈黨綱〉
一. 國民의 心과 力을 統一하야 祖國을 光復하고 新時代에 新理想에 基한 新國家를 建設할 일.
二. 人本主義를 彰明하야 舊天地・舊社會를 新天地・新社會로 改造하고 朝鮮的 新文化를 世界에 建設할 일.
三. 全 人類의 自由와 平等을 爲하야 强權을 排除하고 世界의 大同을 實現할 일.
四. 産業과 敎育의 新施設을 圖하야 人類의 共同生活의 幸福을 增進할 일

〈黨憲〉
제2조 本黨은 世界 改造의 劈頭에서 人生主義的 新文化를 세계에 건설하고 인류의 이상적 新生活을 實現하는 것을 宗旨로 함.
제4조 本黨의 위치는 조선 京城에 두나, 단지 임시로 上海에 둠.

위의 당헌에 의하면, 통일당은 本黨은 京城에 두나 단지 임시로

---

30) 『大同』 3호, 1921. 7. 9. 『조선민족운동연감』, 2・3쪽. 한편, 신숙은 통일당의 강령이 一. 민본정치의 실현, 二. 노본경제의 조직, 三. 인본문화의 건설이라는 삼본주의를 근간으로 하였으나(신숙, 『나의 일생』, 55・56쪽) 이것은 1930년대 이후의 통일당의 강령이라고 생각된다. 또한 통일당 간부였던 최동오는 1944년 10월 1일 蔣中正(介石)에게 천도교인과 중국의 국민당과 연합하여 대일항전을 할 것을 청원할 때, 천도교의 혁명이론이 인본주의・민본주의・노본주의라고 하였다. 그런데, 인본주의는 사상혁명의 이론으로 神本位주의를 배척하고 최수운이 창도한 동학의 人間本位의 이념이라고 하였다. 그리고 민본주의는 정치혁명의 이론으로 구체적으로 이것은 국내적으로는 全民政治를 실현하고 국외적으로는 세계 각 민족의 一律平等의 정치를 실현하는 것이라고 보았다. 또, 노본주의는 경제혁명의 이론이라고 하였다. (秋憲樹 編, 『資料 韓國獨立運動』 2권(延世大學校 出版部, 1972), 315~322, 433・434쪽). 신숙과 최동오의 이러한 주장은 1920년대 통일당의 강령을 담고 있는 것이 아니라, 1930・40년대의 생각을 반영하는 것으로 판단된다.

상해에 둔다고 하였다. 그렇다면, 이 통일당은 경성과 상해의 천도교인들이 협의 아래에서 만들었음을 알 수 있다. 그리고 당강·당헌에 나오는 '人生主義的 新文化' 같은 용어는 1919년 경 일본에서 유행하던 용어라는 점에서 일본 유학 천도교인의 참여가 있었음을 짐작할 수 있다. 또한, '大同'이란 용어를 통하여, 大同思想 및 大同團과 관련된 천도교인이 참여하였음을 짐작할 수 있다. 이상의 전제 아래에서, 1921년 경 통일당의 간부로 선임되었던 총리 신숙·정치부장 崔東旿·경제부장 金義宗·문화부장 이영근(이민창)의 행적을 추적해 보면, 상해에 있던 이영근(이민창)과 서울에서 한성정부의 수립에 참여하였고 뒤에 대동단에 참여하였던 申肅이 통일당의 결성을 주도하였음을 알 수 있다.31) 요컨대, 상해 지역의 천도교인과 국내에서 한성정부의 수립에 참여하던 천도교인들은 정치적 역량을 강화하려고, 서로 연계하여 통일된 정부의 수립을 표방하면서 통일당이란 政黨을 결성하였던 것이다.

이에 힘입어서 그런지 상해에 거주하던 천도교인들은 상해임시정부의 조직과정에 참여할 수 있었다. 상해의 남형우·이영근(이민창)·홍도는 상해임시정부에 참여하였다. 남형우와 이영근은 1919년 4월 10일 열린 제1회 임시의정원회의에 참석하였다.32) 11일, 이영근은 본국에서 조직된 임시정부를 부인하자는 의견과 집정관제를 총리제로 개정하자는 의견을 제시하였다.33) 홍도(홍진의)도 4월 23일 제2회 임시의정원회의에 참석하였다.34)

---

31) 신숙은 대동단에 관계하여, 1919년 10월 대동단에서 민족대표 33인을 선정하였을 때, 철원군의 천도교인인 吳世德과 함께 그 대표에 선정되어 있었다. 신복룡, 『大同團實記』(양영각, 1982), 115·116쪽. 張錫興, 「朝鮮民族大同團硏究」, 『한국독립운동사연구』 3, 1989, 268쪽.

32) 『조선민족운동연감』, 4쪽.

33) 「大韓民國臨時政府議政院記事錄 第1回集」, 고려서림 영인, 『조선민족운동사』 1(未定稿), 1989, 145~151쪽.

또한, 이들은 행정부와 의정원의 직책을 맡았다. 남형우는 제1회 의정원회의에서 법무차장에 선임되었고, 5월 10일에는 법무총장에 선임되었다.35) 홍도는 4월 23일 차장제가 폐지되고 위원제가 실시되었을 때 국무위원에 선임되었고, 5월 13일 제4회 의정원 회의에서는 함경도 위원에 선임되어36) 상해 임정과 노령의 대한국민의회와의 통합을 장병준·손두환·한위건·장도정·임봉래 등과 함께 주장하였다.37) 그리고, 이영근은 7월 17일 사료편찬부 위원에 선임되었다.38)

그러나, 7월 7일 남형우는 법무총장직을 사임하였다.39) 그리고, 7월 19일의 의정원 회의에는 위에 거론한 남형우·이영근·홍도는 한 명도 참석하지 않고 있다.40) 이것은 상해임시정부 내의 천교도인들이 상해임정의 주도세력으로부터 점차 소외되고 있다는 증거가 아닌가 생각한다.

---

34) 『조선민족운동연감』, 8쪽.
35) 『조선민족운동연감』, 5, 15쪽.
36) 『조선민족운동연감』, 8·9, 16쪽.
37) 독립운동사편찬위원회, 『독립운동사』 4권, 1972, 199쪽.
38) 『조선민족운동연감』, 17, 30쪽. 『朝鮮獨立運動』 2권, 197쪽에는 李漢根이 되어 있으나, 이것은 李渶根의 오기로 판단된다. 왜냐하면, 『조선민족운동연감』 17쪽에는 李渶根이 사료편찬위원으로 선임되고 있고, 31쪽에는 李泳根이 사료편찬위원에서 선임된 것으로 나타나고 있다. 그러므로 李漢根은 李瑛(渶)根의 오기로 판단된다.
39) 『조선민족운동연감』, 17쪽.
40) 『조선민족운동연감』, 30·31쪽.

2. 천도교인의 대한민국임시정부 참여와 정치세력의 규합

　앞에서 살폈듯이, 상해의 천도교인들은 상해임시정부에서 점차 소외되고 있었다. 그것은 이들이 천도교 대표로서 역할이 미미하였기 때문이라고 생각된다. 그리고 이것은 천도교 총부와 천도교인들이 상해 임정을 지원하는 데 소극적이었던 것과 무관하지 않았다.

　그런데, 1919년 9월 상해임정, 한성정부, 노령의 대한국민의회 등 제정부가 통합되어 우리 민족을 대표하는 정부로서 대한민국임시정부가 수립되었고, 또 그 정부는 겨레의 전폭적 지지를 받았다. 그러자, 천도교 중앙총부와 천도교인들이 상해에 위치한 대한민국임시정부를 바라보는 시각이 달라질 수 밖에 없었다.

　이제는 천도교 중앙총부와 지방 천도교회의 비중있는 인물들이 상해에 파견되었다. 그 예로, 崔東旿가 1919년 10월 출옥하자마자, 의주 대교구장인 崔錫蓮의 밀명을 받고 상해로 왔다.41) 그는 3·1운동이 일어나자 의주에서 義州敎區長 최석련, 鐵山敎區長 崔安國 등과 상의하여 의주시내와 압록강변 7개군에 독립선언서를 배포하고, 3월 1일부터 4월초까지 의주 일대에서 독립만세운동을 전개하였으며 이 사건으로 일제에 구금되어 갖은 고초를 겪고 1919년 10월 경 풀려나자 마자 상해로 망명하였던 것이다.42)

---

41) 「崔東旿 履歷書」, 국가보훈처, 『海外의 韓國獨立運動史料』 18권 臺灣篇 ①, 1996, 103쪽. 신숙, 『나의 일생』. 崔東旿는 1892년 平北 義州郡 출신으로 1903년에 천도교에 입교하여, 1909년 손병희의 명을 받고 비밀운동에 종사하였다 하며, 1910년 천도교 奉訓, 1913년에는 敎訓에 임명되었다. 그는 1913년에서 1916년 사이 천도교 중앙종학원 고등사범과 법정과를 졸업하였고, 1916년에는 講道師에 임명되었던 평북 의주대교구의 중진이었다.

42) 「최동오이력서」, 추헌수, 『자료한국독립운동』 4권(상·하), 1975. 조선총독

최동오의 뒤를 이어 선천교구장이던 李君五의 명을 받아 金義宗이 상해에 파견되었다.43) 또한, 평북 용천 출신으로 중국 남경의 금릉대학 중학부에서 유학하던 張敬順(1900-?)도 1920년 4월 상해로 이동하였다.44)

1920년 5월 초에는 申肅(申泰鍊)이 상해에 도착하였다. 그는 1919년 3·1운동 당시 천도교 중앙총부 監査院 書計員이었다. 그는 한성정부의 수립에 관여하였고, 대동단의 독립선언계획에 관여하기도 하였다. 그는 1920년 4월 23일 교인 申相泰와 서울을 떠나, 평북에서 최석련·이군오 등을 만나고, 安東縣에 설치된 중간 연락기관 三山商會에서 근무하는 朴承煥·韓明河·洪鍾河 등의 도움을 받아 일주일 정도 은거하다가, 상해에서 온 張敬順과 함께 怡隆洋行의 상선으로 3일 만에 상해에 도착하였다.45) 또, 이 무렵 金弘善도 상해에 도착하였다.46)

이처럼, 천도교인들의 상해 망명이 많아지자, 대한민국임시정부에 참여하는 천도교인들도 늘어났고, 정부 내에서의 천도교인들의 위상도 점차 커갔다. 최동오는 1919년 11월 14일 내무부 參事에 임명

부, 『국외용의조선인명부』, 1934, 168쪽. 졸고, 「천도교 인물열전 임정요인 최동오」, 『新人間』 565호, 1997. 9.

43) 신숙, 『나의 일생』, 72쪽

44) 독립운동사 편찬위원회, 『독립운동사자료집』 10집, 1191·1192쪽. 이 판결문에 의하면 장경순은 1920년 4월에 상해로 왔다고 진술하였다.

45) 신숙, 앞의 책, 52·53쪽. 이 기록에 의하면 신숙이 신상태와 함께 서울을 떠난 날자가 4월 23일로 되어 있다. 그러나 『천도교회월보』 142호, 1922. 7. 72쪽의 기사에 따르면 신숙이 1920년 봄에 상해에 와서 4월 5일에 임시로 천도교 상해성화회실을 마련하고 천일기념식을 치렀다고 되어 있다. 이처럼 날짜에 불합리한 점이 보이는 것은 『천도교회월보』의 성화회실 설립일자가 음력이기 때문이 아닐까 한다. 『천도교 중앙총부 직원록』, 布德 60년(1919). 표영삼, 「삼본주의 제창자 강재 신숙 선생」, 『신인간』 537호, 1996. 3. 참조.

46) 一記者, 「天道敎北京傳敎室創立祝賀式記」, 『천도교회월보』 142호, 1922. 7, 71쪽.

되었고47) 1920년 3월 4일에는 내무부 지방국장에 선임되었다. 또, 황학수는 1920년 2월 21일에는 군무부 비서국장에 선임되었으며48) 金弘善은 3월 16일 내무부 서기에 선임되었다.49) 또한, 1920년 3월 경, 홍도와 이영근은 각기 함경도와 경상도를 대표하는 임시의정원 의원이었다.50)

아울러, 국내의 천도교인들도 연통제 조직에 참여하여 대한민국임시정부의 활동을 도왔다. 대동단의 민족대표 33인의 한 사람으로 선발된 吳世悳(1897~1986)은 대한독립애국단 철원군단 외교부원으로 활동하면서, 한편 1919년 11월 대한민국임시정부 철원군 조사원으로 임명되었다.51) 또, 洪聖淵은 1920년 연통제의 함남 참의에 임명되었고,52) 金秉濟는 1920년 1월 평북 운산군 참의로 임명되었으며,53) 金秉濬(일명 金慶哲)은 1920년 9월 督辦府 함남 이원군 參事로 임명되어 있었다.54) 이처럼, 천도교인의 참여가 많아지자, 대한민국임시정부에서도 천도교와 독립운동에 관한 제반 사항을 협의하기 위하여 1919년 12월 말 현재 林承業을 특파원으로 파견해 놓고 있었다.55)

상해에 거주하는 천도교인들의 수가 늘어나자, 이들은 천도교인들

---

47) 『조선민족운동연감』, 36쪽.
48) 『조선민족운동연감』, 72·73쪽.
49) 『조선민족운동연감』, 75쪽.
50) 『대한민국임시정부의정원문서』(공보처, 1974), 79쪽.
51) 국가보훈처, 『독립유공자공훈록』 5권, 1988, 669·670쪽. 『조선민족운동연감』, 62쪽.
52) 『조선민족운동연감』, 100쪽.
53) 『조선민족운동연감』, 105쪽.
54) 『조선민족운동연감』, 100, 105, 111, 123쪽.
55) 『조선민족운동연감』, 64쪽.

의 결속을 다져나갔다. 1920년 봄 무렵, 상해에는 申肅·崔東旿·南亨祐·李瑛根(李民昌)·洪濤(洪鎭義)·姜智汕·李宇明·李夢洋·吳世悳·金弘善·張敬順 등이 있었는데, 이들은 佛租界 霞飛路 寶康里 20호에 주택을 세로 얻어 함께 기거하고 있었다.56)

신숙 등은 상해에 거주하는 천도교인들과 협의하여 임시 聖化會室을 설립하기로 결정하였다. 그리고 신숙은 이러한 사실을 의주교구장이던 최석련과 선천교구장이던 이군오에게 보고하여 임시 포덕비 10,000 여원을 지원받았다. 신숙을 비롯한 천도교인들은 1920년 4월 5일(음력으로 짐작됨) 천도교상해성화회실을 임시로 上海 佛租界 寶康里 20호에 설치하고 天日紀念式을 거행하였다.57)

성화회에서는 1920년 8월 천도교의 교리와 역사를 약술한 『天道敎의 實事』란 소책자를 편술 간행하여 상해와 그 외 중국의 각지에 산재한 동포들에게 배포하여 선전하는 한편 이것을 영문으로 번역하여 歐美各國의 政廳과 유명도서관과 상점에 배포하였다. 또, 1921년 2월에는 孫秉熙의 회복을 기원하는 기도회를 7일간 열었다. 그리고 1921년 3월에는 임시성화회실을 확장하여 전교실을 설립하기 위하여 金弘善을 서울에 파견하였다.58)

이처럼, 상해의 천도교인들이 성화회실을 설립한 것은 단지, 종교적 위안을 얻기 위한 것만은 아니었다. 이것은 천도교인의 결속력을 다져 상해지역 천도교단의 정치적 힘을 강화하며, 선전과 포교의 확대를 통해 상해지역 천도교단에 대한 사회적 지지를 확대하려는 것이었다. 또 한편, 이것은 국내의 천도교 중앙총부로부터 자연스럽게

---

56) 申肅, 『나의 일생』(日新社, 1963), 55쪽. 一記者, 「천도교북경전교실창립축하식기」, 『천도교회월보』 142호, 1922. 7, 72쪽.

57) 一記者, 「천도교북경전교실창립축하식기」, 『개벽』 142호, 1922. 7, 72쪽.

58) 신숙, 앞의 책, 55쪽. 일기자, 앞의 글, 72쪽.

자금을 지원받기 위한 방편이기도 하였다.

한편으로, 천도교인들은 상해 지역의 여러 정치·사회단체에 참여하였다. 이영근은 1919년 11월 설립된 대한교육회에 가입하여 이광수 등과 함께 편집부원으로 활동하였다.59) 또 남형우는 1919년 상해에서 신채호 등과 新大韓同盟團을 조직하여 자신이 40여명의 단원의 團主로 활동하고 있었으며,60) 1920년 인성학교 유지원과 특별찬성자로도 활약하고 있었다.61)

그리고 상해지역의 천도교인 가운데에는 사회주의사상을 수용하여 사회주의단체에도 간여하는 인물들이 발생하였다. 洪濤(洪鎭義, 1895~?)는 1919년 말 이동휘의 후원으로 상해에서 발간되던 『曉鐘』의 주필로 사회주의와 공산주의를 선전하였다. 그는 1921년 '고려공산당 임시연합간부'가 되었다.62)

3. 천도교단의 대한민국임시정부와의 결별과 북경 군사통일회의의 조직

상해에 거주하고 있던 천도교인들은 세력을 결집하여 점차 정치적 영향력을 향상하여 가고 있었다. 그럼에도 불구하고, 1920년 초 천도교인들의 대한민국내에서의 위상은 고작, 局長 2명과 의정원 의원 2명과 미관말직인 書記 1명을 차지하고 있는 정도였다. 이것

---

59) 『조선민족운동연감』, 45쪽.
60) 국가보훈처, 『海外의 韓國獨立運動史料』 18권, 대만편 ①, 1996, 103쪽. 국회도서관, 『韓國民族運動史料』 중국편, 1976, 211쪽.
61) 국회도서관, 『韓國民族運動史料』 3·1운동편 1권, 1979, 945쪽.
62) 강만길·성대경 엮음, 『한국사회주의운동 인명사전』, 548쪽. 「신분장지문원지」 등 참조.

은 3·1운동시 보여주었던 천도교인들의 역할을 고려하면, 제대로 평가받고 대우받은 것이라고 볼 수 없다. 상해 지역의 천도교인들은 자연적으로 불만을 가졌을 것으로 짐작된다.

그때 마침, 이승만과 정한경이 미국과 국제연맹에 위임통치를 청원한 사실이 알려지게 되었다. 게다가, 대한민국임시정부의 자금이 궁핍하여, 정부 직원들의 임금도 제대로 주지 못하는 상황이 발생하였다. 이 무렵인 1920년 5월 25일, 최동오는 내무부 지방국장을 사직하였고,63) 황학수도 1920년 9월 7일 군무부 비서국장을 사임하였다.64) 이들의 잇달은 辭免에는 임정의 이승만정권의 외교우선주의 정책에 대한 비판과 아울러 천도교단에 총장 하나를 배정하지 않는 부적절한 대우에 대한 불만이 깔려있지 않나 생각된다.

1920년 8월 경 남형우는 1919년 신채호 등과 결성하였던 신대한동맹단의 단주로서 단원 40명 정도를 이끌고 북경의 박용만과 연계하여 과격주의(무장투쟁론 : 필자)를 추구하며 上海에서 활동하고 있었다.65) 또한, 신숙은 1920년 중반에 최동오를 만주에 파견하여 각 무장독립운동단체의 수와 무장군인의 수를 조사하게 하였다.66) 요컨대, 상해의 천도교인들은 이승만 정권의 인사와 외교정책에 불만을 품고, 정권에서 소외되어 있으면서, 무장투쟁론을 주장하는 집단과 제휴를 꾀하였다. 이러한 제휴는 지리적으로는 경상도인과 강원도인과 함경도인, 그리고 일부 황해도인들을 결합하는 것이었다.67)

---

63) 『조선민족운동연감』, 82쪽.
64) 『조선민족운동연감』, 88쪽.
65) 「장붕이 이승만에게 보낸 서신」(1920. 7.30). 국회도서관, 『韓國民族運動史料』中國篇, 1976, 211쪽.
66) 신숙, 『나의 일생』, 61쪽.
67) 「장붕이 이승만에게 보낸 서신」(1920. 7.30).

1920년 7월 16일자 편지에서 장붕이 이승만으로 하여금 손병희에게 친서를 보내어 천도교와 제휴하도록 건의한 것68)도 바로 이러한 사정과 관련된다. 사실 그는 천도교에 대해 "천도교는 조선의 독창적 교회요 또 개혁파의 元朝라고 자긍하기는 하나 실로 그 내부의 조직인즉 具體的이요 陰謀的이오 共産的이오 總體的인즉 그 장래의 변화는 예측하기 難하며"69)라고 하여, 그리 긍정적으로 보고 있지 않았다. 그럼에도 불구하고, 그는 이승만정권의 약화를 막기 위해 천도교와의 제휴를 건의하였던 것으로 보인다.

이러한 건의를 받은 이승만은 1920년 9월 18일자로 하와이에서 손병희에게 서신을 보내어 光復大業에 제휴하여 힘써 나아가기를 희망하였다.70) 장붕의 서신으로 판단컨대, 이승만의 서신은 상해·북경지역의 천도교단과의 제휴를 염두에 둔 것이었다.

그러나 신숙은 동년 9월 상해를 떠나 북경에 도착하였다. 그리고 朴容萬, 申采浩 등과 협의하여 軍事統一促成會를 발기하였다.71) 여기에는 1920년 가을 북경에서 혁명동지회를 조직하였던 장건상도 참여하였다.72) 신숙 등은 중국 동북지역의 군사 대표와의 회합을 위해서 裵達武를 南滿으로, 南公善을 北滿으로 파견하였다.73)

한편, 외교적 후원을 위하여, 신숙과 최동오는 마침 상해 佛租界 環龍路에 은거하던 손일선(손문)을 國民黨員인 彭光武와 秘書 許殷民을 통하여 1차 면회하였다. 이들은 이때 손일선의 혁명적 포부와

---

68) 「장붕이 이승만에게 보낸 서신」(1920. 7.16).
69) 「장붕이 이승만에게 보낸 서신」(1920. 7.30).
70) 중앙일보사·연세대 현대한국학연구소, 『雩南李承晚文書』 16권, 1998, 49쪽.
71) 신숙, 『나의 일생』, 61쪽.
72) 강만길·성대경 엮음, 『한국사회주의운동 인명사전』(창작과비평사, 1996), 406쪽.
73) 신숙, 『나의 일생』, 61쪽.

열정으로부터 감복하고 한중협력 방안을 협의하고 결속을 다졌으나 실행되지는 못하였다 한다.74)

　1921년 들어, 상해・북경 지역의 천도교단과 이승만 정권의 갈등의 골은 점점 깊어갔다. 홍도와 이영근은 임시의정원 의원이었지만, 1921년 초 열린 임시의정원회의에 모두 결석하였다.75) 반대로, 1921년 4월 8일 申肅・南亨祐・崔東旿・李民昌의 주재로 大東旅舍에서 열린 교주 손병희의 제61회 탄신축하회에 전 국무총리인 이동휘와 임시정부의 각 총장 이하 직원의 일부, 의정원 의장과 의원 등 약80 여명이 참석하였지만, 이승만・노백린・신규식은 참석하지 않았다.76)

　1921년 4월 바로 직전에 천도교인들은 천도교인들의 결속을 위하여, 통일당을 새롭게 정비하였다. 이 통일당은 1919년 4월 6일 국내에서 "삼일운동의 주지를 관철하기 위하여 다수유지의 발기에 係한 바" 있었다. 그러다가, 북경에서 군사통일회의가 개최되기에 앞서 다시 통일당이 급히 정비되었던 것으로 보인다. 이 시기에 통일당의 총리로 신숙을 정하고, 정치부는 崔東旿, 경제부는 金義宗, 문화부는 이영근이 각각 책임을 맡았다.77)

---

74) 신숙, 『나의 일생』, 56・57쪽. 孫逸仙이 제2차 혁명이 실패로 돌아간 후 西南에서 軍權을 장악한 陳炯明과 합력하여 廣東에서 護法政府를 조직하고 대통령에 취임하여 다시 북벌을 도모하다가 陳炯明과 의견이 갈려서 계획이 좌절된 후 잠시 上海에 머물렀다 한다.

75) 『대한민국임시정부의정원문서』, 103쪽.

76) 金正明 편, 『朝鮮獨立運動』 2권(原書房, 1967), 431쪽.

77) 『大同』 3호, 1921. 7.9. 『조선민족운동연감』, 2・3쪽. 신숙, 『나의 일생』, 56쪽. 신숙의 기록에 의하면, 신숙이 상해에 와 성화회실을 만든 이후에 통일당이 만들어진 것으로 되어 있다. 그리고 『한국민족운동사료』 중국편, 278쪽의 1921년 5월 24일자 정보에는 이 무렵 統一團(黨 : 필자)이 만들어진 것으로 보고 되었다. 그런데, 4월 17일 열린 북경군사통일회에 통일당이란 명칭이 나오는 것으로 보아, 아마도 군사통일회가 열리기 바로 직전에 통일당이 만들어진 것으로 보인다. 그런데 신숙의 『나의 일생』에 의하면, 이 시기에 통일당

천도교의 민족운동 연구

〈표 3-4〉 군사통일회의 각과 책임자

구 분	책임자
군사위원	김세준, 황학수, 박용만, 성준용, 강구우
시국문제연구위원	신숙, 김갑, 이장호, 박용만, 남공선
재정위원	신숙, 강구우, 이장호
의안심사위원	박건병, 홍남표, 이광동
서무위원	김갑, 김세준, 권경지

1921년 4월 17일 북경에서 열린 군사통일회의에 통일당에서는 신숙·申達模(申性模)·黃學秀가 內地統一黨 대표로서 참석하였다. 신성모는 1915년 남형우와 함께 대동청년당의 활동을 한 천도교인이었으며,78) 황학수는 충북 제천 출신으로 고향에 동명학교를 설립하고 활동하다가 3·1운동 후 상해에 망명하여 대한민국임시정부에서 활동하였고,79) 강구우는 북간도의 독립운동단체인 대한국민회의 의사부원으로 활동한80) 천도교인이었다.81)

4월 17일 있은 임시임원선거에서 신숙은 임시의장으로 선출되었다. 그리고 다음날 있는 정식임원선거에서도 신숙은 의장으로 선출되었다. 같은 날 있은 각과 임원 선정시 선출된 천도교인은 〈표

의 총리로 신숙을 정하고, 정치부는 崔東旿, 경제부는 金義宗, 문화부는 李民昌(이영근)이 각각 책임을 맡았다고 되어 있다. 그러나 북경 군사통일회의에 최동오·김의종·이민창이 참여하지 않았고, 『한국민족운동사료』 중국편, 278쪽에도 신숙의 일파가 조직하였다고 한 점으로 보아, 신숙이 천도교인들의 전폭적인 지지로 이루어진 것을 과장하기 위하여 사실과 다르게 정리하였을 가능성도 없지 않다.

78) 독립운동사편찬위원회, 『독립운동사』 10권, 1978, 956쪽.
79) 『독립운동사』 5권, 832쪽.
80) 박환, 『滿洲韓人民族運動史硏究』(一潮閣, 1991), 66쪽.
81) 중앙일보사·연세대 현대한국학연구소, 『雩南李承晩文書』 8권(국학자료원, 1998), 276~290쪽. 『大同』 3호, 1921. 7. 9.

3-4〉의 밑줄 친 사람과 같다.

　강구우는 군사위원 겸 재정위원, 황학수는 군사위원, 신숙은 시국문제연구위원 겸 재정위원이었다. 특히 주목되는 점은 천도교에서 재정을 담당하였던 점이다. 이 외에 4월 23일에는 신달모가 서무로 증선되었다.

　4월 23일 있은 議案討議에서는 각 단체의 시설을 일정한 방침에 따라 일치시키고, 군사운동주요계획과 각단임무분장안이 마련되었다. 그리고 여기에서는 한성정부와 대한국민의회를 무시하고 독단적인 전횡을 일삼고, 미국에 위임통치를 청원한 이승만정권 하의 대한민국임시정부와 임시의정원을 불승인한다는 「선언서」와 '대미위임통치청원에 대하여 李承晩 등을 성토한다'는 성토문이 마련되었다. 그리고 國民代表會를 소집하여 1919년 4월 23일 국내에서 발표된 대조선공화국임시정부의 계통을 이어서 대한민국임시정부의 조직을 일신할 것을 촉구하였다. 이 내용은 동월 27일 상해에 파견된 申性模에 의하여 임시정부에 전달되었고, 5월자로 일반인에 공포되었다.82)

　그런데 1921년 5월 경 신숙 등의 천도교인들은 갑자기 북경군사통일회의 내의 박용만·신채호 등과 결별을 선언하였다. 신숙은 살벌한 수단에 의존하는 불온한 단체에는 참여할 수 없으므로 처음에 약속한 자금을 지원할 수 없다고 하였다. 그리고 30여명에 이르는 통일당의 결속을 강화하였다.83) 밝힌 바에 따르면, 신숙 등은 박용만·신채호 등이 '살벌한 수단', 예컨대 '테러' 같은 방법을 취하려는 데에 불만을 품고 군사통일회의에서 탈퇴하였다. 그렇지만, 실제적

---

82) 中央日報社·延世大 現代韓國學硏究所, 「선언서」·「성토문」, 『雩南李承晩文書』 8권(국학자료원, 1998), 276~290쪽. 『대동』 3호. 蔡根植, 『武裝獨立運動秘史』(大韓民國公報處, 1949), 92쪽. 신숙, 『나의 일생』, 63쪽.

83) 金正明 편, 『조선독립운동』 1권 분책, 609쪽.

인 이유는 무엇인지 자세하지 않다.

　1921년 6월 박용만, 신채호 등은 제2회 보합단을 조직하여, 신숙을 배제하고 자신들의 단합을 과시하였다.84) 그러자, 신숙은 7~8월 경 상해에 가서 최동오와 협의하여, 천도교 세력의 결속을 시도하였다. 그러면서도, 그는 1921년 7월 중순 군사통일회의 연락을 위하여 박용만의 조카인 朴憲永과 함께 상해에 가서 文秉武 외 청년 십수인을 북경으로 데려오려고 하고,85) 1921년 9월말까지 국민대표회기성회에 대표자를 보내지 않겠다는 뜻을 최동오에게 통지하는86) 양면적인 태도를 취하고 있었다.

4. 국민대표회의의 개최와 천도교단의 임시정부 창조 활동

　북경에서 신숙·황학수·신성모가 군사통일회의를 조직하려던 데에 반하여, 상해에 머무르던 천도교의 崔東旿와 李瑛根은 1921년 2월 상해에서 김원봉, 元世勳, 劉禮均 등 임시정부를 반대하는 인사들과 함께 "전 국민의 의사에 의하여 통일적으로 穩固한 정국을 기도할 것", "群策과 群力을 종합하여 독립운동의 最良한 방침을 수립할 것"을 주장하며, 國民代表會를 소집할 것을 제창하였다.87)

---

　84) 金正明 편, 『조선독립운동』 2권, 458~460쪽.
　85) 金正明 편, 『조선독립운동』 2권, 160쪽.
　86) 국사편찬위원회, 『한국독립운동사』 자료 2권, 1968, 579쪽.
　87) 金正明 편, 『조선독립운동』 2권, 138·139, 268·269쪽. 국민대표회의에 대해서는 다음의 논문이 참고된다. 李炫熙, 「國民代表會議 召集의 基本目標」, 『韓國近現代史의 摸索』(삼우출판사, 1979). 朴永錫, 「國民代表會議와 大韓民國臨時政府」, 『韓國民族運動史研究』, 1982. 金喜坤, 「國民代表會議와 참가단체의 성격」, 『中國關內 韓國獨立運動團體研究』(지식산업사, 1995).

상해의 대한민국임시정부에서 교통부 총장으로 활동하던 남형우는 1921년 2월 경 이승만·안창호 측에서 김규식 등을 중용하려는 것에 불만을 품고 사직을 고려하고 있다가88) 1921년 동년 4월 25일 사임하였다.89) 그럼에도 불구하고, 그는 1921년 5월 경 일시적이지만 중립적인 태도로 임시정부와 국민대표회의의 개최를 주장한 반임시정부파의 대립을 완화하고 타협을 이루기 위하여 노력하였다.90)

그런데 한인들에게 신망을 받고 있던 안창호가 1921년 5월 12일 불조계 尚賢堂에서 국민의 통일의 필요성을 강조하고, 국민대표회의를 개최하여 국민의 통일을 이루자고 주장하였다. 이 주장은 국민의 통일을 공감하고 있던 상해 거주 한인들에게 큰 반향을 일으켰다. 5월 19일 동 장소에서 개최된 2차 연설회가 끝난 직후 참석자들은 국민대표회의를 열기로 작정하고, 이를 위한 국민대표회기성회를 조직할 것이 결정되었다.

그러자, 상해 지역의 최동오·남형우·이민창 등은 국민대표회기성회를 조직하는 데 적극 참여하였다. 崔東旿는 金秉祚·李鐸·韓鎭敎·尹顯振과 함께 추천위원에 선정되어 기성회를 구성하기 위한 후보자 40인을 선정하였다. 당일 이 40인 가운데에서 20인의 국민대표회기성회 위원을 선출하였는데, 천도교인으로는 최동오와 남형우가 기성회의 위원으로 선정되었다.91)

1921년 5월 안창호에 의하여 국민대표회의 개최가 제기된 후, 일시 왕성하게 고창되었던 국민대표회의의 개최문제는 1921년 8월

---

88) 국회도서관, 『한국민족운동사료』 중국편, 275쪽.
89) 재상해일본총영사관, 『조선민족운동연감』, 1932. 4. 5. 15. 17. 134쪽.
90) 국회도서관 편, 『한국민족운동사료』, 중국편, 330쪽. 金正明 편, 『조선독립운동』 2권, 452쪽.
91) 국사편찬위원회, 『한국독립운동사』 자료 2권. 1968. 577·578쪽.

경에 이르러 7~8천원이 드는 비용 문제로 난관에 봉착하였다. 그래서 국민대표회주비회에서는 최동오를 통하여 자금을 융통하고자 하였다. 1921년 9월 중순 경 상해에서 열린 국민대표회주비회에서는 대회시의 소요 경비는 대표자를 보낸 각 단체에서 1/2을 부담하고, 나머지는 천도교에서 지출하도록 결정되었다.92) 요컨대, 국민대표회의의 개최에 필요한 자금을 천도교측에서 부담하도록 결정되었다.

이를 해결하기 위하여, 최동오는 1921년 7·8월, 북경의 군사통일회의에 가담하였던 신숙과 수차례 상해와 북경을 오가면서 회합을 갖고, 천도교인의 망명을 추진하고 자금을 모집하는 방안과, 이를 위하여 국내로부터 손병희를 망명시키는 방안에 대하여 논의하였다.93) 물론, 손병희가 병석에 누워 있고, 또 일제가 천도교 중앙총부를 엄중하게 감시하고 있는 상황에서 이것은 거의 실현될 수 없는 것이었다.

문제의 해결책으로, 1921년 8월 신숙·남형우·姜智汕·최동오·李宇明 등 13인은 상해의 성화회실을 북경으로 옮겨 새로 전교실을 설치하기로 결정하고 최동오를 전교사로, 신숙을 순회교사로 선정하였다. 그리고 이러한 내용을 최동오·신숙·金弘善이 서울의 중앙총부에 보고하여 동년 9월 정식으로 인준을 받았다.94)

1921년 10월 1일 남형우는 북경세력의 참여를 독려하기 위하여, 북경으로 파견되었다.95) 이때, 신숙 등 북경 군사통일회의에 참석

---

92) 「국민대표회 개최장소·비용건」, 국사편찬위원회, 『한국독립운동사』 자료 2권, 1967, 585쪽.
93) 金正明 편, 『조선독립운동』 2권, 465쪽.
94) 李敦化, 「中國北京의 傳敎室問題를 듯고 吾敎의 對外發展을 賀함」, 『천도교회월보』 136호, 1921.12. 15쪽.
95) 국사편찬위원회, 『한국독립운동사』 자료 2권, 1968, 579쪽.

하였던 천도교인들은 국민대표회의의 참석을 약속하였던 것 같다. 또, 한편, 남형우는 신대한동맹회에서 함께 활동한 신채호·박용만의 참여를 독려하였을 것으로 판단되는데 이들은 참여를 거절하였던 것 같다.

1921년 11월 최동오는 직접 서울에 들어와 동양문화의 중심지인 북경에 전교실을 설치할 필요가 있으니, 매년 북경전교실 경비보조금으로 18,000원을 지원할 것을 요구하였다.96) 물론, 이것은 명분이었고 실지로는 국민대표회의의 개최에 필요한 자금을 마련하기 위한 방책이었다. 그리고 최동오는 『천도교회월보』 1921년 12월호 北京生의 필명으로 북경전교실의 필요를 주장하는 글을 실었다.

최동오의 주장에 공명하여 당시에 개최된 議正會에서는 자금을 지원하기로 하였다. 그렇지만 북경의 천도교인들이 요청한 액수에 훨씬 미달하는 일년 보조금 3,600원과 창립비로 2,000원을 제공하기로 결정하였다.97)

1922년 1월 崔東旿는 이미 1921년 3월에 파견되어 있던 金弘善과 함께 북경으로 돌아왔다. 1922년 2월 북경의 천도교인들은 北京 安定門 內 交道口 2條胡同 32호에 전교실을 설치하기로 하고 임시로 경리에 姜智汕·金弘善, 편집에 이우명·武文襄(중국인)을 임명하여 사무를 처리하게 하였다. 전교실이 완공된 1922년 3월 25일에는 전교실 안의 聖化會室에서 창립축하식을 거행하였다.98) 이제

---

96) 李敦化, 「中國北京의 傳敎室問題를 듯고 吾敎의 對外發展을 賀함」, 『천도교회월보』 136호, 1921.12. 15쪽. 일기자, 「天道敎北京傳敎室創立祝賀式記」, 『천도교회월보』 142호, 1922. 7. 71·72쪽.

97) 앞의 글, 71·72쪽.

98) 일기자, 「天道敎北京傳敎室創立祝賀式記」, 『천도교회월보』 142호, 1922. 7. 72·73쪽. 당일에 京城中央總部, 靑年會幹部, 開闢社, 天道敎會月報社, 宣川敎區長 李君五, 在外 南亨祐씨로부터 축전이 있었고, 義州敎區長 최석련의 '太虛一物, 永世初年'이라는 축사와 義州靑年會의 '大世의 新春이 德을 布코져 劃

국내로부터 공식적으로 자금을 들여올 수 있는 수단이 마련되었다.

1922년 4월 10일 신숙은 원세훈과 함께 「國民代表會籌備委員會宣言」을 발표하였다. 이글에서는 독립운동전선의 통일을 위하여 국민대표회기성회를 설립한지 1년여가 지났지만 뚜렷한 성과를 내지 못하는 것을 유감으로 여긴다고 하였다.99)

1922년 5월 초 上海에서는 上海期成會의 남형우・元世勳・宋秉祚・金澈, 天津期成會의 金偉宅, 東寧縣期成會의 崔大甲, 그리고 북경군사통일회의에 통일당 대표로 참여하였던 申肅과 대한국민회 대표로 참여했던 姜九禹・대한국민의회 대표로 참석했던 南公善도 참석하였다. 다시 말해, 북경군사통일회의에 참여하였던 신숙・강구우 등의 천도교인들이 국민대표회주비회에 참여하였다. 남형우는 이 주비회의 위원장에 선임되었다.100) 5월 19일에는 상해에서 국민대표회주비회 집행위원과 실행위원을 선임하였는데 남형우는 집행위원으로, 최동오는 실행위원 중 재무담당자로 선임되었다.101) 최동오를 재무담당으로 임명하였던 것은 앞서 살폈듯이, 천도교회로부터 자금을 지원받으려 하였기 때문일 것이다.

남형우와 신숙은 1922년 7월 말 임시의정원, 국민대표회주비회, 한형권 금전사건 등 시사를 토의하기 위해 상해에서 열린 時事策進會에 참가하였다.102) 아마도, 국민대표회의의 참여를 권유하기 위

策中, 空界의 太陽이 光을 發코져 初昇間'이라는 축사와 북간도의 張鵬翼・姜受禧의 "現代思潮에 順流되고 世界風化에 通合된 우리 天道의 그 眞理는 더 말할 것 없거니와 이제 北京傳敎室 創立에 對하여 참으로 將來를 爲하여 祝賀함을 不已하나이다. 우리 無窮花園이 새빛에 폭 잠기도록"이라는 축사가 내도하였다.

99)『조선민족운동연감』, 165쪽.
100)『한국민족운동사료』중국편, 291쪽.
101) 앞의 책, 354쪽.
102)『조선민족운동연감』, 167쪽.

한 것이나 아닌지 모르겠다. 1922년 9월 남형우는 원세훈과 함께 李東寧을 방문하여 국민대표회의를 찬성하도록 권유하였으나, 이동녕은 국민대표회의가 '국민대표회'라는 이름의 남용, 월권적 법통기관 설치 계획의 월권이며, 무계획성, 현 임정의 위상을 추락시킴 등의 이유를 들어 거절하였다.103)

  1922년 말과 1923년 초, 국민대표회의에 참석하기 위하여 각지의 천도교인들이 상해에 집결하였다. 1922년 11월 말, 북경에 있던 이영근(26세)은 內地統一黨의 대표로서 상해에 도착하였다.104) 그리고 장건상은 고려공산당 이르크츠크파 대표로서 상해에 도착하였다.105) 그리고, 1922년 12월 초순 신숙은 천도교 대표로 선정되었다.106) 南亨祐는 1923년 1월 말, 국내로부터 천도교 대표자 3명을 상해로 초청하였고107) 1923년 2월 초에는 20여명의 천도교인이 상해로 오도록 되어 있었다.108)

  한편, 최동오는 1922년 12월 다시 서울에 들어와 북경전교실을 1만 5천원의 예산으로 건축할 것을 요구하는 건의안을 제출하였다.109) 이에 따라, 1922년 12월 23일 북경교당건축기성회가 조직되어 자금을 모집하였다. 당시 기성회원은 羅仁協·鄭廣朝·李鍾麟·金秉濬·權秉悳·李仁淑·金玉斌이었고, 또한 지방위원을 전형하였다. 그 위원장은 李鍾麟이었다.110) 그런데, 이종린은 대한민간정부

---

103) 「장붕서신」 23호(1922년 9월 12일).
104) 『한국독립운동사』 자료 2권, 593쪽.
105) 『한국독립운동사』 자료 2권, 593쪽.
106) 『한국독립운동사』 자료 2권, 594쪽.
107) 국회도서관, 『島山安昌浩全集』 1권, 1997, 10쪽.
108) 국회도서관, 『島山安昌浩全集』 1권, 1997, 12쪽.
109) 「북경교당건축기성회」, 『천도교회월보』 147호, 1922. 2. 89쪽.
110) 一記者, 「天道教北京教堂의 建築」, 『개벽』 32호, 1923. 2, 44쪽. 一記者, 「天

의 조직에 관여한 바 있었고, 또한 신숙과 함께 구파계에 속한 인물이었다. 그런 점으로 보아, 이 건축기성회의 조직은 단순히 건축자금을 모집하는 것이라기보다는 국민대표회의의 개최에 필요한 자금을 합법적으로 모집하기 위한 방편이었다고 짐작된다.

1923년 1월 3일 위원장 남형우의 진행으로 전개된 국민대표회주비회에서는 국민대표회의 임시의장과 자격심사위원 5인, 회안기초위원 5인을 선출하였는데, 강구우는 대표자격심사위원에, 신숙과 장건상은 회안기초위원에 선정되었다.111) 또 천도교인 李致龍과 鄭庚燮은 1월 18일 투표지 수발위원에 선임되었다.112)

1923년 1월 3일 신숙은 국민대표회의에서 북미국민회가 안창호가 위임통치문제에 관련이 있는지 조사가 끝날 때까지 안창호의 자격심사문제를 보류하자고 하였다. 이것은 국민대표회의의 개최시, 안창호의 영향력이 크므로, 그를 배제하기 위한 신숙 등 천도교 측의 의도였다고 생각된다. 이처럼 안창호를 배제하려고 하였지만 1923년 1월 18일에 있은 부의장 선거에 출마한 신숙은 윤해와 안창호에 밀려 낙선하였다.113)

1922년 9월 1일 개최하려다 각 대표들의 불참으로 지연되던 국민대표회의는 1923년 2월 2일부터 상해에서 개최되었다. 이날 신숙은 議政起草委員으로 국민대표회의가 열리기까지의 경과보고를 하였다.114) 1923년 2월 2일에 있은 국민대표회의 자격심사회를 통과한 122명 가운데, 천도교의 대표는 천도교를 대표한 신숙, 상해

道敎北京敎堂建築期成會速報」,『天道敎會月報』148호, 1923. 1, 67·68쪽.
111)『한국독립운동사』자료 2권, 614·615쪽.
112)『한국독립운동사』자료 2권, 621쪽.
113)『한국독립운동사』자료 2권, 617, 622쪽.
114)『한국민족운동사료』중국편, 303~305쪽.

지역 천도교의 政黨인 統一黨을 대표한 이민창, 천도교청년회를 대표한 李濟河·鄭庚燮의 4명이었다. 이외 북간도 대표인 강구우, 中東線 대표인 張鵬翼, 대한광복단의 대표인 姜受禧도 천도교인이었다. 또, 裵洪吉·金鍾喆·姜逸과 鄭萬基·金邠山은 비록 천도교인은 아니었지만, 동학계인 보천교와 광제교의 대표였다.115) 최동오는 국민대표회의에 표면적으로 참석하지 않았다. 이는 북경 전교실의 책임자이기 때문에 참여하였을 경우 교회에 미칠 불이익을 염려한 까닭이라 생각된다.

2월 5일과 6일에는 각 분과별로 7인의 위원을 선출하였는데 이때 선정된 천도교인은 다음의 〈표 3-5〉와 같다.116)

국민대표회의는 임시정부를 개조할 것인가 창조할 것인가의 문제를 놓고 크게 두 파로 나뉘어졌는데 천도교인들은 대체로 창조파에 속하여 활동하였다. 신숙과 이민창은 창조파의 간부로, 장붕익, 姜受禧는 창조파 부속대표로 활동하였다.117) 그런데 국민대표회의에

〈표 3-5〉 국민대표회의 각과 위원에 선정된 천도교인

재정분과위원	姜九禹, 李相皓, 白洛鉉, 윤정현, 王三德, 孫貞道, 李沰
외교분과위원	尹海, 朴愛, 朴應七, 呂運亨, 玄鼎健, 鮮于爀, 李民昌
생계분과위원	元世勳, 許東奎, 金鐵洙, 金宇希, 柳善長, 姜受禧, 張鵬翼
교육분과위원	김○○, 鄭鶴壽, 朴宗根, 方遠成, 李重浩, 全昌順, 柳時彦
노동분과위원	文時煥, 林源, 方國泰, 柳蓋, 張志浩, 이하소, 姜逸
헌법기초위원	申肅, 金澈, 尹海, 李震山, 李民昌, 柳時彦, 安昌浩
과거문제조사위원회 위원	朴應七, 李相皓, 宋秉祚, 鄭光好, 張鵬翼, 강구우, 盧武寧

※ 밑줄친 사람은 천도교인.

115) 국회도서관, 『島山安昌浩全集』 1권, 1997, 35~39쪽.
116) 『한국민족운동사료』 중국편, 303~305쪽, 『한국독립운동사』 자료 2권, 627~628쪽.
117) 『한국민족운동사료』 중국편, 309쪽.

서는 창조파와 개조파, 그리고 중립파 간의 의견이 통일되지 못하였다. 그리하여 결국은 국민대표회의는 결렬되고 말았다.

그러자, 남형우는 1923년 초에 안창호, 김동삼과 함께 탈퇴하였다.118) 그러나 신숙·강구우·장붕익·강수희·정경섭은 1923년 6월 6일 윤해 등이 이끄는 창조파 39인만 참석한 비밀회의를 열어 국무위원제와 국민위원제를 골간으로 하는 임시정부 헌법을 통과시키는데 참여하였다.119) 이 회의에서 33인의 국민위원, 4인의 국무위원, 31인의 고문을 선출하였는데, 신숙은 국민위원회와 국무위원회의 위원 겸 내무위원장으로 선정되었다. 그리고 천도교인 姜九禹는 대한국민회를 대표하여 국민위원회의 위원으로 선정되었다.120)

신숙·이민창 등의 천도교 측에서 이 무렵까지 창조파를 지원하였던 것은, 러시아가 200만루블의 차관 중 잔액인 160여만 루블을 尹海 등의 공산주의자를 통하여 국민대표회의 앞으로 보낼 것이란 믿음 때문이었다. 즉, 러시아의 지원을 받을 수 있으리란 믿음 때문이었다. 반대로, 윤해 등이 신숙과 접촉하려고 하였던 것은 천도교가 농민층을 기반으로 하고 있으며, 또한 동학농민운동과 3·1운동에서 나타났듯이 혁명력을 갖고 있었기 때문이다. 바로 그런 이유에서, 윤해 등은 국내의 종교단체가 신숙에게 보낸 "창조파를 지원하지 말라"는 내용의 서신을 숨겼다. 그리고 창조파의 윤해·金宇希 등은 통신문을 위조하여 러시아의 레닌정부가 160만원을 지원할 것으로 조작하였다.121)

이러한 사실을 깨달은 신숙과 이민창은 윤해·원세훈에게 항의하

---

118) 金規勉, 「誠齋略傳에 대한 回想記」, 尹炳奭 編, 『誠齋李東輝全書』 下卷(독립기념관 한국독립운동사연구소, 1998), 103쪽.
119) 『한국독립운동사』 자료 2권, 653쪽.
120) 국회도서관, 『島山安昌浩全集』 1권, 1997, 102·103쪽.
121) 국회도서관, 『島山安昌浩全集』 1권, 1997, 104쪽.

천도교단과 대한민국임시정부

고, 그리고 불만의 표시로, 신숙 등은 대한민국임시정부와 관계를 맺으려고 하였다. 그러나 대한민국임시정부의 거부로 이것은 실현되지 못하였다.122) 대한민국임시정부가 임시정부 창조활동을 벌인 신숙을 쉽게 용납하기는 힘들었을 것이다.123) 게다가, 이 무렵 천도교회에서는 신숙·강구우가 천도교의 대표가 아니라는 성토문을 발표하였으므로124) 신숙과 강구우의 입지도 불안하였다. 따라서 신숙과 강구우는 쉽게 윤해·원세훈과의 관계를 유지할 수 밖에 없었다.

  1923년 6월 20일, 블라디보스톡에 있는 연해현공산당 중앙위원회 고려부에서는 기성회를 개최하여 노령에 상해의 대한민국임시정부를 대체할 정부를 조직할 계획이었다.125) 이에 따라, 신숙·이민창·강구우는 1924년 2월 블라디보스톡에서 개최된 국민위원회에 참석하였다.126) 그리하여, 이들은 윤해·원세훈 등의 창조파와 함께 블라디보스톡에 최고기관을 설치하려고 하였다. 그러나 공산주의자인 이동휘, 김만겸, 김하구 등과 의견이 일치하지 않고 소비에트 러시아가 일본과의 평화조약 체결을 위해 연해주의 한인들을 국외로 추방하였으므로 계획을 성공하지 못하고 北京으로 돌아왔다.127)

---

122) 國會圖書館, 『島山安昌浩全集』 1권, 1997, 104쪽.
123) 『한국독립운동사』 자료 2, 651쪽.
124) 金規勉, 「誠齋略傳에 대한 回想記」, 尹炳奭 編, 『誠齋李東輝全書』 下卷(독립기념관 한국독립운동사연구소, 1998), 103쪽.
125) 國會圖書館, 『島山安昌浩全集』 1권, 1997, 96쪽.
126) 「創造波ニ屬スル不逞鮮人ノ行動ニ關スル件」(1924. 7.31), 외무성사료관문서, 『不逞團關係雜件, 鮮人ノ部, 在支那各地』, 3권 4-3-2.
127) 『한국민족운동사료』, 500쪽. 신숙, 『나의 일생』, 82쪽.

맺음말

　천도교회는 1919년 3·1운동의 추진과 함께 소위 '대한민간정부'라는 임시정부의 수립을 염두에 두고 있었다. 그렇지만, 민족대표 33인에 참가하거나, 『조선독립신문』의 발간에 관여한 천도교의 최고 지도자들이 체포됨으로써 이것은 실행되지 못하였다. 그러자, 이러한 사정을 알고 있던 천도교의 중간 지도자인 남형우는 노령으로 망명하여, 이승만계의 인물을 비롯하여, 안창호계·이동휘계·일본 유학생계 인물과 접촉을 갖고 노령정부를 조직하려 하였다.

　그러나 노령 지역은 백군과 적군과의 내전으로 휩싸여 임시정부를 수립하기에 적당하지 않았다. 따라서 활동이 자유로운 상해임시정부의 적지로 부상하였고, 각지의 민족운동가들은 상해로 몰려들었다. 이와 짝하여, 노령정부의 조직에 참가하였던 남형우와 홍도·이영근(이민창)도 상해로 망명하였다.

　이들은, 국내의 漢城政府에 참여한 천도교인과 접촉을 가지면서, 천도교의 정치조직으로 統一黨을 결성하고, 단일한 임시정부의 수립에 대비하였다. 그리고 단일한 임시정부의 수립이 불가능해지자, 이들은 상해 임시정부의 수립에 관여하여 행정부의 관리와 의정원의 의원으로 선정되었다. 그러나 그 지위는 낮았고, 따라서 천도교인의 영향력은 미미하였다.

　그런데 1919년 9월 명실상부한 민족의 대표기관으로 대한민국임시정부가 수립되자, 평북 의주대교구장 최석련과 선천대교구장 이군오의 명을 받은 崔東旿·申肅 등 많은 인물들이 상해로 모여들었다. 이들은 聖化會를 조직하여 내부적 결속을 다지면서, 정치세력화 하고, 다른 정치세력과의 제휴를 도모하였다.

그렇지만, 이들은 인력과 자금의 양 측면에서 국내의 중앙총부와 지방의 천도교인들로부터 전폭적 지원을 받을 수 없었다. 이것은 결국 상해 지역 천도교인들의 정치적 영향력의 한계를 노정하여서, 대한민국임시정부 내에서의 천도교단의 위상도 제한적일 수 밖에 없었다. 3·1운동시의 지대한 역할과 활동으로 비추어 볼 때, 천도교인들은 이 상황을 받아들일 수 없었고, 자연 대한민국임시정부의 이승만정권에 불만을 가질 수 밖에 없었다.

그런데 마침 이승만 정권이 위임통치를 주장하고, 일본의 간도 출병으로 고통을 겪는 중국 동북지역의 독립군을 제대로 지원하지 못하자, 각지에서 이승만 정권에 대한 비판이 일었다. 그러자 신숙이 중심이 된 천도교인들은 통일당을 새롭게 정비하고, 북경의 박용만·신채호와 접촉을 갖고 1921년 4월 북경 군사통일회의를 조직하여 대한민국임시정부의 실정을 비판하고, 임시정부의 개혁과 의정원의 해산을 주장하였다. 또, 한편 상해의 최동오·남형우·이민창 등은 1921년 초부터 국민대표회의의 개최에 주력하였다.

1921년 중엽에는 북경 지역의 신숙계 천도교인과 상해 지역의 천도교인들이 단합하여, 국민대표회의를 개최하는 데 합의하였다. 이들은 국민대표회의에서의 천도교인의 영향력을 향상하기 위하여, 북경에 전교실을 세우는 명목으로 국내로부터 합법적으로 자금을 들여왔다. 국내에서도 대한민간정부를 수립하는 데 관여하였던 이종린 등이 북경교당건축기성회를 조직하고 자금을 모집하여 지원하였다.

1923년 초 개최된 국민대표회의에서 천도교단은 창조파의 입장을 취하였다. 그런데, 국민대표회의가 분열로 지지부진해지고, 국내로부터의 자금 지원도 줄어들자, 천도교인들이 국민대표회의에 참여하는 것은 줄어들고, 내부적 결속도 약화되었다.

그렇지만 신숙·강구우 등의 천도교인들은 노령의 윤해 및 원세훈과 연계하여 1923년 6월 국민위원회를 조직하고 노령에 정부를 창조할 것을 결의하였다. 그리고 1924년 초에는 노령으로 이동하여 이것을 관철하려 하였으나, 노령의 이동휘파와 이르크츠크파와의 갈등과 러시아의 지원약속 불이행 등으로 소기의 성과를 거둘 수는 없었다.

이 이후 천도교인들은 다시 북경에 집결하여 교회활동을 하면서, 또 한편으로 정치활동을 전개하였다. 특히, 1925년 중반 민족협동전선운동이 본격화될 때, 북경지역의 천도교인들은 대외연락의 거점이 되었다. 그리하여, 조선농민사의 크레스틴테른 가입을 주선하면서, 천도교 신파와 이동휘계 공산주의자와의 협동전선의 결성을 지원하기도 하였다.

제4장

개벽사의 출판문화운동
―『개벽』을 중심으로―

머리말

천도교는 3·1운동 후 문화운동을 전개하였다. 정신적 각성과 개혁에 의하여 인간의 삶의 양식인 文化를 바꾸고, 이를 통하여 사회를 변혁시키려 하였다. 천도교에서는 천도교청년회와 천도교청년당의 주도로 7개부문 기관을 설립하여 新人間의 형성에 노력하였다. 또한 천도교청년회와 천도교청년당의 주도로 운영된 개벽사에서는 『개벽』, 『부인』·『신여성』, 『어린이』, 『조선농민』·『농민』 등의 잡지를 발간하여 새로운 인간의 형성에 힘을 기울였다.

개벽사에서 발간한 잡지 중 가장 영향력이 있는 대중잡지는 『개벽』이었다. 『개벽』은 1920년 6월 창간되어 1926년 8월 폐간되기까지 일반대중에게 천도교사상과 문화운동론을 전파하고, 또 민족주의사상과 사회주의사상 등을 소개하였다.

『개벽』이 지니는 위상에 걸맞게, 지금까지 『개벽』에 관한 많은 연구가 있어 왔다.1) 지금까지의 연구로『개벽』의 발간 경위와 운영체계가 어느 정도 이해되었고,『개벽』에 실린 글에 대한 분석이 있었으며, 이를 통하여『개벽』에서 주장된 담론에 대한 논의도 있었다.

그러나 기존의 연구에서는 개벽사가 천도교청년회에 의하여 설립되었고, 이후 천도교청년당에 의하여 운용되었다는 점이 소홀하게 취급되었다. 따라서 천도교가『개벽』을 발간한 의도와『개벽』을 통하여 이루려고 하였던 목표,『개벽』의 게재내용과 천도교 민족운동과의 관계 등을 제대로 검토하지 못하였다. 그러다보니『개벽』의 논조에 대해서 잘못 이해한 측면도 없지 않았다.

필자가『개벽』을 중심으로 개벽사의 출판문화운동을 다시금 검토하려는 이유가 바로 여기에 있다고 하겠다. 필자는 이 글에서 먼저, 개벽사가 천도교청년교리강연부에 의하여 설립되었고, 천도교청년회에 운영되었음을 살펴보겠다. 여기에서는 개벽사의 운영진과 집필진이 천도교청년회와 천도교청년당의 구성원이었으며, 개벽사를 운영하기 위한 자금이 천도교청년회와 천도교로부터 제공되었고,『개벽』의 배포가 천도교청년회와 천도교청년당, 그리고 천도교회를 통하여 이루어졌음을 밝히려 한다.

다음으로『개벽』의 필자와 글의 주제에 대하여 검토하려 한다. 여기에서는『개벽』의 논지를 강하게 보여준다고 여겨지는 권두언, 권두논설, 논설의 필자와 내용을 분석할 것이다. 아울러 개벽사에서 발간한 잡지와 도서를 소개하려 한다. 이를 통하여 개벽사의 집필의도를 파악해 볼 것이다.

마지막으로는『개벽』의 집필진중 개벽사원과 천도교인이 주장한

---

1) 최수일,「개벽의 출판과 유통: 1~30호를 중심으로」,『민족문학사연구』16, 2000. 최수일,「『개벽』유통망의 현황과 담당층」,『大東文化硏究』49, 2005. 김정인,「『개벽』을 낳은 현실,『개벽』에 담긴 희망」,『역사와 현실』57, 2005. 9. 임경석,「우리는 왜『개벽』을 읽는가?」,『역사와 현실』57, 2005. 9.

문화운동론에 대하여 알아보려 한다. 여기에서는 개벽사와 천도교 문화운동론의 철학적 기초, 문화의 개념과 신문화의 모습, 신문화건설의 방식에 대해서 간략히 소개하고, 사회주의의 유행 후 천도교의 문화운동론에 나타난 변화에 특별히 주목하려 한다.

1. 개벽사의 설립과 운영체제의 정비

『개벽』의 발간은 1919년 9월 2일 천도교의 李敦化, 朴達成, 李斗星 등이 신문화운동을 일으키기로 표방하면서 태동되었다고 한다.2) 9월 2일은 천도교에서 천도교청년교리강연부를 설립하고 천도교의 교리·교사의 연구·편찬에 주력하겠음을 천명한 날이었다. 이돈화와 박달성·이두성은 모두 천도교청년교리강연부의 幹議員과 幹務員이었다. 이에 따른다면 『개벽』은 천도교청년교리강연부의 출범과 함께 잉태되었다는 것이다.

그런데 천도교청년교리강연부의 설립은 독립만세운동 후 교역자가 체포·구금되고, 교회의 운영이 억압과 통제를 받던 상황에서 천도교회와 천도교인들이 고육지책으로 선택한 것이었다. 1920년 12월 당시 천도교청년교리강연부의 부원은 본부 200명, 7개 지부의 392명 등 총 592명에 불과할 정도로 그 발전은 느렸다. 천도교 청년들이 천도교청년교리강연부의 활동에 그리 적극적이지도 않았다.3) 따라서 천도교청년교리강연부가 설립되었던 당일에 『開闢』의 발간문제가 논의되었다는 주장은 선뜻 받아들이기 힘들다.

1919년 12월 20일 천도교청년교리강연부의 이두성은 박천의 천

---

2) 미상, 「開闢社略史」, 『별건곤』 30호, 1930. 7.

3) 졸고, 『천도교의 문화운동론과 문화운동』(국학자료원, 2006), 27~30쪽.

도교인인 최종정과 변군항 등의 지원을 받아 『개벽』의 발행허가원을 당국에 제출하였다.4) 아마도 이 직전에 천도교청년교리강연부가 『개벽』의 발간문제를 본격적으로 논의하였던 것으로 보인다.

개벽의 창간동인은 이돈화, 방정환, 김기전, 박달성, 조기간, 차상찬, 이두성, 박래홍, 김옥빈, 박사직이었는데,5) 김옥빈·박달성·이두성은 천도교청년교리강연부의 幹務員이었고, 이돈화·방정환·박래홍은 그 幹議員이었다. 개벽의 창간을 협의하던 당시, 천도교청년교리강연부의 부원들은 단순히 천도교 교리의 연구와 교인에 대한 강연에 머물지 말고, 일반인에게 천도교의 교리와 사상을 전파하는 데 관심을 가졌던 것으로 보인다.

『개벽』의 발간허가는 천도교청년교리강연부 본부가 그 이름과 체제를 천도교청년회로 바꾼 지 한 달 정도 지난 1920년 5월 20일에 났다.6) 개벽사는 1920년 6월 8일 밤 장춘관에서 재경의 문사 등을 초빙하여 설립 축하연을 개최하였다.7) 그리고 6월 25일 창간호를 발간하였다.

창간 당시의 사원은 사장 崔宗楨, 편집인 이돈화, 발행인 이두성, 인쇄인 閔泳純, 그리고 姜仁澤·金起瀍·盧壽鉉·朴達成·朴庸淮·方定煥·玄僖運(顯哲) 등이었다.8) 김기전은 편집책임자 겸 주간, 박달성은 사회부장이었고, 현희운은 학예부장이었으며, 노수현은 화보를 그리는 화가였다.9)

---

4) 미상, 「開闢社略史」, 『별건곤』 30호, 1930. 7쪽.

5) 오영근, 「개벽에 관한 서지적 연구」, 청주대 석사논문, 1994. 7쪽.

6) 미상, 「開闢社略史」, 『별건곤』 30호, 1930. 7쪽. 「개벽잡지 허가」, 『동아일보』 1920. 6.2, 3쪽 5단에는 5월 22일 허가한 것으로 되어 있다. 천도교청년교리강연부의 본부가 그 명칭을 천도교청년회로 변경한 것은 4월 25일이었다.

7) 「開闢社創業祝宴」, 『동아일보』 1920. 6.10. 2쪽 8단.

8) 『개벽』 7호, 1921. 1, 목차앞면. 『개벽』 1호부터 7호까지의 판권.

개벽사의 출판문화운동 -『개벽』을 중심으로-

이 개벽사의 사원들은 대체로 천도교청년회의 임원을 겸하고 있었다. 박달성은 간무원, 강인택·민영순·이돈화는 간의원, 김기전은 편집부장이었고, 박용회도 천도교청년회의 주요 임원이었다. 그러니까 『개벽』의 발간에는 천도교청년회의 임원이 깊숙이 간여하고 있었던 것이다. 직제상으로도 개벽사가 천도교청년회의 편집부 산하에 있었다.10)

1921년 10월 1일부터 1921년 3월 31일까지의 천도교청년회의 수입·지출 내역을 살펴보면, 총수입액 13,232원 중 『개벽』 판매대금이 4,679원이었고, 총지출액 13,171원 중 개벽사경비가 8,350원으로 되어 있다. 천도교청년회는 개벽사의 운영에 간여하여, 그 적자액 3,671원을 중앙총부로부터 기증받거나 차입하여 지원하여 주고 있었다.11)

천도교청년회는 『개벽』의 보급에도 직접 참여하고 있었다. 1920년 11월 경 개벽의 분매소는 다음과 같다.12) 〈표 4-1〉에 따르면, 1920년 11월 무렵, 개벽의 분매소는 지역별로 보면 평북 11곳, 함남 10곳, 평남 7곳의 순으로 많았다. 분매소 경영자는, 간혹 천도교구, 서점, 매일신보사 분국, 개인이 담당하는 경우도 있었으나 대부분이 천도교청년회였다.

개벽사는 1922년 11월 경 社規를 제정하여 본사 사무집행기관을 정비하고 지사와 분사를 설치하며, 社友制를 실시하는 등 개벽사의 운용체제를 정비하였다. 이것은 1922년 5월에 발간된 『개벽』 23호에 「민족개조론」을 실은 것이 문제가 되어 광고수입이 급감하는 등

---

9) 최수일, 「『開闢』의 출판과 유통 1~30호를 중심으로」, 『민족문학사연구』, 16, 2000, 148쪽.

10) 『천도교청년회회보』 3호, 1922.12, 4쪽. 『韓國思想』 16, 1978.12.

11) 『천도교청년회회보』 4호, 1922.12, 5-7쪽. 『韓國思想』 16, 1978.12.

12) 『개벽』 5호, 1920.11, 부록.

〈표 4-1〉 개벽의 분매소(1920년 11월)

지 역	분매소 위치	분매소 경영자	분매소 위치	분매소 경영자
평 남	평양부 설암동 67	천도교청년회	강동군 강동면 아달리 88	천도교청년회
	성천군 읍내	천도교청년회	진남포 부내	천도교청년회
	강동군 읍내	천도교청년회	안주군 읍내	천도교청년회
	평양부 설암리	천도교청년회		
평 북	의주군 군내면 남문동	천도교청년회	구성군 군내면 우부동	천도교청년회
	용천군 읍내	천도교청년회	희천군 읍내	천도교청년회
	의주군 읍내	천도교청년회	구성군 읍내	천도교청년회
	정주군 읍내	천도교청년회	태천군 읍내	천도교청년회
	선천군 읍내	천도교청년회	강계군 동부동	천도교구
	경의선 정주역전	청춘서관		
함 남	함흥군 함흥면 중리	천도교청년회	영흥군 읍내면 산남리 120	천도교청년회
	홍원군 읍내	매일신보 분국	함흥군 읍내	천도교청년회
	영흥군 읍내	천도교청년회	단천군 읍내	천도교청년회
	북청군 읍내	천도교청년회	정평군 읍내	천도교청년회
	원산부 광석리 23	원산 교구	홍원군 읍내 매일신보사 분국	김병섭
황해도	경의선 사리원역전	사리원서포	황주군 황주면 황강리	천도교청년회
	해주군 읍내	천도교구	황주군 읍내	천도교구
	수안군 읍내 천도교구	홍일항		
경상도	진주군 진주면 비봉리 277	천도교청년회	진주군 읍내	천도교청년회
전라도	익산군 읍내	천도교청년회	해남군 읍내	천도교청년회
	정읍군 고부면	천도교청년회		
충청도	청주군 읍내	천도교청년회		
북간도	용정시	천도교청년회		

재정적 문제에 봉착한 것13)과 관련이 있었던 것으로 보인다. 아마도 이 무렵 개벽사가 천도교청년회 산하체제에서 독립채산체제로 변경되었던 것이나 아닌지 모르겠다.

당시 발표된 개벽사 사규의 개요는 다음과 같다.

開闢社 社規 摘要14)

제 1 조 본사는 개벽사라 명함.
제 2 조 본사는 범인간적 민족주의의 하에서 인간사회에 一切現像을 考究, 評論, 紹介提唱하야 무릇 生의 발전에 대한 最合理, 具嶄新한 행로를 開闢하기로써 목적함.
제 3 조 본사는 제2조의 목적을 달하기 위하야 잡지와 서적을 간행하며 연설과 강연을 행하며 其他 社是의 실현에 필요하다 認하는 제반의 事爲에 착수함을 득함.
제 4 조 본사는 제2조의 목적을 사회적으로 期成하는 趣意에서 별로 社友의 制를 設行함을 득함. 但 社友에 관한 규정은 별로 정함.
제 5 조 본사는 본사를 조선 京城에 置하고 필요에 응하야 各 樞要地에 支社, 分社, 分賣所을 置함.
제 6 조 본사는 제3조의 사무를 수행하기 위하야 左記와 如한 사무집행기관을 置함.
  1. 編輯局
     가 調査部 나 政經部 다 社會部 라 學藝部
  2. 營業局

---

13) 최수일 앞의 논문, 160쪽. 이글에 따르면, 『개벽』 21호와 22호의 광고 수는 26개와 22개였는데, 『개벽』 23호에 「민족개조론」 발표된 직후의 24호와 25호에는 각기 13개와 11개로 줄어들었으며, 26호에는 단 하나도 실리지 않았다고 한다.
14) 「開闢社 社友制의 設行에 關한 趣意와 規定」, 『개벽』 29, 1922.11, 114·115쪽.

　　　　　　가 經理部　나 販賣部　다 廣告部　라 代理部
　　　　3. 庶務課
　　제 7 조 본사는 左記와 如한 사원을 置함.
　　　　　　가. 顧問　나. 社長　다. 主幹　라. 編輯局長
　　　　　　마. 營業局長　바 各部, 課主任　사 各支社・分社
　　　　　　社長　아 社員
　　제 8 조 본사의 사원은 社友된 사람에 한하야 就任함을 得함.

社規에 따르면, 개벽사는 잡지와 서적의 발간 외에, 연설・강연을 행하고 社是에 부합하는 일을 행한다고 되어 있다. 과거에는 잡지와 서적의 발간을 하였으나 이제 연설・강연을 행하고 기타의 활동도 행한다는 것이었다.

개벽사의 운영체제는 서울의 本社와 지방의 支社・分社・分賣所 체제로 형성되었다. 본사는 편집국・영업국과 서무과의 2局 1果 체제를 갖추고, 編輯局 산하에는 조사부・정경부・사회부・학예부를 두고, 영업국 산하에는 경리부・판매부・광고부・대리부를 두었다. 그리고 본부의 사원으로는 고문, 사장, 주간, 편집국장, 영업국장, 각 部・課 主任이 있었고, 지사와 분사의 사원으로는 지사장・분사장과 사원이 있었다.

당시의 체제변경 시 중요한 내용 중의 하나는 社友制度 실시였다.15) 이 사우제도는 일종의 회원제였다. 社友는 년간 10원 이상을

---

15)「開闢社 社友制의 設行에 關한 趣意와 規定」,『개벽』29호, 1922.11, 114・115쪽. 제1조 社友라 함은 本社의 趣意, 목적을 찬성하야 本社와 有機的 聯絡을 取하는 篤志의 人을 謂함이라. 제2조 社友는 현사회의 波面에 起하는 각종의 문제 중, 중대 又는 우에 닐어나는 중대 또는 특수하다 認할 者에 대하야는 此에 대한 조사 혹은 해결의 방편을 本社에 依賴할 수 잇스며 右의 의뢰를 受한 本社는 그 문제의 정도와 성질을 고찰하야써 可及의 限에서 그 의뢰에 應할 것이라. 제3조 社友는 동일지역 (예하면 一郡과 如함)내의 社友중 20人 이상의 連名으로써 그 지방의 특수문제에 대한 연설이나 講話를 本社에 依賴할 수 有하며 右의 依賴를 受한 본사는 直히 此에 應할 것이니라. 제4조 본

기연하면 될 수 있었다. 社友는 개벽사에서 발간하는 『개벽』, 『부인』 잡지를 받아보며, 기타 발간물을 실비로 구입할 수 있을 뿐만 아니라, 개벽사에서 발간하는 잡지에 의견을 개진할 수 있었다. 그리고 사우 20명 이상의 연명으로써 지역의 특수문제에 관한 연설이나 講話를 개벽사에 요청할 수 있었다. 또한 개벽사의 사원은 社友이어야만 가능하였으므로 개벽사의 입사 시 특전이 주어졌다.

이러한 사우제의 실시는 개벽사라는 법인에 대하여 권리와 의무를 특약하고 그 권리·의무에 의하여 개벽사의 발전을 이루려는 것이었다. 그러나 그것과 아울러, 개벽사 사우제는 "단지 잡지로의 언론적 이상만 갖고 한 것은 아니고, 주의의 인, 이상의 인, 快人, 匠人, 賢人, 知人, 力人 등의 모든 현대적 인물을 망라하여 社會改造라 하는 실천적 운동을 우리 社友의 손에 의하여 개시하고자 하는 대이상을 전제로 한 것"이었다. 즉, 사우제의 실시는 문화운동의 추진과 관련이 있었다.16)

그런데 1922년 말 개벽사의 운영체계의 변경 후 개벽사의 운영진은 어떠한 변화가 있었을까. 이와 관련하여 다음의 〈표 4-2〉가 참고

사는 社友에게 대하야 개벽잡지 혹은 婦人雜誌를 贈呈하며 기타 본사의 刊行에 係한 一切의 출판물을 實費로 提供할 것이라. 제5조 社友는 本社, 支分社의 사원될 기본자격을 有함이라.備考. 本社의 社規중에 「本社의 社員은 社友중에서 選拔함이라」한 條項이 有한 故이라. 제6조 本社는 社友 중에 혹 不時의 變異를 당한 이가 有할 時에는 상당한 慰助를 與하며 又 惑 社友의 人權이 蹂躪되는 경우에는 此에 상당한 擁護策을 講究할 것이라. 제7조 社友는 본사의 趣意, 목적을 찬성하는 表로써 年 拾圓이상의 贊助金을 義捐할 것이라.〈114〉제8조 社友는 本社의 施爲에 屬한 一切 사업의 진행되는 그것을 주시하야 社務의 발전에 關한 의견 혹은 祭考의 資料를 何時던지 本社에 陳示 혹은 제공할 것이라. 제9조 社友는 자기의 주위 사회에 起하는 특수사실 혹은 경향에 대하야는 可及의 限에서 조사, 考究하야 本社에 送致할 것이라. 제10조 本社는 可及의 限에서 何時던지 社友에 대한 便益을 圖할 명예를 존중할 것이라. 제11조 社友는 可及의 限에서 何時던지 本社에 대한 편익을 圖할 명예를 종중할 것이라.

16) 「우리의 이대선언을」, 『개벽』 33호, 1923. 3. 4·5쪽.

된다.

〈표 4-2〉에 의하면 사우제 변경 후에도 개벽사의 사원들은 모두 천도교인이었다. 개벽사의 고문은 천도교종리원의 도사였던 권동진, 오세창, 최린이었다. 그리고 사장은 최종정, 편집인은 이돈화, 발행인은 이두성, 인쇄인은 민영순이었다. 그리고 편집국의 주간은 김기전, 편집부원은 박달성, 차상찬, 박승철 등이었다. 편집국 소속의 해외주재 기자로는 일본에 파견된 방정환, 중국에 파견된 이우명, 미국에 파견된 장회근이 있었다. 영업국의 사원으로는 홍광호와 이재현이 있었다. 김옥빈과 박군실은 그 소속이 분명히 확인되지 않는다.

이러한 운영진은 1926년 폐간될 때까지 크게 변화가 없었다. 다만, 1924년 박영희가 편집부의 사원으로 입사하였다. 그는 『개벽』 44호(1924.2)에서 71호(1926.7)에 걸쳐 중요술어를 소개하고 문예비평, 신경향파 문학 등을 소개하였다.

개벽사는 『개벽』과는 별도로 1922년 6월에 『부인』을, 1923년 3월에 『어린이』를, 1923년 9월에 『신여성』을 창간하였다. 『부인』의 편집 겸 발행인은 이돈화, 인쇄인은 민영순이었다. 『신여성』의 창간시 발행인은 박달성이었고, 제3호 이후로는 발행인이 방정환으로 바뀌었다. 『어린이』의 주간은 방정환이었다.17) 개벽사에서 발간한 잡지 『부인』・『어린이』・『신여성』의 제목을 보더라도 개벽사는 新人 혹은 新人間의 형성을 지향하고 있었음을 알 수 있다.

개벽사의 지사(지국)와 분사는 1922년말 11개소와 3개소에서, 1923년~1924년까지 22개소와 19개소로 늘어났다. 그리고 1925년~1926년 8월까지 30개의 지사가 신설되고, 45개의 분사가 설립되었다. 그리하여 개벽은 전시기를 통하여 52개 지사와 62개 분사

---

17) 이연복, 「청년당과 신문화운동」, 『한국사상』 12 최수운연구편, 1974, 445~448쪽.

개벽사의 출판문화운동 -『개벽』을 중심으로-

〈표 4-2〉 개벽사의 운영진(1923. 1)[18]

이름	개벽사내 부서와 직임	생년	출생지	교육 정도	교회 활동	교외 활동	비 고
吳世昌	고문				천도교종리원 도사	민족대표	
權東鎭	고문	1861	서울 정동		천도교종리원 도사	민족대표	
崔麟	고문	1878	함남 함흥	동경부립중 특별과 명치대 법과	천도교종리원 도사	민족대표	
崔宗楨	사장		평남 박천			박천청년회(20)	
李敦化	편집인	1884	함남 고원	평양사범 속성과	천도교청년회 간의원 천도교회월보사 사원		
李斗星	발행인	1896	평북 태천	광무학교, 정주보교 평양고등교원 양성소	천도교회월보사 사원 宗理師	보성소학교 교원	
閔泳純	인쇄인	1890	경기 가평			만세보 회계 탁지부 인쇄국 교정원	신 37
金起瀍	주간	1895	평북 구성	보성학교 보성전문	천도교청년회 편집부장	매일신보 평양지국장 매일신보 기자	왜3-77
車相瓚	편집국	1887	강원도	보성고보 1 경성전문 법과 6	천도교청년회 간무원		
朴達成	편집국	1895	평북 태천	보성고보 문과 졸 동양대 문과 자퇴	천도교청년회 간무원		왜1-11,123
金玉斌					천도교청년회 간무원		
朴勝喆	편집국						재독일
方定煥	편집국	1899	서울	보성전문학교 동양대학 철학과		신청년 편집 발간(18)	재일본 손병희 딸 溶嬅 남편
李宇明	편집국						재중국
張晦根	편집국						재미국
洪光鎬	영업국 판매부						
朴君實							
李在賢	영업국				천도교청년회 음악부장		

천도교의 민족운동 연구

〈표 4-3〉 개벽사의 지사와 분사

지역	평남	평북	함남	함북	황해	서울경기	강원	충남	충북	경남	경북	전남	전북	중국	일본	합계
지사	2	4	6	1	2	4	3	1	2	6	6	6	4	3	2	52
분사	8	10	9	3	3	3	4		2	5	1	3	3	8	-	62
합계	10	14	15	4	5	7	7	1	4	11	7	9	7	11	2	114

가 설치되었다. 지역별로는 〈표 4-3〉과 같다.19)

1920년 초 개벽 분매소의 담당책임자가 천도교청년회와 천도교회였던데 반하여, 개벽사 지사와 분사의 책임자는 천도교인과 천도교인이 아닌 경우도 많았다. 천도교인 외에도 각 지역의 유지와 민족운동가들이 대거 지사와 분사의 책임자로 활동하였다. 그 중에는 사회주의자들도 대거 참여하였다.20) 그렇지만 위의 개벽지사와 분사의 분포가 대체로 천도교의 교세와 일치하는 것으로 보아, 비중으로 보면 천도교인이 더 많았을 것으로 여겨진다.

1925년 2월 이돈화, 차상찬 등 천도교인 60인은 보통회원으로부터 3원, 특별회원으로부터 10원 이상의 자금을 모금하여 인쇄소의 설치, 출판물의 발간, 국내·국외 流動記者 파견 등을 달성하려고

---

18) 『개벽』 31호, 1923. 1, 표지 뒷면. 개벽사원의 謹賀新年 지면으로, 개벽사원의 이름이 상단에 9명, 하단에 9명이 기록되어 있다. 상단에는 右로부터 吳世昌, 權東鎭, 崔麟, 閔泳純, 洪光鎬, 李敦化, 金玉斌, 李在賢이, 하단에는 右로부터 車相瓚, 金起瀍, 崔宗楨, 朴達成, 朴君實, 朴勝喆, 方定煥, 李宇明, 張晦根이 기록되어 있다. 〈표 4-2〉상의 부서와 직임은 『개벽』의 판권, 여담 등에서 확인하거나 추정하여 적은 것이다.

19) 최수일, 「『개벽』 유통망의 현황과 담당층」, 『大東文化硏究』 49집, 2005, 356~358쪽. 이글에서 최수일은 1922년 말 이후 『개벽』지사와 분사의 책임자들이 천도교인들이 중심을 이룬 것이 아니라고 보고 있다. 그러나 그의 분석은 475명 중 인적사항이 확인된 170명만 갖고 한 것이므로 정확한 분석이라고 하기 힘들다. 인적사항이 확인되지 않은 300명 가운데 대부분은 천도교인일 가능성이 높기 때문이다.

20) 최수일, 「『개벽』 유통망의 현황과 담당층」, 『大東文化硏究』 49, 2005, 356~358쪽.

개벽사확장기성회를 설립하였다.21) 개벽사확장기성회는 개벽사의 간부인 차상찬, 박달성, 김기전, 方定煥, 閔泳純, 李敦化, 田畯成 7명을 간부로 임명하였다. 그리고 1926년 1월 '개벽사확장기성회취지서'를 인쇄하여 각지에 배포하고, 金起瀍, 朴達成, 閔泳純, 강호찬 등을 1926년 1월부터 1927년 1월까지 전국에 파견하여 회원과 자금을 모집하였다. 그리하여 1926년 1월부터 1927년 1월까지 약 480명이 모집되고, 1,716원이 모금되었다.22)

2. 『개벽』의 논설 필진과 논설 내용

『개벽』의 발간의도와 발간목적을 알아보기 위해서는 『개벽』에 실린 글을 검토하는 것이 필요하다고 생각된다. 『개벽』에는 사설, 논설, 평론, 기행, 보도, 문학 등 다양한 부문의 글이 실렸지만, 그 중에서 조선의 정치·경제·사회문제에 대한 의견을 보다 분명히 제시하는 것은 논설이라고 생각된다. 따라서 이 장에서는 『개벽』의 논설 필진과 논설 내용을 살펴보려 한다. 그런데 논설 중에서도 개벽사의 집필의도와 『개벽』의 논조를 보다 분명히 나타내는 것은 권두논설이라고 생각된다. 따라서 다음의 〈표 4-4〉에 『개벽』의 권두논설과 이 글의 필자를 제시하였고, 권두언도 함께 나타내었다.

〈표 4-4〉에 의하면, 권두논설의 필자들이 대체로 개벽사의 사원이었음이 밝혀진다. 권두논설을 쓴 편집진으로는 이돈화, 김기전, 박달성, 차상찬, 이우명 등이 있었다. 그런데 그 글의 대다수는 이돈화와 김기전이 집필하였다. 따라서 『개벽』의 논조는 이돈화와 김기

---

21) 「着着 進行되는 開闢社擴張期成會」, 『개벽』 71호, 1926. 7.1. 후기.
22) 「개벽사 확장기성회 자금모집상황 및 그에 대한 처분에 관한 건」(1927. 3. 31), 『사상문제에 관한 조사서류(2)』

〈표 4-4〉『개벽』의 권두언과 권두논설

개벽 호수	발간 시기	권두언	권두사설
1	1920. 6	세계를 알라	최근 조선에서 기하는 각종의 신현상
2	1920. 7		세계 삼대문제의 파급과 조선인의 각오 여하
3	1920. 8		오인의 신기원을 선언하노라
4	1920. 9		인도정의 발전사로 관한 금일이후의 모든 문제
5	1920.11		조선인의 민족성을 논하노라(이돈화)
6	1920.12	해는 저물도다	경신년을 보내면서
7	1921. 1		鷄鳴而起하야
8	1921. 2	활동은 오인의 운명	민족적 체면을 유지하라(이돈화)
9	1921. 3	우리에게 진인이 있는가	동서문화사상에 現하는 고금의 사상을 一瞥하고 (박달성)
10	1921. 4	오로지 사회에 봉공하라	사회봉공의 근본의의(김기전)
11	1921. 5	식자제위에게 탄원함	사회의 실상과 그의 추이에 착목하라(김기전)
12	1921. 6	영원의 생이냐 영원의 사이냐	盲從으로부터 妥協에 妥協으로부터 自主에(김기전)
13	1921. 7	기념의 사	混沌으로부터 統一에(이돈화)
14	1921. 8	영원의 생이냐 사이냐	최근 사회의 신현상을 보고 도덕심의 수립을 절망함(이돈화)
15	1921. 9	새로운 국면은 열니려 하도다	생활의 조건을 본위로 한 조선의 개조사업(이돈화)
16	1921.10	생각할 때는 왔도다	우리의 사회적 성격의 일부를 고찰하여 동포형제의 자유처단을 촉함
17	1921.11	맨 밑층에 발을 붙이라	시대정신에 합일된 사람성주의(이돈화)
18	1921.12	우리의 송영	우리의 출발점과 도착점(김기전)
19	1922. 1	여러분 여러분이어	세재임술에 만사형통(이돈화)
20	1922. 2	민족흥체의 분기점	활동으로부터 초월에(김기전)
21	1922. 3	문화운동의 석금	여론의 도(이돈화)
22	1922. 4	악현상	조선인의 생활문제의 연구(선우전)
23	1922. 5	민중이어 자중하라	공론의 인으로 초월하야 이상의 인, 주의의 인이 되라(이돈화)

개벽사의 출판문화운동 -『개벽』을 중심으로-

〈표 4-4〉계속

개벽 호수	발간 시기	권두언	권두사설
24	1922. 6	오호 손의암선생	먼저 유식, 유산자측으로부터 반성하라 (김기전)
25	1922. 7	최후까지 매진하리라	인류상대주의와 조선인(이돈화)
26	1922. 8	직접운동의 위력	조선토지겸병의 원인 급 현상(김기전)
27	1922. 9	산하동색	도선암중의 만필(세검정인)
28	1922.10	귀중한 경험과 고결한 희생	만인주시의 흥미 중에 싸인 금후의 천도교
29	1922.11	서원	조선인과 정치적 생활(창해거사, 이종린)
30	1922.12	조선의 발전과 조선 인의 발전	단결생활의 낙제자와 급제자(양동실주인)
31	1923. 1	새해는 기쁜해	범인간적 민족주의(이돈화)
32	1923. 2	백칠십사만의 형제를 찾는 마당에	선동적 해방으로부터 실행적 해방에
33	1923. 3	경남형제에게 사고하고 경북인사에게 촉망합니다	문제의 해결은 자결이냐 타결이냐
34	1923. 4	곳해야 할 민족적 중심세력의 작성	해내 해외의 동지에게(이우명)
35	1923. 5	청천강 이북 형제에게	제세안민지책이 차호아 피호아
36	1923. 6		장래할 신사회와 인습적 종교 급 도덕
37	1923. 7	돌이켜 보고 내켜 보고	격변 우 격변하는 최근의 조선인심 (이성태)
38	1923. 8	비관하지는 말자	화가 유할진저 위선지자들이여
39	1923. 9	상심일사	한 계단을 넘어서는 환희
40	1923.10		대변지후
41	1923.11		신조선의 운명과 농민의 지위
42	1923.12		새갑자를 넘겨다보는 세계의 불안
43	1924. 1	계해와 갑자	지배계급 교화 피지배계급 교화(김기진)
44	1924. 2	점점점 이상해가는 근래의 문화운동자	산업의 발전과 무산계급의 해방(BSL)
45	1924. 3	갑신년래의 사상과 임술년 래의 주의	노자의 사상과 그 조류의 개관(金鼎卨)
46	1924. 4	사필귀정	세력균형주의와 국제협조주의(若嬰生)

〈표 4-4〉 계속

개벽 호수	발간 시기	권두언	권두사설
47	1924. 5	최근의 감	노동운동과 소작운동의 협동(이순탁)
48	1924. 6		의문(이돈화)
49	1924. 7	개벽운동만세	천국행(이돈화)
50	1924. 8		농촌부노를 代하야(노아자, 이광수)
51	1924. 9		현대청년의 신수양(이돈화)
52	1924.10	자본적 경략의 호기	사상의 혁명(이우명)
53	1924.11	흑제의 막하에 모여드는 무산군	교외별전(이돈화)
54	1924.12	갑자년과 조선의 득실 여하	갑자일년 총관(김기전)
55	1925. 1		적자주의에 돌아오라(이돈화)
56	1925. 2	신춘이냐 궁춘이냐	사람의 힘과 돈의 힘(이돈화)
57	1925. 3		죽을 사람의 생활과 살 사람의 생활
58	1925. 4		주의의 싸움이냐 세력의 싸움이냐
59	1925. 5		사람성과 의식태의 관계(이돈화)
60	1925. 6	鞠躬盡瘁而已	전환기와 신상식(이돈화)
61	1925. 7	과거개벽과 장래개벽	조선민족만이 가진 우월성(김기전)
62	1925. 8	曠古未有의 大水難에 際하야	재외동포에게 특히 지도자 되는 여러 선배에게(이돈화)
63	1925.11		생의 개적 가치와 전적 가치(이돈화)
64	1925.12	조선의 일년 세계의 일년	내외 경제에 대한 회고(선우전)
65	1926. 1	경내 경외를 돌아보면서	如是我觀
66	1926. 2		문명화한 야만인(이돈화)
67	1926. 3		自由主義와 中産階級(나산)
68	1926. 4		조선의 팔자(김기전, 삭제)
69	1926. 5	서론으로부터 본론으로 입하는 격이냐	생명의 의식화와 의식의 인본화(이돈화)
70	1926. 6	현실을 응시하자	회고 이십칠역대(차상찬)
71	1926. 7		조선의 숙려: 조선사상운동자들의 계급적 조성을 추구하면서(박진순)
72	1926. 8	작년 이 때를 생각하면서	신흥정치운동의 성질(배성룡)

전의 사상과 밀접한 관련이 있었다고 생각된다.

그런데 1923년 7월부터 1924년 5월까지는 사회주의계 인사인 이성태, 김기진, 배성룡, 이순탁 등도 권두논설을 썼으며, 1926년의 6월과 7월에는 사회주의계 인사인 박진순과 배성룡이 권두논설을 썼다. 이점은 1923년 7월 이후부터 폐간시까지의 시기에, 『개벽』의 독자 중 상당수는 사회주의사상의 글을 선호하고 있었고 개벽사에서는 이에 맞추어 사회주의사상 혹은 무산계급과 민중문제에 관한 글을 실었던 것으로 보인다.

〈표 4-4〉의 권두언과 권두논설의 제목과 필자에 따르면, 『개벽』의 논조는 크게 보면, 문화주의 혹은 문화운동론의 입장에 서 있었다. 즉 개인의 정신개벽을 이루고, 민족의 정신개벽과 인류사회의 정신개벽을 이루어 사회를 변혁시키려는 입장에 서 있었다.

그렇지만, 1920년 6월부터 1923년 6월까지의 전반기와 1923년 7월부터 폐간까지의 후반기는 특성이 달리 나타난다. 먼저 전반기 중 제1기라고 할 수 있는 1920년 6월부터 1920년 말까지는 개조의 필요성과 개조의 방향에 대하여 알리는 시기였다. 『개벽』 창간호의 「세계를 알라」라는 제목의 권두언에서, 세계 개조의 흐름을 알라고 하였다. 이글에서 『개벽』의 필자는 "一 局部의 병을 치료하려면 반드시 전 신체의 위생을 알아야 하고, 전 신체의 위생을 완전히 하려면 반드시 局部局部의 조화를 얻음이 필요함과 같이 世界와 一國家, 世界와 一種族, 世界와 一個人의 관계도 또한 이와 같도다"라고 하면서 세계에 대하여 알라고 외쳤다. 그러면서 그는 지금은 다음과 같이 불합리·불공평·불철저·부적당한 것을 고치려는 改造의 시대라고 하였다. 그리고 그 개조의 방향은 추상적으로 말하면 正義人道의 發現이오 平等自由의 目標라 하겠고, 구체적으로 말하면 強弱共存主義·病健相保主義라 하였다.23) 그리고 『開闢』 2호(1920년 7

월)「세계 삼대문제의 파급과 조선인의 각오여하」라는 글에서, 개벽의 편집진은 세계의 삼대문제는 노동문제, 부인문제, 인종문제라고 보았다. 이러한 세계적 대세에 맞추어, 조선에서도 노동자와 자본가의 조화에 비견되는 소작인과 노동자와의 조화, 여자의 해방, 민족차별 철폐가 중요한 사안이라고 보았다.

전반기의 2기인 1921년부터 1923년 6월까지는 문화의 개념, 이루려는 문화의 특성으로서의 자아와 자력, 현재의 우리의 문화에 대한 비판으로서의 우리의 민족성에 대한 검토, 문화의 발전을 위한 방식, 개인의 정신개조와 민족의 정신개조, 문화의 건설과 영웅·위인 및 중추계급·중심세력에 관한 글이 소개되었다. 박달성은『개벽』9호의「동서문화사상에 現하는 고금의 사상을 一瞥하고」라는 글에서 文明과 文化의 개념을 소개하였다. 그리고『개벽』12호의 김기전의「맹종으로부터 타협에 타협으로부터 자주에」,『개벽』32호의「선동적 해방으로부터 실행적 해방에」,『개벽』33호의「문제의 해결은 자결이냐 타결이냐」라는 글에서 자주·자력적 인간의 형성과 자주·자력적 문화의 수립을 촉구하고,『개벽』10호의「사회봉공의 근본의의」에서 자아·자력의 형성을 중시하면서도 사회에 봉사하는 개인의 형성을 촉구하였다.

『개벽』5호의 이돈화의「조선인의 민족성을 논하노라」,『개벽』8호의「민족적 체면을 유지하라」라는 글은 민족성 개조에 관한 글이었다. 이러한 개벽사의 민족개조관은 1922년 이광수의「민족개조론」이『개벽』에 실릴 수 있는 배경이 되었다.

문화의 수립과 관련하여, 1920년 6월부터 1922년 5월까지의 논조는 엘리트주의의 입장을 취하면서도, 특히 영웅, 위인의 출현을 기대하였다. 1921년 9월『개벽』9호의「우리에게 진인이 있는가」

---

23)『개벽』창간호, 1920. 6, 7쪽.

라는 권두언은 단적인 표현이라고 생각된다.

이 시기 『개벽』에서는 조선의 영웅과 위인에 관한 전기가 소개되었다. 『開闢』 3호에서 민영순은 「忠達公金玉均先生」을 소개하면서 다음과 같이 말하였다.

> "개인주의와 데모크라시가 盛傳하는 근일에 있어 英雄 운운하는 소리는 끊일 만도 한데 끊이지 않으며, 英雄(偉人)을 요구하는 聲은 사면에서 더욱 高하는 듯 하도다. 偉人이란 암만 하여도 아주 제외할 수 없는 樣이다. 偉人이란 人生의 首領으로 일반민중이 畢竟에는 필히 成할, 혹은 도달할 무엇을 제시하는 우리의 模型儀表! 更言하면 일종의 창조가를 云함이니, 或 국가, 或 민족의 質量은 그의 有無로 인하여 重輕되며, 일반민중은 그에 近하며 仰함으로 由하여 靈感을 得하며 光明을 認하나니, 或 민족으로서 自家 역사중에 그리할 만한 偉人이 없다 하며, 又 有하다 할지라도 그 민족 스스로가 매장하고 발견치 아니하면 그 얼마나 슬프고 嘶膓할 일이리오. 금일의 우리는 偉人의 출현을 심히 요구하도다. (중략) 조선근대의 최대산물, 아니 세계적 위인 김옥균선생을 감히 소개하노니 (중략) 형제들이어 위선 각자의 거룩한 沈默과 뜨거운 느낌으로써 선생의 聖跡과 偉格을 沈思熟想함이 有할지어다.24)

개인주의와 민주주의가 성행하는 지금에 있어서는 영웅 혹은 위인이 중요하다. 국가와 민족의 强弱은 英雄의 有無로 좌우되니, 영웅 혹은 偉人의 출현을 기대하면서 처음으로 金玉均을 소개한다고 하였다.

『개벽』에서는 우리나라의 위인으로 서경덕, 이황, 이이, 최치원, 최충, 문익점, 최제우, 유길준, 이순신, 솔거를 선정하였다. 그리고

---

24) 鳩巖山人, 「忠達公金玉均先生」, 『개벽』 3호, 1920. 8. 41쪽.

김기전은 이 인물들을 『개벽』 14호에서 23호까지 소개하였다. 개벽사는 1922년 6월 김기전이 소개한 10명에 민영순이 소개한 김옥균, 황의돈이 소개한 전봉준을 수록한 『朝鮮之偉人』을 발간하였다.25)

그런데 1922년 5월 『개벽』 23호(1922년 5월)에 이광수의 「민족개조론」이 소개되고, 또 계급사상의 영향을 받아, 일개인보다는 중추계급과 중심세력이 강조되었다. 『개벽』 24호의 김기전의 「먼저

〈표 4-5〉 『朝鮮之偉人』 수록 인물

필 자	개벽 원제목	개벽 호수	개벽 발간일	朝鮮之偉人 제목
金起瀍	新羅의 畵神 率居先生 (10)	23호	1922. 5	新羅의 畵神 率居先生
金起瀍	東方文學의 宗祖인 崔致遠先生 (4)	17호	1921.11	東方文學의 祖宗 崔致遠先生
金起瀍	東方私學의 王 崔冲先生 (5)	18호	1921.12	私學界의 巨人 崔冲先生
金起瀍	海東의 后稷 文益漸先生 (6)	19호	1922. 1	海東의 后稷 文益漸先生
金起瀍	物質不滅論者 徐敬德先生 (1) 徐花潭先生의 學說의 一班 (1)	14호 15호	1921. 8 1921. 9	物質不滅論의 鼻祖 徐花潭先生
金起瀍	東方理學의 祖宗인 李退溪先生 (2) 退溪先生의 宇宙觀과 人生觀(2)	15호 16호	1921. 9 1921.10	東方理學의 祖宗 李滉先生
金起瀍	稀世의 政治家이며 또 哲學家인 栗谷先生 (3) 栗谷先生의 政治理想과 哲學思想 (3)	16호 17호	1921.10 1921.11	稀世의 政治家 李珥先生
金起瀍	萬古의 精忠 李舜臣先生 (9)	22호	1922. 4	萬古의 精忠 李舜臣先生
金起瀍	人乃天主義의 唱導者 崔濟愚先生 (7)	20호	1922. 2	朝鮮 宗敎界의 元祖 崔濟愚先生
金起瀍	民衆의 親友 兪吉濬先生 (8)	21호	1922. 3	民衆의 親友 兪吉濬先生
鳩巖山人	忠達公金玉均先生	3호	1920. 8	忠達公 金玉均先生
閔泳純	忠達公實記의 거듬	4호	1920. 9	
黃義敦	民衆의 叫號의 第一聲인 甲午의 革新運動	23호	1922. 5	甲午의 革命運動과 全琫準先生

―――――――――
25) 『개벽』 24호, 1922. 6. 목차 뒤 3째쪽.

유식, 유산자측으로부터 반성하라」라는 글은 대표적인 것이었다.

개벽사는 『개벽』 37호(1923. 7)에 이성태의 「격변, 우 격변하는 최근의 조선인심」이란 권두논설을 싣기 시작하면서, 사회주의계 필자의 글을 싣기 시작하였다. 〈표 4-6〉에 의하면, 1923년에는 김기진, 이성태, 주종건이 글을 실었다. 1924년에는 김경재, 김기진, 박영희, 박헌영, 양명, 원종린, 이순탁, 주종건 등 8명이 글을 실었다. 1925년에는 김경재, 김기진, 김준연, 박영희, 박진순, 박헌영, 박형병, 배성룡, 신일용, 양명, 이성태, 정백 등 12명이 글을 실었다. 1926년에는 김경재, 김명식, 김사국, 김철산, 김홍선, 박진순, 박형병, 배성룡, 이봉수, 이성태, 이순탁 등 11명이 글을 실었다. 사회주의계 논설 필자의 글은 1925년에 21편, 1926년에 19편이 실렸다.

1923년 하반기에 사회주의자들의 글이 게재되기 시작하였던 것은 독자들이 그러한 논지의 글을 원하였기 때문이다. 개벽사는 1922년 8월 「귀중한 경험과 고결한 희생」이란 글에서 개벽사의 장점 중의 하나는 '민중과의 악수'라고 하고, 민중이란 "귀족과 권세가와 재산가를 제외한 것"이라고 하면서 민중에 대한 접근을 공개적으로 나타낸 바 있었다.26) 한편 1922년 이광수의 「민족개조론」을 실었다가 독자가 줄고, 광고가 격감하는 등의 위기를 겪었던 개벽사로서는 독자들의 요구를 무시할 수 없었다. 게다가 1922년 말 실시한 社友制度에 의하여 社友는 사회문제에 대한 의견을 개지할 수 있었는데, 이들은 개벽사의 운영진과는 다른 주장을 싣기를 요구하였고, 이것이 개벽지의 게재내용에 영향을 주었으리라 여겨진다.

1925년과 1926년에 사회주의계 인물의 글이 많았던 것은 조선공산당이 결성되는 등 사회주의계 인물의 활동이 활발한 탓도 있지만, 천도교 내에서 민족협동전선의 형성 혹은 사회주의자와의 제휴

---

26) 「귀중한 경험과 고결한 희생」, 『개벽』 28호, 1922.10. 5쪽.

를 위한 시도가 진행되었기 때문이었다. 천도교청년운동의 실질적 책임자이면서 『개벽』의 주간이었던 김기전은 조선사정연구회에 참여하여 활동하였다. 또한 천도교에서는 조선농민사를 통하여 사회주의계 인물과 교류하고 있었다. 천도교의 주도로 설립된 조선농민사에는 김준연 등의 사회주의자가 참여하였다. 그리고 천도교는 1925, 1926년 상해파 공산주의자인 이동휘·박진순 등과 교류하며 조선농민사의 크레스틴테른 가입을 추진하기도 하였다.

『개벽』에 글을 실었던 사회주의계 인물을 소개하면 다음과 같다.

이 〈표 4-7〉에 의하면, 『개벽』에 글을 실은 사회주의자들은 어느 한 계파에 국한되지는 않았다. 지역적으로도 특정지역에 치우치지 않았다. 이것을 보면 개벽사에서 특정계파와 그 사상을 소개하려던 의도는 아니었던 것 같다. 무산자층이 몰락하는 가운데 사회주의사상이 유행하였으므로 사회주의계 인물의 논설을 실었던 것으로 보인다.

다만 그 비중면에서 보면 서울·상해파 공산주의자들이 많았다. 김사국, 이성태, 정백, 박형병, 김준연, 김철산은 서울콤그룹에서 조직한 고려공산동맹의 구성원들이었다. 그리고 박진순, 주종건, 김명식은 상해파 고려공산당계 인물이었다.

개벽사의 편집진들이 화요파보다 서울·상해파 공산주의자들과 관계를 맺었던 것은 천도교 주도세력이 취하는 정치적 노선과 맥을 같이 하는 것이었다. 천도교의 주도세력은 이르크츠크파 고려공산당과 연계된 화요회가 국제주의적인 정책을 유지하고, '종교는 유물론의 적'이라고 보는 종교관을 갖고 있다고 생각하였다. 그리하여 1924년 이르크츠크파 고려공산당과 화요회가 천도교 중앙위원회에 협력을 제안했으나 이것을 거절하였다.27)

---

27) 김달농이 크레스틴테른에 보낸 문서(1927. 2. 3). 졸고, 『천도교의 문화운동론과 문화운동』(국학자료원, 2006), 236·237쪽.

〈표 4-6〉『개벽』의 사회주의계 논설 필진(1923~1926)

이름	호수	시기	논제
이성태	37	1923. 7	격변, 우 격변하는 최근의 조선인심
	38	1923. 8	왼편을 향하야
	39	1923. 9	적색 공포와 백색 공포
	40	1923.10	썼던 탈을 버서나는 물산장려
	41	1923.11	돈아 네 일홈이 돈이지
	55	1925. 1	내가 본 이광수
	66	1926. 2	중산계급의 장래
주종건	39	1923. 9	국제무산청년운동과 조선
	41	1923.11	현대 경제조직의 모순
	49	1924. 7	가등내각 출현에 대한 관찰의 일이
김기진	39	1923. 9	클라르테운동의 세계화
	41	1923.11	또 다시 클라레테에 대하여
	43	1924. 1	계해와 갑자
	55	1925. 1	건설의 원리, 붕괴의 원리
	56	1925. 2	계급문학시비론
	57	1925. 3	여성해방운동, 강제집행사건, 자살자팔십팔명, 농민운동과 노동교육
	58	1925. 4	향당의 지식계급 중학생
양명	43	1924. 1	우리의 사회적 혁명과 사상적 태도
	55	1925. 1	근대 구미문화의 근본태도
	64	1925.12	여시아관
박영희	44	1924. 2	노서아 환멸기의 고통
	55	1925. 1	문학상으로 본 이광수
	56	1925. 2	문학상 공리적 가치 여하
	61	1925. 7	고민문학의 필요성
원종린	45	1924. 3	노농노국의 종국
박헌영	51	1924. 9	국제청년데이의 의의
	63	1925.11	역사상으로 본 기독교의 내용

〈표 4-6〉 계속

이름	호수	시기	논제
김경재	53	1924.11	계급자유교육의 신조류
	55	1925. 1	노농로서아의 교육제도
	64	1925.12	시언
	66	1926. 2	현하 조선에 대한 우려와 희열-단체적 훈련과 계급의식
	69	1926. 5	농촌문제의 전개경향
	70	1926. 6	조선농가의 운명
정백	55	1925. 1	도회청년으로 농촌청년에게
박형병	55	1925. 1	정치와 법률의 사회적 의의
	68	1926. 4	근세식민정책의 기원과 유래
	69	1926. 5	근세식민정책의 경향
	71	1926. 7	근세식민정책의 종막
신일용	61	1925. 7	농촌문제의 연구 기일
	62	1925. 8	농촌문제의 연구
박진순	63	1925.11	농민운동의 과거와 현재
박춘우	64	1925.12	소위 지식계급의 신운동
	65	1926. 1	일본제국의 현경제정책과 조선
	71	1926. 7	조선의 숙려-조선사상운동자들의 계급적 조성을 추구하면서
	72	1926. 8	모스크바에 새로 열린 국제농촌학원
배성룡	63	1925.11	반종교운동의 의의
	67	1926. 3	조선사회운동의 사적 고찰
	69	1926. 5	계급의식의 윤리
김준연	64	1925.12	구주보장조약과 세계정국의 추이
김명식	66	1926. 2	현하 조선에 대한 우려와 희열-반동세력과 운동의 통일
김사국	66	1926. 2	현하 조선에 대한 우려와 희열-세 가지 걱정과 세 가지 기쁨
이봉수	67	1926. 3	학교와 사회를 논하야-입학생 급 졸업생 제군에게
김철산	69	1926. 5	최근 적로의 경제상태
김홍선	70	1926. 6	중국전란 기정국의 전도여하

〈표 4-7〉『개벽』의 사회주의계 논설필진 *

이름	생년	출신지	학력	사회운동 경력	비고
李星泰	1901	제주도	휘문고보 경성청년학관	상해『독립신문』기자(20) 민중사 결성에 참여(23. 8) 『신생활』기자(22-), 서우청년회 제명(22.6)	
朱鍾建	1895	함남 함흥	함흥공립농교 동경제국대학	상해파 고려공산당 대표자회의 참석(21) 민중사 결성에 참여(23. 8) 13인회 참석(24. 4) 제1차 조선공산당 중앙집행위원(25. 4)	
金基鎭	1903	충북 청원	배재고보 立敎大 영문학부	토월회 결성에 참여(22) PASKULA 결성에 참여(23) 매일신보사 사원(24) KAPF 결성에 참여(25. 8) 『조선지광』(26)	
梁明	1902	경남 통영	고등보통학교	북경에서 혁명사 활동(24) 조선일보사 정치부 기자(25) 레닌주의동맹 결성에 참여(26. 3)	
朴英熙	1901	서울	배재고보	正則영어학교(21) PASKULA 결성에 참여(23) 개벽사 기자(24. 8) KAPF 결성에 참여(25. 8)	
元鍾麟	1898	함남 정평		黑濤會(21)	
李鳳洙	1899	강원 춘천	와세다대	화요회원(25) 조선공산당원(25)	
朴憲永	1900	충남 예산	경성고보 상해 상과대	상해 고려공산청년단 결성 참여(21. 3) 이르크츠크파 고려공산당에 참여(21. 5) 북경에서 고려공산청년회 중앙총국을 결성하고 책임비서로 활동(21. 8-22) 신흥청년동맹(24. 2) 고려공청 중앙총국 책임비서(24. 3) 동아일보사 사원(24. 4) 조선일보사 사회부 기자(24.11) 고려공청 책임비서(25. 4)	

* 『한국사회주의운동인명사전』(창작과비평사, 1996), 『독립유공자공훈록』(국가보훈처) 등을 참조하여 작성.

〈표 4-7〉계속

이름	생년	출신지	학력	사회운동 경력	비고
金璟載	1899	황해 황주	수원고농	『독립신문』 기자(22) 국민대표회의시 창조파로 활동(23) 화요회와 북풍회의 회원으로 활동 고려공산청년회 중앙위원(25) 조선공산당 입당(26)	
鄭栢	1899	강원 김화	양정 고보	민중사 결성에 참여(23. 8) 조선노동대회 준비회에 참여(23. 9) 조선청년총동맹 집행위원(24. 4) 조선지광 사원(24) 서울청년회 4주년기념식 중 체포(24.10) 고려공산동맹 결성에 참여(24. 8) 사회주의자동맹 집행위원(24.12) 조선청년총동맹 상무집행위원(25. 5) 전진회 중앙집행위원(25.10) 고려공산동맹 협상대표자로 조공의 주종건과 협의(25.12) 조선사회단체중앙협의회 창립준비위원(26.4)	
朴衡秉	1897	경기 안성	와세다 대학	조선기독교청년회 접대부장(19.11) 조선유학생학우회 서무부원(19.12) 조선과학생동우회 부장(20. 1) 북성회 간부(23. 1) 고려공산동맹 참여, 중앙위원 선임(24.10) 사회주의자동맹 발기인(24.12) 조선사회주의자동맹 발기위원(25.4)	
辛日鎔	1894	전북 부안	조선총독부 의학교	신인동맹회 결성에 참여(22.2) 신생활사 기자(22.2) 신생활사 필화사건으로 검거(22.11) 필화사건으로 징역 1년 6월 받음(23. 1) 13인회에 서울파 대표로 참석(24.2) 조선기근구제회 위원(24.9) 조선일보사 취직(25) 논설에 '조선과 노국과의 정치적 관계'를 기술하였다가 검거(25.9)	
朴鎭淳	1897	러시아 연해주	모스코바대학 철학전공	한인사회당 창립대회 중앙위원(18.4) 상해파 고려공산당 중앙위원(21.5) 조선농민사의 크레스틴테른 가입주선(26)	

개벽사의 출판문화운동 -『개벽』을 중심으로-

〈표 4-7〉 계속

이름	생년	출신지	학력	사회운동 경력	비고
裵成龍	1896	경북 성주	성주공립보통학교 일본대학	조선일보 기자(23) 조선일보 퇴사 화요회 가입(24 가을) 동아일보 현상 논문 당선(25. 8) 조선공산당 입당(26. 3) 정우회 집행위원(26) 제2차조공사건으로 징역 1년 수형(28. 2)	
金俊淵	1895	전남 영암	경성고보 岡山제6고 東京帝國大學	보성전문학교 교수(25) 조선일보 기자로 러시아 파견(25) 조선사정연구회 참여(25. 9) 고려공산동맹 책임비서(26) 신간회 발기인(27. 1)	
金明植	1892	제주도	早稻田大 정치경제과	조선인유학생 학우회 회장(16) 서울청년회 결성에 참여(21) 상해파 고려공산당 창립대회에서 국내부 위원으로 선임(21. 5) 신생활사 창립에 참가, 이사 선임(22) 신생활사 필화사건으로 징역 2년(23. 1) 형집행정지로 출옥 신간회 제주지회장(27)	
金思國	1892	충남 연산	보성고보	서울청년회 결성에 참여(21. 4) 黑濤會 결성에 참여(21.11) 고려공산청년회 중앙총국 위원(22. 8) 고려공산동맹 책임비서(24.10) 사회주의자동맹 집행위원(24.12) 조선사회운동자동맹 상무위원(25)	
李鳳洙					
金鐵山	1907	함북 무산	동양학원	경성노동청년회 참여(24.10) 고려공산청년동맹 학생세포 책임자 (25 말)	
金弘善		함북 성진		동흥중학 건립에 참여(21. 4) 조선공산당 만주조직의 건설시도(25) 동만청년총연맹 집행위원(26)	金策의 맏형 천도교인

이처럼 사회주의계 인물이 대거 실리고 있음에도 불구하고 개벽사에서는 1924년 11월 「黑帝의 幕下에 모여드는 無産軍」이란 권두언에서 "없으면 있도록 自力에 訴할 뿐이며, 自力에 訴하여 不及하면 죽는 수밖에 없는 것이다. 그리하는 것이 人間의 當然한 일이다."라고 하였다. 즉, 농민문제의 해결을 위해서는 制度와 體制의 개혁보다는 人間의 노력이 필요하다는 입장을 견지하고 있었다. 1926년 7월 박달성은 「生命의 意識化와 意識의 人本化」라는 글에서 "생명이 생명본체의 自己가 있는 것은 意識이 있는 것이라고 神을 본위로 한 것도 아니고, 英雄을 本位로 한 것도 아닌 人間을 本位로 한 것이다"라고 하면서 사회의 체제와 제도의 개혁보다는 개인의 변화를 강조하였던 것이다.

3. 개벽사 주도인물의 문화운동론과 그 변화

개벽사의 주도인물이 갖고 있던 개벽론은 문화운동론이었다. 즉, 인간의 삶의 양식인 문화를 바꿈으로써 사회를 변혁하려 한 이론이었다.28) 1921년 5월 개벽의 집필진은 「識者諸位에게 歎願함」이란 권두언에서 新文化建設을 통하여 이천만 형제의 행복을 증진케 하라고 하면서29) 그들의 목표가 신문화건설에 있음을 분명히 하였다.

그런데 그 신문화건설이란 새로운 個人我, 社會我, 단체정신의 수립이었다. 천도교인으로 일본에 유학하였던 申湜은 文化運動은 新文明의 확립을 요구하는 운동이고, 그 요체는 새로운 個人我의 자립,

---

28) 개벽사 주도인물의 문화운동론에 대해서는 졸저, 「천도교 문화운동론의 패러다임과 내용」, 『천도교의 문화운동론과 문화운동』(국학자료원, 2006) 49~102쪽의 『개벽』 관련 내용을 참조.

29) 권두언, 「식자 제위에게 탄원함」, 『개벽』 11호, 1921. 5. 1쪽.

새로운 社會我의 자립, 새로운 단체정신의 수립이라고 보았다.30) 김기전도 「활동으로부터 초월에」라는 글을 통하여, "종래의 악착으로부터 완전히 나를 정화하라. 그래서 그 정화된 활동이 먼저 그 성벽 속에 유폐된 당신의 자아를 해방케 하여 우주의 대자아에 접속케 하라31)고 하면서 새로운 자아・개인아의 수립을 강조하였다.

이들은 사회문제도 결국 인간 개인의 문제라고 보았다. 「鷄鳴而起하야」(『개벽』7호)라는 글에서 김기전은 "노동문제・부인문제・인종문제가 일어나며, 개조・창조의 성이 높고, 나아가 문화운동의 발발을 본 이 시기에, 우리가 지적하여 말하는 力은 단순한 暴虎憑河의 폭력을 칭함이 아니오 순 인간성의 순수로부터 응결되어 유동하는 力과 대담한 眞摯 그것을 이름이다32)"라고 하였다. 요컨대 사회문제・민족문제의 해결도, 결국 개인의 대담하고 진지한 力에 달려 있음을 강조하였다.

새로운 個人我, 즉 이상적 개인의 모습은 무엇보다도 자주・자립・자력적 인간이었다. 김기전은 1921년 6월 「맹종으로부터 타협에, 타협으로부터 자주에」라는 권두논설에서 자주적 인간의 수립을 촉구하였다.33) 이돈화도 「혼돈으로부터 통일에」라는 권두논설에서 의뢰・고립의 인간이 아닌 자립의 인간이 될 것을 촉구하였다.34)

그런데 개벽사의 편집진들이 지향한 이상적 개인의 모습은 자기의 이익만을 추구하는 자주・자립・자력적 인간은 아니었다. 이들은 앞의 덕목을 갖추고 있으면서도, 타인과 사회를 위하여 자기의 필요

---

30) 申湜, 「文化의 發展及其運動과 新文明」, 『개벽』 14호, 1921. 8. 26~28쪽.
31) 김기전, 「활동으로부터 초월에」, 『개벽』 20호, 1922. 2. 12・13쪽.
32) 김기전, 「鷄鳴而起하야」, 『개벽』 7호, 1921. 1. 6쪽.
33) 김기전, 「맹종으로부터 타협에 타협으로부터 자주에」, 『개벽』 12호, 1921. 6.
34) 이돈화, 「혼돈으로부터 통일에」, 『개벽』 13호, 1921. 7. 7~10쪽.

와 욕구를 절제할 줄 아는 그런 인간의 형성을 추구하였다. 김기전은 「社會奉公의 根本意識」에서 "그 사회의 생존과 진보를 위함에는 육체와 정신이 강건한 개인으로 이루어진 국민을 요한다. 특히 그 힘을 남용치 아니하고 사회전체를 위하여 공헌할 줄 知하며, 타인을 위하여 스스로 자기의 需用을 능히 제한함과 같은 강건한 개인을 요구한다. 즉 사회심이 최강한 個人個人을 요한다"고 하였다. 그는 다원의 생존경쟁설에 입각한 생존능력을 갖춘 인간이 중요하지만, 아울러 상호부조의 정신을 갖춘 인간이 될 것을 요구하였다.35)

새로운 사회아, 새로운 단체정신의 수립과 관련하여 개벽사의 편집진들은 민족성의 개조를 주장하였다. 이돈화는 「조선인의 민족성을 논하노라」(『개벽』 5호)라는 권두논설에서 '退屈이 아닌 活動', '弱이 아닌 自强'이라고 하면서, '退屈·弱'이 아닌 '活動·自强'의 민족성을 갖기를 촉구하였다.36) 김기전은 「우리의 사회적 성격의 일부를 고찰하여 동포형제의 자유처단을 촉함」이란 글에서 우리 민족의 眞摯와 誠實이 부족한 데서 유래되는 외형을 찾는 '명예심', 기득권을 지키려는 '권리심', '당쟁심', '배금열', '금일주의'를 고칠 것을 주장하였다.37) 그리고 이돈화는 1921년 8월 「최근사회 신현상을 보고 도덕심의 수립을 절망함」이란 글에서 "체육·교육·도덕 등 사회 각 부분에서 나름대로의 도덕이 수립되어, 민족이 統一無缺하게 도덕을 수립한 이후에야 우리 민족은 가장 높은 권위를 가질 것이다"라고 하였다.38) 그리고 그는 우리 민족이 자주적 도덕, 합시대

---

35) 김기전, 「사회봉공의 근본의식」, 『개벽』 10호, 1921. 4. 12쪽.
36) 『개벽』 6호, 1920.11. 4쪽.
37) 김기전, 「우리의 사회적 성격의 일부를 고찰하야 써 동포형제의 자유처단을 촉함」, 『개벽』 16호, 1921.10.
38) 이돈화, 「최근사회의 신현상을 보고 도덕심의 수립을 절망함」, 『개벽』 14호, 1921. 8. 13쪽.

적 도덕, 공동의 도덕을 수립할 것을 주장하였다.39)

신문화의 건설과 관련하여 개벽사의 편집진 중의 한 사람인 이돈화는 다음의 〈그림 4-1〉을 제시하였다.40)

〈그림 4-1〉에 의하면, 신문화건설에 대한 圖案으로 우선 결심이 중요하고, 결심 후에는 제1보로 지식열, 제2보로 교육보급, 제3보로 농촌개량, 제4보로 도시중심주의, 제5보로 전문가의 양성을 들었다. 이에 따르면, 이돈화는 신문화건설의 방안으로 사상의 변화에 따른 결심을 우선적인 것으로 생각하고, 다음으로 교육문제와 농촌문제의 해결을 제시하였다. 박달성도 時急히 解決할 朝鮮의 二大問題를 교육문제와 아울러 농촌문제라고 보았다.41) 1922년 「문화운동의 석금」이란 『개벽』의 권두언에서는 1921년 초 교육의 급무를 절감하고, 1921년 여름에는 산업의 필요를 절규하게 되었다고 평가하였다.42)

신문화의 수립과 관련하여, 개벽사의 편집진은 1920년대 초의 표가 되는 철인·위인·영웅을 중시하였다. 이돈화는 세계는 哲人

〈그림 4-1〉 신문화건설에 대한 도안

	신문잡지의 발달	
	사회교육 강연기관의 확장 농촌개량 전문과학	
결심		융화
	보통교육 소학교의 증설 도시중심주의 사상통일	
	서당개량	

---

39) 이돈화, 「생활의 조건을 본위로 한 조선의 개조사업」, 『개벽』 15호, 1921. 9 11~13쪽.

40) 이돈화, 「朝鮮新文化建設에 對한 圖案」, 『개벽』 4호, 1920. 9. 9~16쪽.

41) 박달성, 「時急히 解決할 朝鮮의 二大問題」, 『개벽』 창간호, 1920. 6. 23쪽.

42) 「문화운동의 석금」, 『개벽』 21호, 1922. 3. 2·3쪽.

主義에 의하여 개조가 진행된다고 주장하였다. 그는 만인이 다같이 哲人을 본받아 자기를 해방하여 각자의 가치를 의식하며 각자의 권위를 의식한 아래에서 각자의 직업을 철저히 하라고 주장하였다.43) 한편 민영순은 문화의 수립과 관련하여 영웅·위인을 중시하였다. 그는 金玉均을 소개하면서 "偉人이란 人生의 首領으로 일반민중이 畢竟에는 필히 成할, 혹은 도달할 무엇을 제시하는 우리의 模型儀表! 更言하면 일종의 창조자를 云함이니, 或 국가, 或 민족의 質量은 그의 有無로 인하여 重輕되며, 일반민중은 그에 近하며 仰함으로 由하여 靈感을 得하며 光明을 認하나니, 或 민족으로서 自家 역사 중에 그리할 만한 偉人이 없다 하며, 又 有하다 할지라도 그 민족 스스로가 매장하고 발견치 아니하면 그 얼마나 슬프고 嘶膓할 일이리오. 금일의 우리는 偉人의 출현을 심히 요구하도다."44)라고 하였다. 요컨대 천도교의 문화운동가들은 도달하여야 할 문화의 의표로서 철인·영웅·위인을 중시하였다.

 그런데 1922년경에 이르면 문화의 건설을 위하여, 철인·위인·영웅보다는 중추계급이 중시되었다. 당시 이광수가 오늘날 우리나라에서 흔히 말하는 文化運動이라는 것은 말을 고치면 바로 중추계급 조성운동이라고 하면서45) 중추계급의 조성을 강조하였다. 이에 보조를 맞추어 개벽사의 주간인 김기전은 농민의 빈곤문제를 해결하는 데 있어 유식자·유산자 측부터 반성하라고 하였다.46) 그러니까

---

43) 李敦化, 「哲人主義의 將來와 新宗敎의 價値」, 『천도교회월보』 117호, 1920. 5, 8~12쪽.

44) 鳩嚴山人, 「忠達公金玉均先生」, 『개벽』 3호, 1920. 8, 41쪽. 개벽사에서는 우리나라의 위인으로 서경덕, 이황, 이이, 최치원, 최충, 문익점, 최제우, 유길준, 이순신, 솔거를 선정하였다. 그리고 김기전이 이 인물들을 『개벽』 14호에서 23호까지 소개하였다.

45) 魯啞(李光洙), 「中樞階級과 社會」, 『개벽』 13호, 1923. 7, 24~31쪽.

46) 김기전, 「먼저 유식, 유산자 측으로부터 반성하라」, 『개벽』 24호, 1922. 6.

천도교의 문화운동론자들은 문화운동의 전개에 있어, 철인·영웅·위인 같은 개인을 중시하던 데에서 지식계급·자산계급과 같은 계급의 역할을 중시하는 쪽으로 바뀌었다. 그렇지만 그럼에도 불구하고 엘리트주의는 일관되게 유지되고 있었다.

1922년 5월 「民衆이어 自重하라」라는 『개벽』권두언에서 『개벽』의 편집진들은 "민중이란 원체가 총명치 못하여"라고 보았다. 또 "新人, 舊人이 민중의 머리 위에 임하여 혹은 利와 威로, 혹은 道와 義로 이리 끌며 저리 꾀여서 민중의 머리가 날로 複雜·眩慌하게 되었다"고 하였다.47) 『개벽』의 편집진은 민중을 우민 혹은 역사변혁의 주체로 보기보다 구사상을 가진 지배계급과 신사상을 가진 지배계급의 교화의 대상으로 보았다.

『개벽』의 편집진은 1923년 4월호 권두언의 「곧 해야 할 민족적 중심세력의 작성」에서 민족적 중심세력의 형성을 주장하였다. 중심세력이란 특정시기 역사를 이끄는 지배세력과 같은 것으로서 곧 굳고 큰 단체였다. 이 권두언에서 민족적 중심세력에 대하여 구체적으로 이야기하지 않았지만 그것은 지식계급·자산계급으로 이루어진 부르주아 민족주의세력이었다.

그러나 그렇다고 하여 『개벽』의 편집진들이 민중에 대하여 관심을 갖지 않은 것은 아니었다. 이성환은 1922년 7월 「농촌개혁의 제창」이란 글을 실었고, 김기전은 1922년 8월 「조선토지겸병의 원인 급 현상」이란 글을 실어, 농민문제에 관심을 표명하였다. 『개벽』의 편집진은 『개벽』 1922년 10월호의 「귀중한 경험과 고결한 희생」이란 글에서 개벽사의 향후 포부를 다음과 같이 밝혔다.

李晟煥, 「먼저 農民부터 解放하자」, 『개벽』 32호, 1923. 2, 38쪽.
47) 「民衆이여 自重하라」, 『개벽』 23호, 1922. 5, 3쪽.

셋째는 민중과의 악수입니다. 玆에 민중이라는 말은 純粹平民
的 純潔한 勞動的 민중을 이른 말입니다. 즉 소위 상층계급이라
하는 귀족과 같은 그들을 除함은 물론이오. 進하여는 權勢와 名
利에 營營하는 그 무리를 除하여 놓은 또는 가식과 수단으로 민
중을 농락하는 그 무리들을 제하여 놓은 그 나머지의 민중, 그
네들과 손을 잡겠다고 하는 말입니다.48)

『개벽』의 편집진들은 귀족과 권세가와 재산가와 결별하고 민중과 손을 잡겠다고 공개적으로 천명하였다. 천도교의 구성원이 대체로 농민이었으므로, 민중에 대한 접근은 당연한 것이었다.

이성환은 『개벽』 1923년 2월과 3월호의 「먼저 농민부터 해방하자」·「조선농민이여 단결하라」라는 글에서, "현재의 농민문제는 농민의 沒自覺에서 온 것이 아니라 자본주의제도의 모순과 유산자의 착취에서 온 것"이라고 하였다. 그리고 "농민문제를 해결하기 위해 文化運動 운운하는 것은 捨本取末하는 것"이므로, 제도를 개선하자고 주장하였다. 그는 프랑스와 러시아의 혁명 같은 것을 통하여 문제를 해결할 수 있다고 하더라도, 우선은 저가매각의 방법으로 토지 불하, 각 면에 공회당 설치, 육영회 설치, 이용조합·소비조합의 경영, 소작료 경감을 주장하였다. 그는 농민문제 해결은 농민의 자각이 아닌 체제의 변혁이나, 사회제도의 개선에서 된다고 보았다. 다만 그는 체제의 변혁을 이루는 혁명과 같은 급진적인 방법보다는 체제 내의 제도의 개량을 통한 점진적 개혁을 주장하였다.

그런데 김기전은 1923년 2월 「선동적 해방으로부터 실행적 해방에」라는 권두사설에서 다음과 같이 말하였다.

---

48) 「귀중한 경험과 고결한 희생」, 『개벽』 28호, 1922.10, 5쪽.

개벽사의 출판문화운동 -『개벽』을 중심으로-

세상에서 해방을 논하는 사람들이 두 가지의 다른 견지로써 이를 토구하게 되나니. 하나는 내(심)의 해방으로부터 외의 해방을 얻는다는 사람과 하나는 외의 해방으로부터 내의 해방을 얻는다 하는 사람이었다. (중략)
완전해방의 유일의 道는 심적 해방으로부터 외적 해방에 연역이 되어야 하고, 외적 해방으로부터 다시 내적 해방에 귀납하는 途를 취하지 아니하면 안 될 것이다. (중략)
오늘날 우리 조선 사람이 날로 해방을 부르짖으면서도 능히 그 해방을 사실로 나타내지 못하는 것은 어찌 다른 연고가 있으리오. 다수의 인민은 아직도 인습의 환경으로부터 초월하여 그 환경을 감시하는 심적 해방이 없는 故에 지나지 아니한 것이다.49)

위의 글에 따르면, 완전한 해방을 얻으려면, 내적 해방과 외적 해방이 다 이루어져야 한다고 보았다. 그런데, 조선 사람이 아직도 해방을 이루지 못한 것은 심적 해방이 없는 까닭이라고 보았다. 요컨대 개벽사의 주도인물들은 1923년 초에도 정신적 개벽을 더 기본적으로 생각하고 있었던 것이다.

그런데 김기전은 1924년 3월 『개벽』 45호에 「이천년전의 노농주의자 묵자」라는 글을 실었다. 그리고 1924년 4월 『개벽』 46호에는 「세계 사회주의운동의 현세」라는 글을 실었다. 『개벽』의 주간이었던 김기전의 의견이 반영된 『개벽』 46호의 권두언인 「事必歸正」에는 다음과 같이 되어 있다.

'세계를 알자.' 이것은 우리가 일찍이 본지 창간 제1호의 첫 논문으로서 주장한 것이다. 그 까닭은 우리가 먼저 이 세계의 되어가는 꼴을 체계적으로 알지 못하면 더욱이 순간순간으로 뒤

---
49) 김기전, 「선동적 해방으로부터 실행적 해방에」, 『개벽』32, 1923. 2.

틀려 가는 이 세계의 역사적 轉機를 인식하지 못하면 우리는 속 절없이 가렵지도 아니한 곳에 손을 대거나 또 혹은 행차 뒤에 나팔을 불음과 같은 誤謬를 반복하겠는 故이다. … 〈중략〉

그와 같이 1920년간을 赤染하던 혁명의 만조는 21년으로부터 적이 退轉을 始하더니 22년에 入한즉 반동세력은 忽然大振하여 匈牙利는 白化하고, 독일은 주저하고, 영국에는 보수당, 伊에는 國粹黨, 미국에는 공화당, 불국에는 復舊派가 제각기 세력을 발휘하여 사회운동, 혁명운동은 거의 全線에 亘한 총퇴각을 始함과 如한 觀이 없지 않았다.

그러나 반동은 반동이다. 창조의 무엇은 아니다. 창조의 무엇이 아닌 이상 그 세력은 如何히 강대하다 할지라도 필경은 소실되는 것이다. 1923년 즉 작년의 하반기부터 반동세력은 현저히 소실되는 경향을 뫄하며 赤裸裸의 人間運動, 社會運動은 捲土重來의 새 기치를 날린다. 영국의 노동당 조각, 미국의 노농연합운동, 중국광동의 제2혁명 준비와 같은 일은 천하의 歸正을 말하는 한 例證이라고나 할가.

이 내용에 의하면, 『개벽』의 집필진은 노동운동, 사회주의운동을 '正'이라고 보고 있었다. 1920년대 초 『개벽』의 주도인물이 서구의 자유주의 문명과 문화를 강조하던 것과 완전히 다른 주장이었다.

김기전은 1925년 1월 「허튼 수작」이란 글에서 다음과 같이 주장하였다.

민중의 고통은 도처에 있는 것이다. 고통이 있는 곳에 반항이 있고, 반항이 있는 곳에 힘이 엉키고, 힘이 엉키는 곳에 소원이 성취되는 것이다. 이리하여 누천년동안 협잡배의 흉악에 죽어가던 세상은 반성 있는 민중의 품속에서 살아나는 것이다. … 나는 다시금 말하노니 우리는 저 옛적에도 우리를 못살게 하고 지금에도 우리를 못살게 하는 저 흉악한 권력감정, 소유감정 그것을 끊어 죽이고 오직 내가 당신을 위하고 당신이 나를 위하여

내 속에 당신이 살고 당신 속에 내가 사는 … 단 하나인 宇宙心
을 배양하며 ○○○○〈삭제됨〉.50)

즉, 김기전은 민중의 고통 속에서 계급의식과 반항의식이 형성되고, 그리하여 새로운 세상이 건설된다고 보았다. 그리고 권력감정·소유감정이 없는 이상사회를 건설할 것을 주장하였다.
김기전은 1925년 7월 「조선민족만이 가진 우월성」이란 글에서 다음과 같이 주장하였다.

> 어떤 사람은 구주대전으로써 20세기 자본제국주의의 최후파탄이라 하는 동시에 노농로국의 신흥으로써 신세계조직의 제1착이라 하였다. 나는 이 말의 가부를 모른다. 그러나 이 세계의 모든 조직, 모든 질서가 근본적으로 진동되고 있는 것은 사실이며, 이 동요로 해서 세계의 민인이 다 같이 재래식의 일체에 회의하여 상부상조의 광명 있는 새 세상을 음으로 양으로 조성하며 있는 것은 사실이다.
> 그런데 우리에게는 이와 같이 활줄 같은 善心이 있으며 鍛鐵 같은 시련이 있으며 大海 같은 저력(장기간으로써 지어진 저력)이 있다. 自今의 우리는 자못 바람아 불어라 불어라, 물결아 일어나라, 이후의 일은 光明은 우리가 발사하리라 하는 한 가지의 희열이 있을 뿐이다.51)

이 글에서 김기전은 제1차세계대전으로 20세기 자본제국주의는 파탄을 맞았고, 소비에트러시아의 사회주의가 일어나고 있다고 보았다. 그리고 변화의 바람과 물결이 일어, 우리의 사회도 그런 식으로 바뀔 것을 기대하였다.

---

50) 김기전, 「허튼 수작」, 『개벽』 55호, 1925. 1, 12쪽.
51) 김기전, 「조선민족만이 가진 우월성」, 『개벽』 61호, 1925. 7, 7쪽.

요컨대 『개벽』의 집필진 중에서 김기전 같은 인물은 1924년 이후 사회주의사상을 수용하여 사회주의적 사상이 반영된 천도교적 이상사회의 도래를 기대하고 있었다. 1920년대 중반에 이르면 천도교의 문화운동론자 중에는 사회주의사회의 실현과 사회주의적 변혁을 기대하고 완곡하게나마 주장하는 사람이 있었다.

맺음말

개벽사는 그 설립과 운영 면에서 볼 때 천도교 및 천도교의 문화운동과 깊은 관련을 맺고 있었다. 천도교에서 문화운동론의 선전과 문화운동의 추진을 위해 설립한 천도교청년회 및 천도교청년당은 개벽사의 설립과 운영, 『개벽』의 배포 등에 깊이 관계하고 있었다. 개벽사는 천도교청년회의 전신인 천도교청년교리강연부에 의하여 설립되었고, 개벽사의 사원은 천도교청년회와 천도교청년당의 회원이었으며, 설립 초기에 개벽사의 운영자금은 천도교청년회로부터 나왔다. 아울러 『개벽』의 배포도 천도교청년회와 천도교청년당을 통하여 이루어졌다.

아울러 개벽사에서 발간한 잡지와 도서를 통해서 살펴볼 때, 개벽사는 신인간의 형성을 통해 새로운 사회를 이루려고 하였음을 알 수 있다. 개벽사는 『개벽』 외에도 『부인』(1922년 6월), 『신여성』(1923년 9월), 『어린이』(1923년 3월)를 발간하였다. 부인의 편집 겸 발행인은 이돈화였고, 『신여성』의 발행인은 박달성, 차상찬이었다. 그리고 『어린이』의 주간은 방정환이었다. 개벽사는 1922년 『朝鮮之偉人』을 발간하였다. 이 잡지와 도서의 제호를 통해 볼 때 개벽사는 부인·여성·어린이 등 人間의 개조를 통해 새로운 사회를 이루려는 新人間運動, 혹은 文化運動을 옹호하는 입장에 있었다.

『개벽』의 논설을 통해, 『개벽』 편집진의 출간의도를 살펴보아도, 개벽사의 편집진은 『개벽』을 발간하여 궁극적으로 문화운동을 전개하려 하였음을 알 수 있다. 먼저 『개벽』의 필진 중 개벽사의 입장을 대변하고 있던 것은 이돈화와 김기전이었음을 알 수 있었다. 이들은 『개벽』에 가장 많은 글을 실었다. 그런데 잘 알다시피, 이돈화는 정신개벽-민족개벽-사회개벽의 삼대개벽론을 주장하고 있었다. 김기전도 기회 있을 때마다 自力을 강조한 바 있었다.

또한 『개벽』에 소개된 많은 글들 중에는 문화주의와 문화운동론을 소개하는 글이 많았다. 『개벽』의 편집진인 이돈화, 김기전, 박달성 등이 쓴 글은 결국 개인의 정신의 변화, 자력의 형성을 통해, 민족의 정신적 개벽을 이루고, 민족의 실력양성을 통해 민족문제를 해결하기를 희망하였다.

비록 시대의 흐름과 정치적 목적, 개벽사의 영업전략에 따라, 1923년 무렵부터 1926년 8월까지, 사회주의와 무산자계급에 관심을 보이고, 이런 주제에 대한 글을 소개하고, 직접 쓰기도 하였지만, 결코 이들은 사회주의자가 아니었으며 계급투쟁론자도 아니었다. 이들은 무산자계급의 연대에 의한 체제의 변혁을 주장한 것이 아니며, 종국에는 무산자계급이 자력으로 자신의 문제를 해결할 것을 주장하였다. 그리고 이들은 유산자계급과 무산자계급의 투쟁보다는 '범인간적 민족주의'의 틀 아래에서 서로 조화와 협동을 이룰 것을 주장하였다.

개벽사 편집진의 문화운동론은 인간의 정신개벽과 민족개벽, 그리고 인류의 개벽을 통해 사회를 개벽하기를 희망한 것이었다. 그리고 개벽사의 편집진들이 세우려고 하였던 문화는 과거 조선의 부정적인 습성이나 문화가 아닌, 서구의 문화였다. 서구의 문화는 자아와 자력을 중시하면서도, 개인과 사회와의 협동과 조화, 민족과 민족간의 협동과 조화를 강조하는 문화였다.

 그런데 그들의 신문화를 구현하는 방법론은 시대의 흐름에 따라 다소 변모하였다. 처음에 개벽사의 편집진들은 신문화의 건설을 위하여 위인과 영웅, 유산자층과 유식자층을 중시하는 엘리트주의 입장에 서 있었다. 그러나 1923년 이후 개벽사는 엘리트주의를 포기하였다고 단정할 수 없지만 민중주의로 기울어져 갔다. 이들은 유식자·유산자계급과의 결별을 선언하고 무산자계급에 관심을 기울였다.

 그래서 사회문제를 해결하는 데 인간의 노력이 아닌 제도의 개혁을 주장하기도 하였다. 그리하여 농민문제의 해결을 위해 소작료 감액 등 체제 내에서의 개량적인 제도개혁을 주장하기도 하였다. 그리고 문화운동론자의 일부는 정치·사회·경제적 구조와 체제의 변혁을 통한 사회변화의 필요성을 인식하기도 하였다.

제5장

1920년대 천도교연합회의 변혁운동
―항일정신 및 동학이념의 추구와 관련하여―

머리말

 3·1운동 이후 일제가 소위 문화정치를 실시하자, 표면적이나마 정치·사회적 활동의 자유가 다소 허용된 공간 속에서, 국내에서는 새로운 사회를 건설하기 위한 운동이 전개되었다. 3·1운동을 주도하고 적극적으로 참여하였던 천도교인들도 새롭게 변화된 환경 속에서 나름대로 신사회를 건설하기 위한 변화와 혁신의 방법을 모색하게 되었다. 그리고 이러한 탐구 후에 형성된 사회의 변화·혁신론과 교회개혁론의 차이는 천도교인들이 분열하는 하나의 원인으로 작용하였다. 그리하여 천도교인들은 天道敎新派, 天道敎舊派, 天道敎聯合會派, 天道敎六任派로 분화되었다.[1]

---

1) 천도교의 분열이 교권투쟁에 기인한 점이 없지 않다. 그렇지만 운동노선의 차이야말로 이들이 분열하게 된 주요한 원인이 아닐까 한다. 이것은 일제의 정보문서를 통하여 살필 수 있다. 이 기록에 따르면, 天道敎新派는 인도의 스와라지 운동을 모방하여 합법적·불복종적·비타협적 정신에 의한 민족자치운동으로 나아가고자 하는 색채가 농후하고, 舊派는 급진·비타협적 사회운동 방

천도교연합회는 동학의 宗旨인 '人乃天'이란 무한한 자유와 평등을 의미하는 것이라 보고, 사회주의적인 입장에서 계급차별이 없고, 경제적으로 균등화된 사회를 건설하고, 교회 내에서는 권위주의적, 중앙집권적, 계급차별적인 교회운영을 지양하고 혁신적으로 개인과 지방중심의 평등한 교회운영을 추구하여 나간 집단이었다. 이러한 천도교연합회의 혁신운동은 사회를 약육강식·적자생존의 원칙이 지배하는 사회진화론적인 입장에서 파악하고 점진적인 개혁과 실력양성으로 서구화된 민주주의사회를 이룩하려고 한 천도교 신파 주도의 신문화운동과는 그 궤적을 달리하였다.

이러한 천도교연합회는 학계의 관심의 대상이 되었고, 천도교연합회의 실체를 규명하기 위한 몇 번의 시도가 있었다. 기존의 연구에서는 천도교가 신파·구파·연합회파·육임파로 분화되는 과정과 분화된 각파의 세력·정치노선·특성을 다루거나, 혹은 천도교연합회의 중추적 인물인 오지영을 검토하거나, 천도교연합회가 참여하여 설립한 고려혁명당을 다루면서 천도교연합회에 대해 부분적으로 검토하였다.2) 이러한 연구에서 천도교연합회의 설립과정이 설명되었

면으로 진출하여 신간회를 조직하는 데 관계하고 민족단일당의 결성에 분주하였으며, 천도교연합회파는 좌경적 공산주의운동의 색채가 농후해서 누차 공산당 사건에 연루된 자가 많고, 六任派는 固陋한 純宗敎의 영역을 벗어나지 못하였다고 한다(朝鮮總督府警務局, 『最近における朝鮮治安狀況』, 1933, 112·113쪽).

2) 천도교연합회의 결성과정과 이들의 개략적인 특성을 다룬 논고로는 아래의 것이 있다. 李庸昌, 「1920년대 天道敎의 紛糾와 民族主義運動」, 中央大學校 大學院 碩士學位論文, 1993; 金正仁, 「1910~25년간 天道敎 勢力의 동향과 民族運動」, 『韓國史論』 32, 1994. 그리고 吳知泳·崔東曦·高麗革命黨을 다루면서 부분적으로 천도교연합회에 관하여 언급한 것으로는 아래의 글이 참고된다. 최익환, 「고려혁명당」 상·하, 『新人間』 359·360호, 1978. 7·8. ; 金俊燁·金昌順, 『韓國共産主義運動史』 4권, 청계연구소, 1986; 盧鏞弼, 「吳知泳의 人物과 著作物」, 『東亞研究』 19, 西江大 東亞研究所, 1989; 金昌洙, 「高麗革命黨의 組織과 活動-1920年代 中國 東北地方에서의 抗日獨立運動-」, 『汕耘史學』 4, 1990; 盧鏞弼, 「吳知泳의 生涯와 著述」, 『吳知泳全集』 上, 亞細亞

고, 천도교연합회는 사회주의적 경향을 띠었으며 이 연합회원들의 계급적 기반은 하층농민에 기반하였다는 점 등이 언급되었다.

그러나 선행연구에서 천도교연합회에 관한 모든 것이 밝혀진 것은 아니라고 생각된다. 즉, 천도교연합회파에 속한 인물들은 누구였으며, 이들은 어떠한 계층 혹은 계급에 기반을 두고 있었는가 하는 점이 더욱 분명하게 규명되어야 하겠다. 또한 천도교연합회원들이 갖고 있던 사상의 형성과정과 이것의 실체, 이 사상에서 나타난 사회주의적 특성, 그리고 이러한 사상을 바탕으로 천도교연합회원들이 전개한 천도교회 내의 혁신운동과 정치·경제·사회적 활동을 밝혀야 하겠다. 바로 이러한 작업이 있어야만 우리는 천도교연합회의 실상을 보다 정확히 규명할 수 있으리라 생각된다.

본고에서는 첫째로 천도교내의 혁신세력이 점진적인 개혁운동인 신문화운동의 추진에 항거하여 동학사상을 고수하려는 세력을 결집하고 동학사상에 근거하여 천도교의 제도를 개혁하려 한 배경과 그 개혁의 과정 및 결말, 그리고 결국 혁신세력들이 독자적으로 천도교연합회를 세운 배경에 대하여 살펴 보겠다. 여기에서는 기존의 연구와는 달리 천도교의 혁신운동이 두 단계로 나뉘어 전개되었고, 제2단계에서 천도교연합회가 구체적으로 분화되었음을 규명하는 데 초점을 맞추려 한다. 둘째로 천도교연합회의 주도인물을 유형별로 검토하여 이들이 어떠한 계층 혹은 계급에 속하였는가 하는 것을 살펴 보겠다. 그리고 천도교연합회가 지니고 있던 종교사상의 본 모습을 살펴 보고 이 사상이 사회주의적 특성을 지니고 있었음을 규명하려

文化社, 1992; 최정간, 「비운의 혁명가로 살다 간 동학 교주의 아들」, 『사회평론』 1992. 3; 김태웅, 「1920·30년대 吳知泳의 활동과 『東學史』 간행」, 『역사연구』 2. 거름, 1993. 박환, 「정이형(1897~1956)연구-고려혁명당의 조직과 활동을 중심으로」, 『한국민족운동사연구』 우송조동걸선생정년기념논총, 2002.

한다. 아울러 천도교연합회의 사상이 사회주의적 색채를 띠었음을 해명하기 위해서 천도교연합회원들의 사회·경제적 활동을 검토하여 보겠다. 셋째로 천도교연합회원들이 항일정신을 고수하고 동학의 이념을 실천하려는 목적으로 만주로 이주하여 고려혁명당을 결성하는 데 참여하고, 공동촌락을 건설하여 생활하였던 내용을 살펴보겠다. 여기에서는 우선 고려혁명당의 결성 과정에서 천도교연합회원들이 어떠한 역할을 하였으며, 이들이 고려혁명당에 적극적으로 참여하였던 사상적 배경은 무엇인가 하는 점을 고찰하겠다. 다음으로 천도교연합회원들이 만주로 이주하여 공동촌락을 건설하는 과정을 알아 보고 이것의 운영형태를 고찰하여 보겠다. 이러한 작업으로 이 공동촌락의 건설이 단순히 고려혁명당의 세포단체를 육성하는 것만이 아니라 천도교연합회의 이념에 따른 이상촌을 건립하는 데에도 목표를 두고 있었던 사실이 밝혀지기를 기대한다.

1. 천도교총부의 혁신운동과 천도교연합회의 결성

3·1운동 이후 일제가 소위 문화정치를 실시하자, 표면적이나마 정치·사회적 활동의 자유가 다소 허용된 공간 속에서, 제1차 세계대전 후에 전개된 전세계적인 개조운동과 행보를 함께 하며 새로운 사회를 건설하기 위한 운동이 전개되었다. 그리하여 먼저 改造論을 소개하고 조선사회를 개조시켜야 할 필요성을 제기하며, 뒤이어 어떻게 조선사회를 개조할 것인가에 대한 모색이 이루어졌다. 그 개조의 방안은 크게 보아 1917년 공산화된 러시아를 모델로 한 계급해방사상과 미국을 모델로 한 부르주아민주주의 사상에 의한 방식이었다.3)

이러한 조류에 따라 천도교총부에서는 1919년 9월 2일 천도교리의 연구선전과 조선 신문화의 향상 발전을 위하여 천도교청년교리강연부를 설립하였다.4)

그리고 1920년 3월 교리강연부를 천도교청년회로 변경한 후 본격적으로 신문화운동을 전개하였다. 천도교의 신문화운동은 사회혁명주의에 입각한 계급운동이 아니라, 세계가 '생존경쟁'의 원칙에서 움직인다고 보고 '사회진화론'에 입각한 '실력양성운동'을 추구하며 문명화된 '자본주의문명'의 수립을 지향한 것이었다.5) 이 운동을 주도해 나간 인물들은 金起瀍, 李敦化와 같은 서북지역 출신과 方定煥, 朴思稷, 趙基栞과 같은 日本留學生 출신의 천도교 청년회원들이었다.

천도교총부에서는 이러한 신문화운동을 적극 지원하였다. 천도교의 실무를 전반적으로 책임지고 있던 大宗司長 鄭廣朝가 1919년 말 3·1운동을 주도한 죄로 옥중에 있던 천도교의 실권자 孫秉熙를 면회하여 그에게 천도교의 청년들이 천도교교리강연부를 설립하여 교리의 연구선전과 조선 신문화의 향상 및 발전에 노력하고 있다는 점을 알려주자, 손병희는 정광조에게 청년들의 활동을 부디 잘 도와

---

3) 朴贊勝, 『한국근대정치사상사연구-민족주의 우파의 실력양성운동론-』, 역사비평사, 1992, 177·178쪽. 박찬승은 개조라는 말이 이상주의적 입장에서 사용되었다고 하였다. 그는 일본에서의 개조사상이 노동계급의 계급해방사상과 소부르주아계급의 부르주아민주주의 사상이 1919년 경에는 交互하고 교착되어 있다가 1920년 말에 이르러 점차 분리되어 갔다고 보았다. 그리고 식민지 조선에서도 이와 동일한 양상으로 전개되었다고 하였다.

4) 趙基栞 編, 『天道敎靑年黨小史』, 天道敎中央總部, 1934(亞細亞文化史 刊, 『東學思想資料叢書』3, 1979, 36·37쪽).

5) 朴贊勝, 「1920년대 초반 '문화운동'과 '문화운동론'」, 『한국근대정치사상사연구-민족주의우파의 실력양성운동론-』, 역사비평사, 1992, 203쪽. 박찬승은 1921년에 들어서면서 문화운동은 계급운동과 분리되고 실력양성론이 본격적으로 제기되어 자본주의 문명의 수립을 지향하게 되었다고 보고 있다.

주라고 당부하였다.6) 손병희의 사위로 손병희의 후원을 받았던 대종사장 정광조는 3·1운동으로 교회 내의 주요 인물들이 구속된 틈을 타서 점차 실권을 장악하였다.7) 그는 1910년 일본 와세다대 정경학부를 졸업하였는데8) 자신처럼 신사상을 갖고 있던 서북지역의 청년회원과 일본유학생들이 추진하는 신문화운동을 적극 지원하였다. 그는 박인호계에 속하는 천도교의 공로자를 소원하게 다루고 청년회원과 유학생 출신 인물들을 중용하여 이들의 세력을 강화하였다.9) 예를 들어 그는 朴寅浩가 추천하였던 보성고등보통학교 교장 윤익선을 파면하고, 1900년 초에 일본에 유학하였던 高元勳을 대신 그 교장으로 임명하였다.10) 그리고 정광조는 誠米金 수입의 감소로 재정적인 어려움을 겪고 있음에도 불구하고 1921년 4~5월 경 천도교청년회와 천도교청년회에서 주관하고 있던 開闢社에 자금을 지원하였다.11) 반대로 미가하락으로 인한 성미금 수입의 감소를 이유로 들어 손병희 이하 교내 간부들의 급료를 3분의 1로 삭감하고 천

---

6) 趙基栞 편, 『天道敎靑年黨小史』, 天道敎中央總部, 1934(亞細亞文化社 刊, 『東學思想資料叢書』 3권, 1979, 37·38쪽).

7) 3·1운동에 관여하였다가 수감된 인물로는 孫秉熙, 梁漢默, 李鍾勳, 洪秉箕, 羅龍煥, 羅仁協, 朴準承, 林禮煥, 洪基兆, 權秉悳, 金完圭, 崔麟, 吳世昌, 權東鎭, 李鍾一 등이 있었다. 이 가운데에 이종훈, 홍병기, 나용환, 나인협, 박준승, 임례환, 홍기조, 권병덕, 김완규 등 9명은 1921년 11월 4일에 출옥하였고(『東亞日報』1921.11. 5) 최린, 오세창, 권동진, 이종일 등 4명은 1921년 12월 22일에 출옥하였다(『東亞日報』(1921.12.23). 그리고 양한묵은 옥사하였고 손병희는 1920년에 병보석으로 출옥하였다.

8) 「朝鮮各界人物온·파레드」, 『彗星』 1-6, 1931. 9, 52쪽; 『朝鮮思想家總觀覽』, 京城三千里社, 1933, 20쪽.

9) 「天道敎內訌に關する調査報告の件」, 金正明 편, 『朝鮮獨立運動』 1권 분책, 678·679쪽.

10) 高警 第732號, 「秘 天道敎ノ內訌及改革ノ顚末ニ關スル件」(1922. 3. 9). 이 문건은 外務省史料館 4-3-2, 2-1-9號, 不逞團關係雜件, 朝鮮人ノ部, 『鮮人ト宗敎』 3卷에 수록되어 있음.

11) 高警 第732號, 「秘 天道敎ノ內訌及改革ノ顚末ニ關スル件」, 天道敎內訌ノ原因.

도교의 공로자로서 월 40원 이하의 급료를 받고 있던 사람 10여명과 기타 요원 몇 명을 감원하면서 윤익선, 김상묵, 朴魯學 등 반대파를 해직하고 이들에게 주된 급료를 중단하였다.

정광조의 이러한 정책으로 피해를 보았던 세력은 오지영 등의 朴寅浩파와 김상묵·윤익선·박로학 등의 洪秉箕파였다. 이들은 경상도, 전라도, 충청도 등 이남 출신의 동학도들로 동학농민운동에도 참여하여 반봉건·반외세운동을 전개한 천도교의 구세력이었다. 그렇기 때문에 갑오동학농민운동 후 孫秉熙와 그의 심복인 李容九의 활동으로 서북지역의 교세가 크게 신장되고 이남 지역 동학도들의 세력이 약화됨에도 불구하고, 1916년 경까지 천도교총부에서 중책을 맡고 있었다. 즉 1911년 6월부터 1916년 경까지 홍병기는 대종사장, 오지영은 감사원장으로 활동하였다. 그러나 홍병기의 뒤를 이어 정광조12)가 대종사장으로 임명되자 이들의 영향력은 줄어들게 되었다.13) 더욱이 3·1운동 후 정광조가 서북지역과 일본유학생 출신의 인물들을 중용하여 신문화운동을 전개하자 홍병기, 윤익선과 박인호, 오지영 등 이남 지역의 동학도들은 위기 의식을 느끼게 되었던 것이다.

그러자 오지영 등의 박인호파와, 김상묵·윤익선 등의 홍병기파는 2세 교주인 崔東曦파와 결합하여 구동학 세력을 결집하고 동학의 이념을 고수하려는 의도에서 동학계 유사종교의 통합을 추진하였다. 오지영은 1921년 4월 천도교 기관지인 『天道敎會月報』를 통하여 受敎者가 포교자의 淵源에 속함으로써 분파적이었던 당시의 淵源制의 폐해를 지적하고, 모든 사람은 최제우의 연원이므로 동학계 유사

---

12) 정광조는 1883년 충북 음성 출신으로, 1910년 와세다대 정경학부를 졸업하여, 1912년 보성전문학교 學監 등으로 활동하였다.(三千里社, 『朝鮮思想家總觀』, 1933, 20쪽; 「朝鮮各界人物은·파레드」, 『彗星』 1-6, 1931. 9, 52쪽.)

13) 趙基周 編著, 『天道敎宗令集』, 천도교중앙총부, 1983, 135~165쪽.

종교가 통합할 것을 주장하였다.14) 그리고 천도교의 구세력들은 5월 13일 오후 1시에 서울 光化門通 212번지 金瀅植의 방에서 天道, 侍天, 濟愚, 靑林, 敬天, 濟世敎 등 崔濟愚의 遺敎를 받드는 東學系 유사종교의 대표자 26명과 함께 東學俱樂部를 조직하기 위한 발기회를 개최하였다. 출석자는 河相宇, 申泰恒, 洪性喜, 李熙悳, 李炳學, 梁茶永, 金尙默, 朴泰鳳, 吳思根, 白樂萬, 金鍾完, 林正一, 李鴻來, 金夢弼, 金泳寬, 金瀅植, 承銳河, 金顯泰, 李祥宇, 金始參, 李仙民, 金茶疇, 金泰祐, 徐世思(恩의 오기로 짐작됨), 康星九, 金純元이었다. 당일 金尙默은 임시회장으로, 최동희 파의 인물인 李祥宇는 규칙제정위원으로 선출되었다.15)

또 한편으로 오지영과 홍병기·윤익선·김상묵·최동희 등은 정광조의 정책을 철회시키고, 동학의 정신을 고수하기 위하여 천도교 총부의 개혁을 추진하였다. 개혁의 방향은 지방교도들의 의사를 반영할 수 있는 議正員制度의 실시, 동학의 이념에 따른 敎憲의 변경, 정광조를 정점으로 형성되어 있는 간부진의 경질 등이었다.

오지영 등은 1921년 4월 5일 天日 기념일(崔濟愚의 得道日)에 각도 敎區長이 서울에 올라오자 교구장 중에서 70여 명을 끌어들이는 한편 沈車燮, 尹益善, 金尙默 등과 결탁하고 2세 교주 최시형의 아들인 崔東曦를 옹립하여 개혁을 추진하였다.16) 이들은 현상황에서는 1인 독단이 불가피하니 部會總會 때 의사기관을 확장하자고 제안하였다. 이 제안은 4월 6일 部會總會에서 가결되었고,17) 吳知

---

14) 源菴(吳知泳), 「淵源問題」, 『천도교회월보』 128호, 1921. 4, 34~36쪽. 이미 崔東曦는 1916년부터 1918년 무렵까지 李祥宇, 吳知泳, 元友觀(원정룡) 등과 협의하여 천도교와 시천교의 통합운동을 전개한 바 있다(최정간, 『해월 최시형가의 사람들』, 웅진출판사, 1994, 168~170쪽).

15) 金正明 편, 『朝鮮獨立運動』 1권 분책, 607·608쪽.

16) 朝鮮總督府 警務局, 「最近ノ天道敎ト其分裂ヨリ合同ヘノ過程」(1930. 12); 高麗書林 影印, 『齋藤實文書』 10권 450·451쪽.

泳, 吳榮昌, 李仁淑, 鄭廣朝, 吳尙俊, 崔碩連, 李君五, 李東求 등 13명의 13도위원으로 구성된 특별위원회가 조직되었다. 그리고 1921년 7월 경 개혁세력들은 議事員制度를 議正員制度로 개편하는 내용의 개혁안을 洪秉熙를 통하여 제시하였다. 1908년부터 실시되어 온 의사원제도는 각도에서 1명씩 지방신도의 대표자인 의사원을 선출하여 서울에 머물도록 하고 이들로 하여금 중요사항을 중앙총부와 협의하여 처리토록 하던 것이었다. 그런데 이 제도는 서울총부에서 지방과 협의하여 의사원을 각도에 1명씩 선정하는 방식이었으므로 議事員이 지방신도의 견해를 대변하는 데는 한계가 있었다. 그러므로 조선 내에 60개의 선거구를 두고 선거에 의하여 의정원을 선출하며, 매년 12월 의정원을 소집하여 중요사항을 심의케 하는 의정원제도의 실시를 제안하였던 것이다. 이 안은 중앙총부 내에서 다수 교도의 찬동을 얻자, 중앙총부는 1921년 7월 27일 의정회규정을 정하여 그것을 각 교구에 통지하였다. 이에 따라 500호 이상을 하나의 선거구로 하여 60개의 선거구를 두고, 각 선거구에서는 10월 10일까지 제1회 의정원선거를 실시하여 당선자를 10월 28일까지 천도교의 중앙총부에 보고하게 하였다.18)

---

17) 『當用日記』 1921년 4월 6일(金正仁, 「1910-25년간 天道敎 勢力의 동향과 民族運動」, 『韓國史論』 32, 1994, 157쪽에서 재인용).

18) 金正明 編, 『朝鮮獨立運動』 第1卷 分冊, 680쪽(高警 第 732號, 「秘 天道敎ノ內訌及改革ノ顚末ニ關スル件」, 議正會). 이 두 자료에 나오는 의정회의 규정은 다음과 같다.
 一. 종래의 議事員制를 폐지하고 선거제도를 채용하여 각지에 500호 이상을 一區로 하여 매구에서 의정원 1명씩을 선거하고 그 임기는 2년으로 한다.
 一. 선거구는 조선 전도를 통하여 60구를 두고 선거위원장은 선거사무소가 위치한 교구장이 이를 맡는다. 제1회 의정원의 선거기간은 오는 10월 10일 이내로 하고 10월 28일까지 당선자는 주소, 직업, 성명, 나이를 기재하여 본부에 보고한다.
 一. 선거권을 가진 자는 만 20세 이상으로 하며, 피선거권자는 만 25세 이상으로 기명투표에 의한다.

또한 13도 특별위원회는 각 지방 교도들의 의견을 청취하여 8월 14일(地日紀念日 : 崔時亨의 承統日)에 다섯 가지 개혁방안을 내놓았다. 그 개선방안은 다음과 같다.

一. 淵源系의 폐해를 제거할 일
一. 부구조직체에 계급 차별제도를 개정할 일
一. 儀節을 개정할 일
一. 議事院을 일층 쇄신할 일
一. 大憲을 개정할 일19)

이 안은 즉시 가결되어 吳知泳, 鄭廣朝, 李仁淑, 權秉悳, 李君五 등 5명의 規則制度委員이 선정되었다.20)
또한 홍병기, 윤익선, 오지영, 최동희 등의 개혁세력은 정광조 일파의 횡포와 비행을 조목조목 나열하며 정광조를 공격하고 개벽사원과 청년회원을 자기편으로 끌어들이려 하였다. 윤익선은 성미금 수입의 감소가 실제로는 정광조 일파의 사적 유용에 기인한 것이므로 그 사용 내역을 밝히라고 하였다. 그리고 정광조가 의사원의 합의도 없이 임명한 중앙총부의 간부들이 전횡을 저지르고 있으므로 이들을 改選하자고 하였다.21)

一. 피선거권자는 敎憑이 있고 선거구내에 주소가 있는 자로서 다음과 같은 사항을 필요로 한다. ㉠ 교리정통 ㉡ 신심독실 ㉢ 덕망중후 ㉣ 경력이 바른 사람 ㉤ 사리가 바른 사람.

19) 吳知泳, 「天道敎議事院 初創說」, 『東學史』, 永昌書館, 1940; 吳知泳, 『東學史』, 大光文化社, 1984, 218·219쪽.

20) 朝鮮總督府 警務局, 「最近ノ天道敎ト其分裂キリ合同ヘノ過程」(1930. 12); 高麗書林 影印, 『齋藤實文書』 10권, 1990, 451쪽.

21) 高警 第 732號, 「秘 天道敎ノ內訌及改革ノ顚末ニ關スル件」(1922. 3. 9), 天道敎內訌ノ原因. 당시 윤익선이 열거한 정광조의 비행사항은 다섯 가지로 되어 있다. 첫째 천도교의 자산은 종래 100만원 이상이었는데 현재 50만원에 지나지 않으니 간부들이 사용한 것이다. 둘째 종래 월수 약 1만원을 내려가지

그러면서 개혁세력들은 개벽사원과 청년회원들을 회유하였다. 그러자 청년회원과 개벽사원 가운데 윤익선과 같은 학교 출신이거나 천도교의 간부직을 원로들이 장악하고 있는 데에 불만을 느끼던 사람들은 윤익선의 주장에 공명하였다. 보성학교 측에서도 가정생활이 문란하고 품행이 바르지 못하며 전력에도 문제가 있는 고원훈 대신에 보성학교 출신으로 제국대학을 졸업하고 돌아온 金俊淵을 觀長으로 선출하여 이 기회에 청년의 세력을 총부 내에 부식시키려고 하였으므로 윤익선의 주장에 동조하는 사람들이 생겨났다.22)

그렇지만 개혁세력이 정광조 일파를 제거할 수 있는 결정적인 힘을 얻게 된 것은 3·1운동에 관련되어 옥고를 치르고 11월 4일 출옥한 林禮煥, 權秉悳, 羅仁協 등이 개혁세력을 지지하면서부터이다. 임례환, 나인협 등은 정광조 일파가 자신들을 경원하며 소홀하게 대하는 것에 불만을 품고 개혁세력을 지지하였다. 이에 따라 정광조 일파는 박인호파, 홍병기파, 최동희파, 천도교청년회파, 서북 지역을 중심으로 한 동학계의 원로 등으로부터 집단적인 공격을 받게 되었다.

1921년 12월 10일 서울의 천도교중앙총부에서 제1회 議正院總會가 개최되어 崔安國, 金敎慶, 趙承龍, 李東求, 金履善, 白仁玉, 李

않은 월성미수입이 현금신도의 증가에도 불구하고 5천원으로 내려간 것은 간부들이 신임을 얻지 못한 때문이며 대성미의 수입도 종래는 8만원 내지 10만원이었는데 올 봄에는 3만원에 지나지 않는 것도 동일한 이유이다. 셋째 전항의 성미수입의 감수는 실제로는 감수를 칭하고 잔여 금액을 특정한 곳에 사용한 것이니 그것의 사용내역은 무엇인가. 넷째 중앙총부의 직원은 정광조 일파의 전횡을 믿고 방자하니 선임된 사람으로서 이것을 방치하는 것은 교회의 쇠퇴를 초래한다. 다섯째 중앙총부의 역원을 선임하는 것은 지방대표자(종래 각 도 대표기관인 議事員)의 합의를 기다려서 행해야 하는데 그것을 마음대로 선임한 것은 부당한 것이므로 다시 총회를 개최하여 역원을 개선할 것을 요청하였다.

22) 위와 같음.

東洛, 金商說, 辛泰舜 등 12명의 特別委員이 선정되고 通常委員으로 申一點, 蔡周億, 尹泰弘, 韓賢泰, 鄭承德, 尹周浩, 吉學晟, 李杓, 朴周燮, 朴錫洪 등이 임명되는 등 의정원이 정식으로 출범하면서 정광조의 전횡을 견제할 수 있는 제도적인 장치가 마련되었다.23) 그러자 오지영 등의 박인호계, 홍병기·윤익선·김상묵·박로학 등의 홍병기계, 최동희계의 혁신집단들은 林禮煥·羅仁協·權秉悳 등 원로들의 지원에 힘입어 의정원의 이름으로써 정광조 일파를 사직시켰다. 1921년 12월 15일 정광조 일파의 임원들은 3·1운동으로 수감되었다가 출감한 사람들로 경질되었다. 大宗司長은 정광조에서 나인협으로, 玄機觀長은 吳尙俊에서 洪基兆로, 典制觀長은 李仁淑에서 鄭仁淑으로, 共宣觀長은 金永倫에서 林禮煥으로, 金融觀長은 盧憲容에서 李炳春으로 경질되었다.24)

개혁집단은 정광조 일파의 제거와 함께 교헌을 변경하고 총부 내의 개혁을 추진하였다. 혁신집단은 1922년 1월 4일 宗法院, 宗務院, 宗議院의 三院制로 된 개혁안을 제출하였는데 이 안은 1월 9일 채택되었다. 당시 결정된 중요 의결사항은 다음과 같다.

一. 천도교 大憲은 천도교 宗憲이라 함
一. 중앙총부 司觀院制를 改하여 三院을 置하되 명칭은 宗法院, 宗議院, 宗理院으로 함
一. 종법원에 종법사 약간인을 치하야 포덕, 교화, 교육, 예산, 저술에 대한 사무를 장리함
一. 종의원에는 의정원 60인을 치하야 규칙제도, 예산결산, 경비소비사항을 의결함
一. 종리원에는 종무사 약간인을 치하야 서무 및 경리의 사항

---

23) 金正明 편, 『朝鮮獨立運動』 1권 분책, 680·681쪽.
24) 金正明 편, 『朝鮮獨立運動』 1권 분책, 681쪽.

을 분장함
　一. 연원제는 此를 改하야 龍潭淵源 하에 속하게 하며, 淵源
　　　錄을 개하야 敎籍으로 함25)

　신제도의 중요한 특징은 衆意를 존중하고 평등적인 면이 강하였다는 점이다. 세부적으로 신제와 구제의 차이점을 알아 보면 첫째, 구제에서는 大憲 2條에 천도교의 최고 우두머리인 大道主는 天의 영감에 의해 계시되는 데 반하여 신제에서의 敎主는 공선되었다. 둘째, 구제는 部區 사이에도 차별이 있고 중앙총부의 司와 觀 사이에도 차별이 있는 데 반하여, 신제에서는 中央과 地方에 공히 宗法院, 宗議院, 宗務院을 두어 다소 평등적 특성이 있었다. 셋째, 구제에서는 淵源이란 전교자를 의미하여 전교자는 각기 자기가 전도한 사람을 관리하였다. 그래서 교규가 통일되지 않은 단점이 있었다. 반면에 신제에서는 일체의 연원은 용담연원, 즉 최제우에 귀속시켜 모든 교인은 동등하게 최제우의 연원이므로 전도자라고 하더라도 자기가 전도한 사람을 독자적으로 관리하지 못하게 하였다. 넷째는 의사기관의 기능이 신장된 점이다.26)

　동시에 혁신집단과 이에 동조하는 세력들은 議正員 중에서 申一點, 金敎慶, 李東求, 白仁玉, 蔡周億, 李東洛, 朴錫洪 7명의 전형위원을 선발하여 1922년 1월 13일까지 2명의 종무사와 18명의 종법사를 선발하여 1월 17일 임명하였다. 종무사 나용환은 경리과 주임으로, 종무사 최린은 서무과 주임으로 임명되었고, 아래의 표와 같은 종법사가 새로 임명되었다.27) 〈표 5-1〉에서 드러나듯이 천도교

---

25) 『東亞日報』 1921.12.28.
26) 金秉濬, 「우리 敎會의 制度改善에 대하여」, 『천도교회월보』 138호, 1922. 2, 13~20쪽.
27) 趙基周 編, 『天道敎宗令集』, 天道敎中央總部, 1983, 172·173쪽.

총부의 임원들은 홍병기, 윤익선, 오지영과 같은 개혁세력과 나인협, 임례환 등 개혁지지세력으로 임명되었다.

1921년 시작되어 1922년 1월에 이루어진 천도교총부 내의 개혁운동은 정광조의 정책과 전횡을 반대한 박인호계의 오지영, 홍병기·윤익선·김상묵 등의 홍병기계 인물, 최동희계 인물의 주도와 임례환·나인협 등 서북지역 출신의 교회원로 및 의정원 의원들의 지원으로 이루어졌다.

그러면 정광조의 후원으로 신문화운동을 추진하였던 천도교청년회는 어떠한 반응을 보였을까? 천도교청년회도 정광조의 전횡에 대해서는 비판적인 태도를 취하기도 하였다. 그러나 정광조가 자금을 지원하는 등 청년회의 활동을 적극적으로 지원하였으므로 청년회는 개혁파와 보수파의 싸움에 대해서 불철저한 태도를 취하였다.28) 예컨대 청년회는 1월 10일 열린 임시총회에서 분열의 전말에 대해서

〈표 5-1〉 宗法師의 職任表

성 명	직 임	성 명	직 임	성 명	직 임
洪秉箕	포덕과주임	金鎭八	전북 교구순회	權秉悳	함북 교구순회
權東鎭	교육과주임	鄭桂玩	전남 교구순회	金文闢	평북 교구순회
李敦化	편집과주임	李仁淑	경남 교구순회	羅仁協	평남 교구순회
李鍾勳	경기도 교구순회	鄭廣朝	경북 교구순회	林禮煥	황해도 교구순회
李炳春	충남교구순회	洪基兆	강원도 교구순회	尹益善	북만주 교구순회
吳榮昌	충북교구순회	朴奉允	함남 교구순회	吳知泳	남만주 교구순회

28) 高警 第732號, 「秘 天道敎ノ內訌及改革ノ顚末ニ關スル件」(1992. 3. 9), 天道敎內訌ノ原因. 이 자료에 의하면 정도준이 회장으로 있던 천도교청년회도 일시 정광조의 전횡을 비판하였다고 되어 있다. 그렇지만 1921년 4~5월 경 정광조가 천도교청년회에 자금을 지원하자 천도교청년회는 정광조에 대한 비난을 자제하였다. 金正明 編, 『朝鮮獨立運動』 1권, 분책, 679쪽.

만 간단하게 보고하는 정도였다.29) 그렇지만 엄밀히 말하면 鄭道俊이 회장으로 있던 천도교청년회는 개혁파보다는 정광조를 후원하는 위치에 있었다.30)

한편 구제에서 권한을 행사하던 일부의 교도들은 신제를 적극 반대하였다. 지방의 중요 두목들 가운데 특히 구제에서 자기가 전교하였던 교도를 독자적인 연원 하에 관할하였던 두목들은 신제의 실시로 인해 이것이 불가능해지자 신제의 실시를 반대하였고, 지방의 포덕사들도 신제의 실시로 성미의 수입이 심각하게 감소하자 불만을 터뜨렸다.31)

이러한 사태를 호기로 삼아 구임원인 정광조 등은 구관제를 부활하기 위한 운동을 전개하였다. 1922년 4월 4일 정광조가 병으로 가출옥하여 있던 손병희를 방문하여 구제도를 부활시키도록 설득하자, 손병희도 이에 동의하였다.32) 그리고 손병희는 최제우의 득도

---

29) 高警 第732號, 「秘 天道敎ノ內訌及改革ノ顚末ニ關スル件」(1922. 3. 9), 改革案ニ對スル靑年會ノ態度.
30) 高警 第732號, 「秘 天道敎ノ內訌及改革ノ顚末ニ關スル件」(1922. 3. 9), 新幹部ノ方針.
31) 金秉濬, 「우리 교회의 제도개선에 대하여」, 앞의 책 16·17쪽.
32) 손병희가 정광조를 지지한 이유를 명확하게 파악할 수는 없다. 그러나 그 까닭을 짐작해 보면 다음과 같은 것을 들 수 있겠다. 첫째 개혁안에서는 교주를 선거로 선출하였으므로 손병희는 교주의 권한이 약화되는 것에 반대하였을 것이다. 둘째 그는 개혁안에서의 지방분권주의에 반대하였을 것이다. 교회운영에서 지방분권화를 실시하는 것은 민주적인 교회의 운영이라는 측면에서는 바람직한 것이었다. 그러나 결정적인 시기에 은밀하게 전 교도의 힘을 결집하여 정치·사회운동을 일으키는 데는 지방분권적인 교회의 운영에 불리한 점이 있었다고 생각된다. 이러한 점 때문에 정광조는 개혁파를 일제를 이롭게 하는 친일집단이라고 매도하기도 하였다. 마지막으로 손병희는 자기의 사위인 정광조가 추진한 교회 내의 정책과 그가 후원하고 있던 천도교청년회 주도의 신문화운동을 지지한 데서 정광조를 지지하고 구제도를 부활하게 하였던 것으로 판단된다. 손병희가 신문화운동을 적극 찬성하였던 것은, 신문화운동의 실시를 위하여 천도교청년회의 전신인 교리강연부를 설치한 후 정광조가 이 사실을 옥에 있던 손병희에게 알렸을 때, 손병희가 정광조에게 이를 적극 후원하라고

일인 천일기념일(4월 5일)을 기념하기 위하여 각 지역의 교구장과 중요 교역자들이 귀경하여 있던 때를 이용하여, 4월 6일 교주 박인호를 통해 구제도를 부활하라는 명령을 내렸다.33)

그때까지 손병희의 권위는 절대적인 것이었으므로 손병희의 명령을 받은 교주 朴寅浩는 천도교 대헌을 복구하고 區長의 명과 淵源도 복구한다고 발표하였다. 그러자 吳世昌, 羅龍煥, 羅仁協, 林禮煥, 洪基兆, 李炳春, 鄭桂完, 朴準承, 洪基億 등이 보수세력으로 돌아갔다. 오지영을 제외한 박인호 계의 인물들도 정광조를 적극 지지하지는 않았지만 보수세력으로 회귀하였다.

이제 개혁파에는 오지영계 인물, 홍병기·윤익선·김상묵 등의 홍병기계 인물, 최동희·이상우 등의 최동희계 인물, 그리고 개혁과정에서 의정원으로 선임되었던 인물들만이 잔존하게 되었다. 이에 혁신세력은 宗議院으로 하여금 교주 불신임안을 결의케 하고, 宗議師後援會를 결성하여 종의원의 활동을 지원하였다. 그리고 天道敎維新學生會(청년회)를 조직하여 구파측의 천도교청년회에 대항하여 천도교 혁신세력의 활동을 지원케 하였다.34)

이러던 중에 손병희가 1922년 5월 19일 별세하였다. 그리고 교주였던 박인호도 손병희의 장례를 집행하고 나서 1922년 6월 5일 총부임원과 교구장등에게 이 분쟁은 자신의 부덕의 소치라면서 교주직에서 물러난다고 선언하였다.35) 그리고 그는 敎徒大會를 개최하여 선후책을 모색하라고 권고하였다.

한 사실에서 판단할 수 있다.
33)『齋藤實文書』, 10권, 452·453쪽.
34)『동아일보』1922. 4.9. 1922. 6.17. 高警 제1916호,「秘 天道敎新舊兩派ノ紛爭解決」(1922. 6.17). 이 문건은 外務省史料館 4-3-2, 2-1-9號, 不逞團關係雜件, 朝鮮人ノ部,『鮮人ト宗敎』3권에 수록되어 있음.
35) 高警 제1916호,「秘 天道敎新舊兩派ノ紛爭解決」(1922. 6.17).

이에 보수파 간부들은 숙의를 하여 혁신파측의 의견을 대폭 수용하고 양보하여 合同敎徒大會를 개최하기로 결의하였다. 이후 양파는 교도대회의 개최와 양파 위원들의 교섭으로 1922년 6월 12일 경 구파측이 제시한 13조의 조직에 따라 일시 타협하였다. 이리하여 구파에서는 朴寅浩, 鄭廣朝, 權東鎭, 崔麟, 權秉悳이 중심인물이 되고, 혁신파에서는 吳知泳, 尹益善, 趙寅星, 崔東曦, 李鍾勳, 金鳳國이 중심인물이 되어 교섭위원을 선정하였다. 이때 선출된 구파의 교섭위원은 李泰潤(평양), 申鏞九(황해), 韓順會(황해), 金鎭八(평남), 林根泰(원산), 文哲模(함흥), 李喜悅(평양), 李楚玉(평양), 朴承龍(利原), 崔安國(의주)이었다. 그리고 신파측 교섭위원은 池東燮(충남 당진), 金鳳國(성천), 金敎慶(울산), 金光熙(浦潮 음악단), 宋憲(지방 천도교 청년), 姜仁錫(전 개벽사 기자), 李東求(강원도 횡성 의정원 의원), 朴錫洪(전남 목포 의정원 의원)이었다.36)

결국 교섭위원의 활동으로 타협안이 마련되었는데 그 내용은 다음과 같다.

　一. 교회제도는 무교주제로 할 것(혁신파 의견)
　二. 교회의 조직은 중앙·지방 통일제로 할 것(혁신파와 구파의 타협의견)
　三. 의사기관을 두고 일반규칙과 총부의 예산을 議定할 것(혁신파 구파 동의견)
　四. 의사기관의 선임은 來 8월의 지일기념일로 할 것(혁신파 구파 동의견)
　五. 年月 성미는 10분의 1을 제하고 나머지는 반액은 총부에 반액은 지방교구의 사업비로 충당할 것(혁신파 구파 동의견)

---

36) 高警 제1916호,「秘 天道敎新舊兩派ノ紛爭解決」(1922. 6.17).

六. 原職은 신규칙에 의할 것(혁신파의 의견)
七. 住職은 신규칙에 의하여 공선할 것(혁신파의 의견)

取極
1. 신규칙기초위원은 각 대표 2명씩, 도사 10명, 간부 5명, 고문 3명으로 정할 것
2. 재정정리는 위원으로 하게 할 것
3. 기존예산의 가감은 위원에게 일임할 것
4. 학교보조의 건은 위원에게 일임할 것
5. 신규칙 반포의 일까지는 종규·종헌을 준용할 것37)

이렇게 타협하여 작성된 교안초안과 재산정리안은 지일기념일(최시형의 승통일인 8월 14일) 다음날인 8월 15일에 열린 지방대표위원회에서 심의에 붙여졌다. 그러나 대표선정의 문제를 둘러싸고 다시 양파는 의견이 충돌되어 분열하게 되었다.38)

며칠 뒤 혁신파는 구파와 도저히 타협할 수 없다고 보고 天道敎革新團을 결성하고 대표위원회를 개최하여 신·구분리를 성명하고 8월 25일 임시약법 9조를 작성하여 공함과 함께 발표하였다.39) 그

---

37) 金正明 編, 『朝鮮獨立運動』 1권 분책, 701~703쪽.
38) 高警 제287호, 「秘 天道敎新舊兩派紛爭ノ件」(1922. 9.11). 이 문건은 外務省史料館 4-3-2, 2-1-9號, 不逞團關係雜件, 朝鮮人ノ部, 『鮮人卜宗敎』 3卷 내에 수록되어 있음. 의원자격심사에서 문제로 제기된 것은 종무사 명의로 추천하여 보고한 15인, 구회의장의 명의로 공보한 30인, 개인성명의 도장으로 날인하에 보고한 47인, 개인성명의 도장도 없는 8인, 엽서로 한 17인 등 합계 117명은 정당한 추천인이라고 하여도 나머지 사람들은 공보가 없으므로 대표로 인정할 수 없다는 것과 의원으로 당선된 후 의회를 탈회한 자의 의원자격 문제에 대한 것이었다.
39) 高警 제287호, 「秘 天道敎新舊兩派紛爭ノ件」(1922. 9.11). 천도교대회위원회의 임시약법은 1. 교회의 일반규제와 사업을 유신함. 2. 교제는 중의제로 함. 3. 교회의 기관조직은 아래에 의한다. ① 개인을 본위로 하고 지방을 중심으로 함 ② 각 지방에 지방교회를 두고 교무를 확장함 ③ 중앙에는 중앙교회를 두고 정신을 통일함. 4. 의사기관은 아래에 의함. ① 지방교회의 의사기관

리고 金鳳國, 吳知泳, 宋憲을 재경위원으로 잔류케 하고 나머지는 각기 지방으로 돌아갔다.

구파 측의 정광조와 최린은 혁신파와의 타협의 필요성을 제기하고 구파의 대표위원회의 결과에 따라 신파와 협의하여 양측에서 査正委員 5명씩을 선발하였다. 이들은 교헌초안정리안을 심사하였다. 그리고 다시 신파위원 12명, 구파위원 80명이 참석하여 신교헌을 통과시켰다. 그리고 이 신교헌에 의하여 중앙총부의 종리사를 선발하였다. 그런데 이때 선발된 종리사는 권동진, 최린, 이인숙, 오세창, 오영창, 나용환, 권병덕, 朴準承, 나인협으로, 이들은 모두 구파였다.40)

이러한 임원의 선발을 혁신파측으로서는 도저히 받아들일 수 없었다. 그리하여 천도교의 혁신세력은 1922년 10월 경 天道敎維新靑年會로 하여금 지방을 순회토록 하여 지방의 천도교도를 회유하였다.41) 마침내 오지영, 윤익선 등은 동년 12월 25일부터 31일까지 지방대표위원회를 개최하여 天道敎約法을 가결한 다음, 기존의 천도교총부에서 이탈하여 별도로 天道敎聯合敎會를 조직하고 독자적으로

은 의회로 함 ② 중앙교회의 의사기관은 각 지방교회에서 공선한 대표로서 조직함. 5. 연월성미금의 3분의 2는 지방교회비용으로, 3분의 1은 중앙교회경비로 함. 6. 교회대표로서 임시위원 3인을 선발하여 두고 아래의 사무를 위임함. ① 서무 및 경리에 관한 건 ② 규제 기초에 관한 건 ③ 교무사정에 관한 건. 7. 지방대표회총회기는 12월 인일 기념일(24일)로 함. 8. 각 지방교회를 확장하기 위하여 순회위원 약간인을 선발함. 9. 약법에 없는 조항은 신규제발 포일까지 현종헌을 준용함.

40) 위와 같음.
41) 『동아일보』 1922년 10월 13일. 이는 천도교 총부를 지지하는 천도교 신파의 天道敎靑年會에 대항하여 만들어진 것으로 천도교연합회의 활동을 지원하였다. 그 방법으로 천도교유신청년회는 지방 강연을 다니면서 천도교연합회의 교리와 주의를 선전하였던 것으로 보인다. 1922년 12월 12일 황해도 서흥에서 김봉국은 '세계적 요구와 종교의 장래', 강인택은 '생존상 2대욕구'라는 제목의 강연을 하였다.

활동하였다.42)

혁신파는 1923년 3월 30일부터 4월 9일까지 천도교당에서 제1회 연합총회를 개최하여 임원으로 의장에 金敎慶, 부의장에 金秉俊, 위원에 金重鉉·金尙俊을 선출하고 '安和期成會'에서 제의한 구파와의 합동문제를 논의하였다. 그리고 4월 4일 천일기념일을 맞이하여 구파와 합동을 교섭하였으나 결국 결렬되었다.43)

2. 천도교연합회의 주도인물과 그 특성

여기서는 천도교연합회의 주도인물과 사상을 살펴 보도록 하겠다. 이를 통해 천도교연합회가 분립하게 된 배경을 조금이나마 분명하게 알 수 있지 않을까 한다. 우선 천도교연합회의 설립을 주도하였던 인물들의 약력을 표로 나타내어 보면 〈표 5-2〉와 같다.

〈표 5-2〉에 따르면 천도교연합회원들은 크게 네 집단으로 구성되어 있다. 첫째 집단은 전라북도 익산 지역에 근거를 두고 있던 오지영, 유공삼 등이다. 둘째는 홍병기·윤익선·김상묵으로 이루어진 홍병기계 인물이다. 셋째는 최시형의 아들인 최동희와 그와 밀접한 관계를 맺고 있던 이상우이다. 넷째는 이동구, 이동락, 김봉국, 조인성과 같은 의정원 의원과 김교경, 지동섭, 김광희와 같은 교섭위원들을 들 수 있다.

---

42) 「天道敎ノ內訌ニ關スル件(1922. 3.16)」, 高麗書林 影印, 『日帝下社會運動史資料叢書』 4권, 1992, 53쪽.

43) 京高 秘 7773號, 「天道敎新舊派集會ニ關スル件」(1923. 4.21), 한국역사연구회 편, 『日帝下社會運動史資料叢書』 제4권, 高麗書林, 1992, 262~270쪽. 天道敎新舊派第1回聯合總會 항목 참조. 安和期成會는 신·구 양파를 조정하여 천도교를 통일하려고 李泰潤, 田晩永 외 20여 명이 1923년 2월 중순에 결성하였다. 李庸昌, 앞의 글, 15·16쪽 참조.

〈표 5-2〉 천도교연합회의 주도인물

구분	성명	생몰연대	본적 및 출생지	신분	교육	빈부·재산	종교경력	정치·사회운동 경력	기타	전거
A	吳知泳	1888-1950	전북 고창(생) 전북 익산	잔반	한학	빈	1891 입교, 1894 익산접주 金方瑞 휘하 종전입동 1897 익산 대접주 張敎化 휘하 부두령, 1908 익산대교구장, 1911 典制觀長	1894 동학농민운동참여, 1901.5.31-6.6 함북관찰익 대접주 부주사	내 오순화 최동호의 처	노용필
	柳公三	1897.2.11-1938.2.24	전남 고흥		1922년 경 보통학교 졸업	자산유		면서기, 1926형평사 중앙상무집행위원		예정, 호적
B	洪秉箕	1869-1949	경기 여주				1892 입교		매 홍영이 최동희의 처	공2,권, 한민9,10
	尹益善	1871-	서울 종로 안국동 64					1919 보성법률학교장, 삼일운동역1년 6월(1920.9.3 만기출옥)	홍병기과	공6,
	金向獸								홍병기과	고경비 732호
C	崔東曦	180-1927.1.26	충북 청원		正則英語學校야간부(1904),대성중학,早稻田大 學政經學部		2세교주 최시형의 자		姉; 손병희의妹 손씨, 妻; 홍병기의 매 홍영, 弟; 東昊의 차,오지영의 女 吳睹醒 최시영의 첫 부인 안동김세가 데리고 온 딸; 김연국의 처	해월

〈표 5-2〉 계속

구분	성명	생몰연대	본적 및 출생지	신분	교육	빈부 재산	종교경력	정치·사회운동 경력	기타	전거
C	李祥宇	1880-1962	전북 러산(원적) 전북익산(보적)			부호	1892입교, 1902여산점주, 1904 전라도 대접주, 1905 충인왼 의사원, 1915 중법왼 포덕사	1922년 궁내부 주사,	최동희의 의형 해월, 공직신청서	
	李東求	1886-	강원 횡성	세간			* 횡성 의정원 의원			
	李東洛	1890-1969	황해 평산		1909 사립명륜 사범학교졸		1911입교, *攝屬 의정원 의원, #고려혁명당 참여			
	金鳳國	1890-1932	평남 성천		한문사숙	자산 유 (3만원)	1914입교, 1916천도교금융원, 1920.4천도교청년화장, *1922.11 성천 의정원 의원	# 고려혁명당 간부 1910사립송성중학교장, 1922.7 고려혁명위원회, 1924 서정희, 안제홍 등과 언론탄압에 대한 반대투쟁	자 李光南이 작성한 평생이력서, 판 해정, 공4, 판.	
素笑										
D	趙貞成		함북 북청				* 북청 의정원 의원			권종69, 고경1916
	池東燮		충남 당진				* 교섭위원			권종69, 고경1916
	金教慶		경북 울산				* 교섭위원, 울산의정원 의원			권종69, 고경1916.
	朴錫洪		전남 목포				* 교섭위원			
	金光熙 水山	1892-1968	함북 학성				* 블라디보스톡 대표교섭위원	1922.7 고려혁명위원회 해외조직부장, #1926 고려혁명당 간부, 1930신천농민당위원장	권종69, 공4, 판, 고경1916	

* 공 : 국가보훈처, 『독립유공자공훈록』, 1986-95/ 판 : 고려혁명당사건판결문(신의주지방법원 : 1928. 4. 20)/ 천종 : 조기주 편저, 『천도교종령집』, 천도교중앙부, 1983/ 해정 : 해정시대인물사료/ 해월 : 최정간, 『해월최시형가의 사람들』, 웅진, 1994/ 한민 : 국사편찬위원회, 『한민족독립운동사자료집』, 제9·10권, 1989/ 고경 1916 : 고경 제1916호, 『秘 天道敎新舊兩派/紛爭解決』, (1922. 6. 17/ 고경1 732 : 고경 제732호, 『秘 天道通數/內訌及改革/顚末二關スル件』, (1922. 3. 9).

첫째 집단의 주도인물인 오지영은 박인호계에 속하였지만 혁신운동의 전개과정에서 박인호와 결별하고 천도교연합회를 결성하는 데 주도적인 역할을 하였다. 오지영은 1868년 高敞郡 茂長面 德林里에서 출생하였다. 그는 1891년 3월 12일(음력) 동학에 입교하였다. 1892년에는 소위 石佛秘訣事件에 가담하였고 이것이 계기가 되어 고창을 떠나 익산으로 이주하였으며 1893년 익산민란 때 都狀頭로 참여하였다. 1894년 동학농민운동 당시 오지영은 大接主 金方瑞의 휘하에서 활동하였고 그 해 10월 公州 牛禁峙와 論山 黃華臺에서 京軍에게 패한 후 楊州 妙寂菴에 은거하였다.44) 그러다가 1896년 北接系 大接主 張敬化를 만나 교의 淵源을 통하였으며, 1897년 중앙으로부터 六任牒을 받고 1906년 12월 익산교구장에 임명되었다. 그리고 1909년 중앙총부의 理文觀 書計員이 되었고 1910년에는 典制觀長에 임명되어 서울로 올라왔다.45) 이러한 점을 통하여 살필 때 오지영은 남접계 잔존인물로서 동학농민운동이 실패한 후 북접계와 연계를 맺고 활동한 것으로 보인다.46)

두번째 집단으로는 홍병기, 윤익선, 김상묵 등 홍병기계 인물을 들 수 있다. 홍병기는 1892년 동학에 입교하여 1894년 동학농민운동시 손병희와 함께 활동하였다.47) 그는 1911년 2월 8일 대종사장으로 임명되어 1917년 혹은 1918년 정광조에게 대종사직을 물려주었다. 윤익선은 보성학교장으로 활동하다가 정광조에 의하여 쫓겨났다. 김상묵도 정광조의 지출삭감으로 급료를 받지 못하게 된 인

---

44) 盧鏞弼, 「吳知泳의 人物과 著作物」, 59~64쪽.
45) 김태웅, 앞의 글, 86·87쪽.
46) 김태웅, 앞의 글, 87쪽. 동학농민운동의 실패 후 남접계의 동학도들이 북접계에 접맥되어 활동한 사실은 이미 이영호가 지적한 바 있다(이영호, 「갑오농민전쟁 이후 동학농민의 동향과 민족운동」, 『역사와 현실』 3, 1990, 215쪽).
47) 天道敎中央總部, 『天道敎百年略史』 上, 미래문화사, 1980, 283쪽.

물이었다. 홍병기는 경기도 여주 출신이었고, 윤익선은 충남 홍성이 고향이었다. 요컨대 홍병기계의 인물들은 기호 출신이었다.

다음으로 세번째 집단은 최동희와 이상우로 구성되었다. 최동희는 최시형의 아들이라는 점에서 구심력이 있었다. 최동희는 1904년 일본에 유학하여 1910년에는 와세다대학 정경학부에서 수학하였다. 당시 그는 아베이소오(安部磯雄, 1865-1949)가 행한 '사회주의론' 강의에서 깊은 감명을 받았다고 한다.48) 그는 1914년 와세다대학을 졸업하고 귀국하였다. 얼마 지나 1916년 9월 경 최동희는 홍병기, 이상우, 오지영, 원정룡 등과 상의한 후 손병희에게 ① 천도교 내부의 개혁과 부패를 척결할 것, ② 동학의 분파주의를 극복하고 시천교와 통합할 것, ③ 갑오년 동학혁명 당시 불쌍하게 산화한 이름없는 무수한 영혼들을 생각해서라도 항일운동을 전개할 것, ④ 호화사치 생활 청산 및 朱山月의 낙적(명월관 기생 주농파가 의암의 작은 부인이 되는 것)을 반대하는 내용의 네 가지 건의를 하였다고 한다. 이 내용은 동학이념에 따른 항일운동 전개와 동학의 각 분파인 천도교와 시천교의 통합에 관한 것, 천도교총부 내의 개혁과 부패척결 및 손병희의 타락한 생활의 청산에 관한 것이었다. 그리고 1917년 그는 이상우, 원정룡을 내세워 천도교와 시천교와의 통합운동을 추진하기도 하였다.49)

그러다가 1917년 늦가을 그는 나가사끼로 갔다가 天津을 거쳐 上海로 망명하였다. 거기에서 그는 문일평, 홍명희, 趙東祜 등과 독립운동의 방략에 관하여 논의하였다. 1918년 3월에는 북경에 가서

---

48) 최정간, 앞의 책, 131·132쪽. 1947년 서울 미군정청 물자통제국에서 최정간의 아버지인 최남주와 이증로(이일심)가 행한 대담에서, 이증로는 최동희가 1926년 4월 길림성에서 고려혁명당을 결성할 당시 와세다대학 재학 시절을 회상하면서 아베 교수의 강의 내용을 자신에게 자주 들려주었다고 하였다.

49) 최정간, 앞의 책, 159~170쪽.

신채호를 만나고 그로부터 조선의 독립이 무력항쟁을 통해서만 가능하다는 것을 깨닫게 되었다.50) 1918년 6월에는 吉林省 輯安에 도착하였다. 이후 길림성 각지를 돌아보며 독립운동가들을 만나 독립운동의 방략에 관하여 논의하였다. 그는 柳東說로부터 러시아 혁명 이후의 상황과 조선의 독립에 러시아 공산주의자들의 지원이 필요하며, 독립운동은 무력항쟁을 통해서만 가능하고 이를 위해서는 무기의 구입을 위한 막대한 군자금이 필요하다는 말을 들었다.51) 이렇게 만주지역을 유랑하다가 최동희는 3·1운동 후인 1919년 4월 1일 귀국하였다. 귀국 후 그는 정광조에게 '만주에 대규모 개간사업을 하여 그곳에 독립운동기지를 만들려고 하니' 자금을 빌려달라고 요청하였으나, 일제의 자금동결로 이루어지지 못했다. 그러자 그는 청주에서 죽마고우로 지내던 홍일창을 만나 그에게 자금을 수집하게 하였다. 그리고 그가 2,000여 원을 마련하자 4월 4일 홍일창과 함께 출국하여 자신은 만주 길림으로 가고, 홍일창은 상해로 가서 임시정부와 관계를 맺고 활동하도록 하였다. 이처럼 최동희는 만주에 머물면서 상해와 만주지역 등의 독립운동가와 연계하여 활동하였다.52)

그러다가 그는 1919년 11월 경 다시 귀국하였다. 귀국 후 그는 1920년 8월 21일 대구 錦町 田中旅館에서 崔浣 및 李根鎬와 다음과 같은 사항을 협의하였다.

> 1. 만주에 중립국을 건설하여 조선의 독립을 도모할 것. 만주지방은 토지가 광막하고 가격이 싸서 1日耕을 약 50원에

---

50) 최정간, 앞의 책, 185쪽.
51) 최정간, 앞의 책, 186~192쪽.
52) 최정간, 앞의 책, 206~223쪽.

매수할 수 있으므로 10만원 상당의 토지를 매수한 후 그 곳에 이민을 장려하여 5,000여 호의 대조선인부락을 건설한다. 학교와 교육기관을 설립하고 병영을 건설하여 동지를 훈련하며, 실력을 양성하고 중립국의 기반을 공고히 하여 일본과 개전의 준비를 할 것.
2. 노국 과격파와 결탁하여 무력침입을 할 것.
3. 조선인 관리를 매수할 것.53)

이것이 사전에 발각되어 실현되지는 못하였지만, 이러한 사실로써 최동희가 만주에 독립운동기지를 건설하여 무력을 증대하고 러시아의 공산주의자와 결탁하여 조선을 독립시키려 하였음을 알 수 있다.

李祥宇는 1880년 전북 礪山에서 출생하였다. 그는 경제적으로 부유하여 한문사숙을 받았다. 그는 1902년 동학에 입교하여 1902년 礪山接主, 1909년 叢仁院 議事員, 1915년 종법원 포덕사로 활동하였다. 특히 그는 1914년 최동희와 의형제를 맺고 이후 최동희의 활동을 적극 지원하였다.54)

앞에서 살핀 천도교연합회의 세 집단은 혼인관계로 밀착된 사회적 관계를 유지하고 있었다. 최동희는 홍병기의 여동생인 홍영과 결혼하였고, 최동희의 아우인 崔東昊는 오지영의 딸인 吳順嬅와 결혼하였다. 그러므로 이들은 상호간에 중첩된 혼인관계를 맺고 있었다. 이 점은 이들의 결속력을 다지는 데 일익을 하였을 것이다.

네번째 집단은 이동구, 김봉국, 이동락, 조인성처럼 의정원 의원 혹은 교섭위원으로 활동한 사람들이다. 이들은 대체로 30대의 청장년층으로 갑오동학농민운동에 참여하지는 않았고 주로 1910년대에 천도교에 입교하여 평남 성천, 함북 북청·학성, 강원 횡성, 충남

---

53) 慶北警察部, 『高等警察要史』, 1934, 200쪽.
54) 이상우 후손의 공적신청서.

당진, 경북 울산, 전남 목포지방의 교도로서 천도교의 개혁운동시 의정원 의원이나 교섭위원 등으로 활동하였다. 이들은 앞의 세 집단의 사람들과 연원관계를 통하여 결합되었다기보다는 혁신집단의 개혁론과 천도교연합회의 이념에 공감하여 참여한 집단이라고 생각된다. 이 사실은 김봉국의 예를 통하여 잘 알 수 있다. 김봉국은 1890년 평남 성천에서 출생하여 어려서 한문을 배웠고 농업에 종사하였다. 1914년 동학에 입교하여 지방에서 활동하다가 1921～1922년 동학의 혁신운동시 의정원 의원으로 활동하였고 이후 천도교연합회에 참여하였다.55)

이처럼 천도교연합회의 네 집단의 인물들을 통하여 드러난 연합회의 지역적 분포는 전라도 지역에 가장 많은 교도가 있었다. 그 다음으로 경기도, 강원도, 충청도 지역에 거주하는 교도가 많았으며, 황해도, 평안도, 함경도에도 일부의 교도가 있었다. 오지영·유공삼·이상우·박석홍은 전라도 출신이었고, 최동희·윤익선·지동섭은 충청도, 홍병기는 경기도, 이동구는 강원도, 이동락은 황해도, 김봉국은 평안도, 김광희·조인성은 함경도 출신이었다. 〈표 5-2〉에 나타나는 천도교연합회의 주도인물의 지역적 분포는 1932년 경경무국에서 조사한 일반교도의 분포상황과 유사하다. 이 조사에 따르면, 천도교연합회의 본부는 서울 인사동 258번지에 있었고 지방지부는 서울과 경기도 가평, 충청북도 옥천, 전라북도 군산·금산·맹산, 전라남도 담양·고흥·순천·여수, 경상남도 합천, 황해도 미수, 평안남도 중화·대동, 평안북도 자성·정주, 강원도 이천, 만주 길림에 있었다. 이러한 점을 통해 판단하여 보면 천도교연합회원들은 당시 천도교의 주류였던 서북지역 출신이 아닌 전라도와 기호지방의 교도들이 중심을 이루고 있었음을 알 수 있다.56)

---

55)『倭政時代人物史料』3권, 김봉국 항목.

그러면 천도교연합회원들의 경제적 상태는 어떠하였을까. 오지영은 전남 고창에서 전북 익산, 서울 등지로 자주 이사다닐 정도로 가난한 처지였다.57) 이것은 1926년 3월 滿洲 水棋下 二大甸子로 이주한 전라북도 익산군 출신의 연합회원의 경우를 통하여 짐작할 수 있지 않을까 한다. 『동아일보』 9월 9일자 기사의 "본인들은 천도교회 신파교인(연합회파 교인 : 필자 주)으로서 본래 무산농민인 동시에 경작지가 전무함으로 부득이 다정한 고국을 등지고 쓸쓸한 북만으로 이주하게 되었다"는 내용에서 드러나듯이 이들은 대체로 경제적 처지가 어려운 농민층이었다.

이러한 신도의 지역적 분포와 경제적 상태로 말미암아 천도교연합회원들은 서북지역이 중심이 되어서 전개한 천도교총부의 신문화운동에 공감을 할 수 없었던 것이 아닌지 모르겠다. 1904년에 전개된 개화운동인 진보회운동시 서북지역의 동학도들은 문명개화에 관심을 기울였던 데 반하여 이 지역의 동학도들이 토지문제의 해결에 관심을 두고 있었던 사실이58) 양측의 지향이 달랐음을 보여주는 단

---

56) 朝鮮總督府 警務局, 「最近ノ天道教ノ其ノ分裂ヨリ合同ヘノ過程」(1930.12.)
(고려서림 영인, 『齋藤實文書』 10권, 574・575쪽)과 朝鮮總督府 警務局, 「天道教四派布教狀況表」(1930. 11.)(村山智順, 『朝鮮の類似宗教』, 1935. 67~68쪽)에 의하면, 교도의 수는 다음과 같다. 아래의 표에는 전북의 교도가 나타나 있지 않은데, 이는 오지영 등이 관할하고 있던 전북 익산 지역의 교도들이 집단으로 만주로 이주한 때문이라고 생각된다.

〈별표 5-1〉 천도교연합회의 포교상황(1930.12. 당시)

구분	경기	충북	충남	전북	전남	경북	경남	황해	평남	평북	강원	함남	함북	만주	합계
포교소	1(2)	1(1)		(3)	3(4)	1	(1)	6(1)	3(2)	(2)	2(1)			(1)	17(18)
남교도	31	7			105	48		63	17		26				297
여교도		5			20	40		40	15		18				138
교도수	31	12			125	88		103	32		44				435

* 괄호안의 숫자는 『朝鮮の類似宗教』의 기록임.

57) 노용필, 「오지영의 인물과 저작물」, 『동아연구』 19, 1989. 오지영의 가계와 경력은 노용필의 논문에 잘 언급되어 있다.

58) 졸고, 앞의 글, 88・89쪽.

서가 되리라 생각된다.
그러면 전라도를 중심으로 한 빈민층을 기반으로 하여 구성되었던 천도교연합회원들의 사상은 어떠한 특성을 갖고 있는지 살펴 보도록 하자. 우선 천도교연합회의 사상을 극명하게 보여주는 천도교약법과 공약삼장을 검토하여 보도록 하자. 천도교연합회의 결성시 만들어진 천도교약법과 공약삼장은 아래와 같다.

> 議決案
> 一. 敎의 入敎文 및 주문 등은 폐지할 것
> (중략)
> 一. 誠米는 종래의 半分은 지방에, 半分은 중앙에서 하던 것을 고쳐 此를 三分으로 하여 二分은 지방교회에, 一分은 연합회로 할 事
> 一. 교회는 각 지방 面里에 편의를 따라 설립하고 연합회는 중앙지대에 두어 氣脈을 相通할 事
> 一. 個人을 본위로, 地方敎會를 중심으로 할 事
> 一. 간부는 庶務, 經理, 宣傳 三部로 하되 平等으로 할 事
> 一. 公約章을 간행하여 革新黨의 名分을 明瞭케 할 事
>
> 公約章
> 一. 迷信的 宗敎式은 打破하고 人本道德을 剏明할 일
> 一. 偏黨的 淵源制는 打破하고 大衆解放에 努力할 일
> 一. 階級的 差別制는 打破하고 平等生活을 領導할 일59)

우선 公約三章에 드러난 천도교연합회의 사상은 첫째 "미신적인 종교의식을 타파하고 인본도덕을 창명하라"는 데서 드러나듯이 인간존중의 사상이다. 그리고 둘째로 이러한 인간존중은 편당적인 연원

---

59) 吳知泳, 『東學史』, 大光文化社, 1984, 236~238쪽.

제를 타파하고 대중을 해방하며, 계급적 차별제를 타파하고 평등생활을 영도함으로써 구현된다고 보았다.

또한 이러한 계급적이고 위계적인 차별제를 철폐하기 위한 방식으로 개인본위와 지방교회 중심의 교회운영을 추구하였다. 계급적 차별제를 타파하고 개인의 평등생활을 구현하려고 하였던 천도교연합회의 사상은 지방교회에서 총부에 보낸 건의문 중의 "敎主와 小使의 봉급을 동일히 하라"라는 구절을 통하여 잘 살필 수 있다.60) 이는 교회의 최고위자와 말단의 대우를 동일하게 할 정도의 사회적·경제적인 평등이 구현되기를 표명한 것이었다. 그 방법으로 이들은 교주의 절대적 권위를 부인하고 일반교인의 의사를 존중하여 일반교인의 의사에 따라 협의제로 운영되는 제도를 만들려고 하였다. 그리하여 이들은 교주의 권한을 제한하고 교주의 임명방식을 변경하였다. 즉, 主權者의 독재제는 협의제로, 大道主의 天選制(교주의 지명에 의한 세습제)는 人選制로 변경하려 하였다. 또한 이들은 지방교회 중심으로 교회를 운영하기 위하여 성미금의 3분의 2를 지방에 주고, 3분의 1을 연합회로 보내도록 하였다. 그리고 교회의 운영도 중앙총부가 위에서 일방적으로 명령을 내리고 권한을 행사하는 중앙집권적인 통일제가 아니라, 지방교회의 협의체적인 성격을 띠는 연합회로서 운영하려 하였던 것이다.

천도교연합회는 이러한 개인존중·지방교회중심주의와 계급적 차별의 철폐를 통한 평등생활을 구현해야 할 당위성의 근거를 동학사상에서 찾았다. 천도교연합회에서는 "도는 내게 있는 신을 한울님이라고 아는 동시에 나를 깨우쳐 주는 스승으로 알아야 하나니 그 스승은 글도 없고 말도 없고 소리도 없고 다만 그 영으로써 나를 가르쳐 주는 자니 이른바 자체 연원의 스승이라고 하는 것이다. 따라서

---

60) 「統一制와 聯合制에 대하여」, 『천도교회월보』 150호, 1923, 3쪽.

도는 남에게 구하는 것이 아니요 내게서 구하는 것이 가장 믿음이 있다"고 보았다.61) 이처럼 개인의 守心正氣에 의한 개인의 심적 수양을 중시하였으므로 천도교연합회는 기존의 권위를 무시하며 과거시대의 계급차별과 전제구속적이었던 제도를 모조리 타파하고 인본도리·개인본위의 신제도를 만든 것이었다.62)

계급적 차별을 철폐하고 평등을 구현하려 한 천도교연합회의 평등주의는 공산주의적인 색채를 띠는 것으로 이들에게 이해되고 있었다. 따라서 이들 가운데는 공산주의에 경도되는 인물도 있었다. 1926년 경 천도교연합회의 일원으로 평남 成川에 거주하였던 김봉국은 천도교의 人乃天主義가 곧 共産主義라고 이해하고 있었다.63)

이처럼 천도교연합회원들은 사회주의에 경도되었을 뿐만 아니라 사회주의자와 연계하여 국내에서 정치·사회적인 활동을 전개하여 나갔다. 천도교연합회원인 李東求(李而笑) 등은 아직 관습적으로 남아 있던 백정들에 대한 차별을 없애자는 일종의 사회적 평등운동인 형평운동에 참여하였다. 이동구는 1924년 8월 15일 대전의 大田座에서 개최된 '형평사 통일대회'가 끝나고 다음날인 16일 '조선형평사 중앙총본부 임시대회'에서 중앙집행위원에 선임되었다.64) 그리고 1925년 4월의 전국대회에서는 임시의장 및 중앙검사위원으로 선출되었다. 같은 해 6월 11일에 전주에서 개최된 전북도 형평사대회에서는 의장으로 선출되었으며, 8월 4일 대전에서 개최된 '형평사전조

---

61) 천도교연합회, 「새사람과 새한울」, 盧鏞弼 編, 『吳知泳 全集』 上, 亞細亞文化社, 1992, 16·17쪽.

62) 京鍾警高 秘13211號, 「天道敎會聯合會敎理問答郵送의件」(1929. 9.11). 高麗書林, 『日帝下社會運動史資料叢書』 第6卷, 1992, 425쪽. 1929년 9월 일반 신도들이 천도교연합회 선전부의 金敎慶에게 보낸 글.

63) 『倭政時代人物史料』 3권, 김봉국 항목.

64) 『東亞日報』 1924. 8.19.

선학우회'에도 참가하였다. 그리고 8월 9일에는 형평사 禮泉分社의 창립 2주년 기념식에 출석하였다. 그날 밤부터 예천지방의 연속적 농민습격을 받고 11일 밤에는 장지필과 함께 중상을 입기도 하였다.65) 柳公三은 1926년 4월 25일 定期衡平社大會에서 中央常務執行委員이 되었다. 그는 사회주의에 공명하여 계급을 타파하자고 선전하며 전력을 기울여 형평운동에 종사하고 있었다.66) 더욱이 이들은 형평사가 분화할 때 형평사 혁신동맹 측에 가담하여 활동하였다.

그리고 천도교연합회 산하의 청년단체인 천도교유신회도 1923년 2월 사회주의계 청년단체인 서울청년회가 주도하여 개최된 전조선청년당대회에 참가하였다.67) 그리고 천도교유신회는 1924년 사회주의계가 주도하였던 조선청년총동맹을 발기하는 데 참여하였다. 그러나 창립대회 석상에서 종교청년단체의 가입은 강령에 위배된다는 이유로 천도교유신청년회의 가맹은 실현되지는 못하였다.68) 바로 이 사실은 천도교연합회의 사상이 사회주의적인 색채를 띤다고 할지라도 사회주의 그 자체는 아니라는 점을 보여주는 것이라고 판단된다.

또한 천도교연합회원들은 철저한 항일정신을 갖고 식민지체제를 변혁하고 일제의 굴레 아래에 있던 우리 민족을 해방시키려 하였다. 바로 1922년 7월 14일 가회동의 최동희의 집에서 高麗革命委員會

---

65) 金永大, 『實錄衡平』(日語版), 255쪽; 金昌順, 「국내독립운동에 관한 연구의 현단계와 과제-형평운동」, 『한민족독립운동사연구』 12, 한민족독립운동사연구의 회고와 전망, 국사편찬위원회, 1993, 298쪽.
66) 『倭政時代人物史料』 1권, 柳公三 항목.
67) 김준엽·김창순, 『한국공산주의운동사』 신판 2권, 청계연구소, 1986, 113~115쪽.
68) 『조선일보』 1924. 4.23; 『동아일보』 1924. 4.23; 안건호·박혜란, 「1920년대 중후반 청년운동과 조선청년총동맹」, 한국역사연구회 근현대청년운동사연구반, 『한국근현대청년운동사』, 풀빛, 1995, 92쪽.

를 결성하는 데 참여한 사람들이 바로 그러한 사람들이다.69) 이 위원회의 임원은 顧問 李鍾勳, 委員長 洪秉箕, 副委員長 崔東曦, 秘書 宋憲, 外交部長 崔東曦, 海外組織部長 李東洛, 海外宣傳部長 金光熙, 海內組織部長 李東求, 海內宣傳部長 金鳳國, 財政部長 朴奉允, 委員 金致甫, 康昌善, 池東燮, 金洪鍾, 姜道熙, 金文闢, 李東郁, 姜明赫, 金炳植, 孫斗星이었다.70) 그런데 이 중에서 홍병기, 최동희, 송헌, 이동락, 김광희, 이동구, 이동욱 등 많은 인물들이 천도교연합회의 회원들이었던 것이다.

그리고 이 고려혁명위원회의 위원 중 崔東曦·金光熙·金洪鍾·姜道熙·李東洛·金鳳國·李東求 등은 혁명의 완수 혹은 독립의 실현을 위하여 연해주 및 만주로 건너가서 활동하였다.71) 최동희는 연해주 블라디보스톡의 신한촌에 도착하여 1923년 1월 여러 인사들과 접촉하였다. 심지어 그는 러시아의 외무차관이었던 카라한과 면담하여 러시아의 블라디보스톡에서 창조파가 조직하려 한 국민위원회에 김규식, 신숙, 이청천, 원세훈, 윤해, 강구우, 한형권, 오창환, 김세준 등과 함께 참여하였다고 한다.72) 이동락은 1922년 12

---

69) 고려혁명위원회의 결성에 관해서는 문일민, 『한국독립운동사』, 1956, 234쪽에 기록되어 있다. 다만, 여기에서는 이 위원회가 어느 곳에서 결성되었는지에 대해서는 언급이 없다. 최익환(앞의 글, 45쪽)은 이 기구가 만주 吉林省 磐石縣에서 조직되었다는 것을 들었다고 주장하고 있다. 반면에 최정간(앞의 글, 156쪽)은 이 기구가 가회동의 崔東曦 자택에서 조직되었다고 주장하고 있다. 그런데 당시 이종훈, 홍병기, 이동구, 이동학, 지동섭 등 다수의 인물이 국내에 거주하고 있었으므로 최정간의 견해가 타당할 듯하다.

70) 애국동지원호회, 『한국독립운동사』, 1956, 234쪽.

71) 위와 같음.

72) 최정간, 「비운의 혁명가로 살다 간 동학 교주의 아들」, 『사회평론』 1992. 3. 157쪽. 그러나 『한국민족운동사료』 중국편, 국회도서관, 1976, 511~518쪽에 의하면 블라디보스톡에서 결성하려 하였던 국민위원회의 주요인물 가운데 최동희가 언급되어 있지 않다. 그러므로 최동희가 실제 블라디보스톡에서 김규식, 신숙 등과 국민위원회를 결성하려고 하였는지는 분명하지 않다.

월 황해도 도민회 주최 웅변대회에 참가하였다가 설화로 일제 경찰의 사찰 대상이 되었고, 1924년 2월 만주로 망명하였다.73) 김광희는 블라디보스톡에서 활동하고 있었는데 1922년 신·구 양파의 합동문제를 다루기 위하여 입경하여 혁신파측 대표로 활동한 후 다시 블라디보스톡으로 돌아가 고려혁명위원회의 해외조직부장으로 활동하였다.

3. 천도교연합회의 고려혁명당 결성과 공동촌 건립

해외에 망명하여 민족해방운동을 전개하던 인물 가운데 제일 선도적인 위치에서 활동하였던 인물은 최동희였다. 그는 이미 일본유학시절부터 사회주의에 경도되어 있었는데, 천도교의 '人乃天'이란 宗旨가 공산주의의 이념과 같다는 생각에서 사회주의자들과 연계하여 국내를 오가며 혁명운동을 전개하였다.

최동희는 1923년 8월 초순 고려혁명위원회의 명을 받고 중령과 시베리아지역에 파견되었다. 그는 중국을 경유하여 그 해 가을 海參威에 도착하였다.74)

최동희는 1923년 말과 1924년 초 상해파 고려공산당의 영수인 李東輝를 만나 천도교의 교지중 '人乃天', '人卽天'이라는 宗意는 바로 궁극적으로 공산주의의 본지와 같다는 내용을 선전하고 이동휘와 협의하여 공산주의와 천도교의 사상을 연결하여 혁명운동을 전개하려고 모색하였다.75) 그리고 韓明世 등이 이끄는 이르쿠츠크파의 인

---

73) 이동락 평생이력서.

74) 최동희가 제2차코민테른 집행위원회에 보낸서신(1923.12.27), 5·6. 鄭愚堂이 片山潛에게 보낸 편지(1924. 6.15, 블라디보스톡에서).

물들도 접촉하였다.76) 최동희는 두 부류의 공산주의자들에게 천도교의 略史와 사정을 말하였고, 이들로부터 코민테른과 소비에트러시아의 사정을 청취하였다.77)

최동희는 이들의 도움을 받아 1923년 12월 20일 천도교최고비밀간부특파원의 이름으로 코민테른 집행위원회의 집행위원이었던 片山潛에게 서신을 보냈다. 최동희는 이 서신에서 (1) 天道敎의 元祖와 그 主義, (2) 제1혁명(1894), (3) 제2혁명(1904), (4) 제3혁명(1919), (5) 제4혁명준비, (6) 과거의 조직체재, (7) 현재의 조직체재, (8) 재정의 과거와 현재, (9) 천도교도의 성질과 종류, (10) 혁명의 훈련, (11) 천도교의 시설, (12) 천도교의 대외책 등을 설명하고 片山潛의 도움으로 혁명을 완수할 수 있기를 희망하였다.78)

이러한 노력에 따라 1924년 4월 5일 천도교최고비상혁명위원회를 재조직하였다. 이 때 간부로 선정되었던 사람은 다음과 같다. 天道敎非常革命最高委員會 最高幹部의 執行委員長 洪秉箕, 副委員長 羅龍煥, 內務委員長 尹益善, 外務委員長 崔東曦, 財務委員長 金鎭八, 宣傳委員長 鄭桂琓, 連絡委員長 補缺中, 司省委員長 李鍾勳이었다.79)

최동희는 1924년 4월 중순 북경에 대리인을 파견하여 카라한을 만나게 하고 천도교와 코민테른 혹은 로서아정부와 연계하여 혁명운

---

75) 1924년 3월 8일 在間島總領事 鈴木要太郎이 外務大臣 男爵 松井慶四郎에게 보낸 機密 第76號. 外務省 史料館, 4-3-2, 2-1-11號, 不逞團關係雜件, 朝鮮人の部, 鮮人と過激派 내 保存.
76) 鄭愚堂이 片山潛에게 보낸 편지(1924. 6.15. 블라디보스톡에서).
77) 최동희가 片山潛에게 보낸 서신(1923.12.20).
78) 崔東羲가 片山潛에게 보낸 편지(1913.12.20).
79) 鄭愚堂이 片山潛에게 보낸 편지(1924. 6.15. 블라디보스톡에서).

동을 전개하는 것에 대한 자신의 생각을 전달하게 하였다.80) 그리고 자신은 1924년 6월 18일 경 천도교 교무 시찰을 가장하고 북간도에 출장한 천도교최고혁명간부의 집행위원장 홍병기, 내무위원장 윤익선, 연락위원장 겸 별총장 나용환을 북간도의 모지점에서 만나 혁명운동의 전개에 관하여 협의할 계획이었다.81) 또한 최동희는 1924년 6월 말 블라디보스톡에서 軍人俱樂部를 확장하기 위해서 활동하였다.82)

최동희는 1924년 6월 片山潛에게 편지를 보내어 천도교비상혁명최고위원회 간부와 片山潛, 국제당 간부 사이에 직접교섭, 연락, 맹서를 완전히 성립시켜 동양에서의 혁명을 달성하자고 하였다. 그리고 중국으로 활동의 무대를 옮길 경우 편의를 보아 줄 것을 요청하였다.83) 최동희는 1924년 7월경 하얼빈으로 활동의 무대를 옮겼다. 이 지역에는 수십명의 천도교인이 체류 또는 거주하고 있었으므로, 이들을 기반으로 혁명운동을 전개하려던 것이었다.84) 그는 남북만주를 돌아다니며 본국에서 온 혁명간부 이삼인과 면회하고 혁명운동의 전개에 대하여 협의하였다.

그런데 그 무렵 만주에서 본국에 밀파한 동지 이삼인이 갑자기 일본관헌에 체포되었다. 비록 본국에 있는 혁명위원회의 간부들은 아무런 위험에 빠지지 않았지만, 혁명위원회의 간부와 최동희와의 연락이 두절되었다. 더욱이 奉天에 머무르던 본부원 1인은 혁명위원회 간부와 연락을 취하려고 노력하였으나 일본관헌의 감시가 엄중

---

80) 최동희가 片山潛에게 보낸 편지(1926. 6.15, 블라디보스톡에서).
81) 최동희가 片山潛에 보낸 서신(1924. 6.25, 블라디보스톡에서).
82) 최동희가 片山潛에 보낸 서신(1924. 6.25, 블라디보스톡에서).
83) 崔東羲가 片山潛에게 보낸 편지(1924. 6.25, 블라디보스톡에서).
84) 鄭愚堂이 片山潛에게 보낸 편지(1924. 6.15, 블라디보스톡에서).

하여 여하한 활동을 할 수 없었다. 그러므로 봉천에 거주하는 본부원과 최동희와 東滿의 天道敎 동지와의 연락이 두절되었다.85)

최동희는 1924년 11월 20일 경 하얼빈에 도착하여 보이딘스키를 상면하려고 하였으나 그가 이미 모스코바에 돌아갔으므로 그와의 상면이 이루어지지 못하였다. 그는 하얼빈 러시아 영사관의 도움을 받아 봉천과 북경 등지의 천도교 최고혁명비밀간부원 수명과 함께 모스코바에 가서 片山潛과 면회하고 혁명위원회 간부와 러시아 간부가 제사업에 대한 교섭을 하기로 작정하였다. 하얼빈 주재 러시아 영사가 모스코바행에 대한 편의제공은 약속하였지만, 모스코바에 가서 사실을 보고할 수 있을 때까지 기다릴 정도로 사태는 여의치 않았다. 더욱이 모스코바에 가서 편산을 만날 수 있으리라는 장담도 하기 어려웠던 것 같다. 왜냐하면 상해파에서는 金震을 모스코바에 파견하여 최동희의 활동을 막으려고 노력하고 있었다.86)

최동희는 1924년 11월 24일 급하게 하얼빈 영사관을 방문하여 자신의 다급함과 다음의 두 가지를 요청하는 전보를 片山潛에게 보내주도록 요청하였다. 첫째는 1만루불을 하얼빈 영사관의 최동희 이름 앞으로 전체하여 주고, 둘째 보이딘스키를 하얼빈에 출장시켜, 최동희의 신용을 보증하여 줄 것을 요청하였다. 그러나 러시아 영사는 전보발신을 거부하였다.87)

그러자 최동희는 1924년 12월 17일 러시아 외무성 인민위원부로 비밀서한을 보내 러시아정부와 천도교 지도부가 다음과 같은 국제적 의무에 관한 비밀협정을 맺을 것을 제안하였다.

---

85) 최동희가 片山潛에게 보낸 편지(1924.11.24, 하얼빈에서).
86) 최동희가 片山潛에게 보낸 편지(1924.11.24, 하얼빈에서).
87) 최동희가 片山潛에게 보낸 서신(1924.11.24, 하얼빈에서).

1. 소련은 천도교에 의하여 조직될 15개의 혼성여단과 특수 및 일반임무를 띤 지원부대로 구성될 한국인민혁명군대에 총기, 폭발물, 수송수단, 기타 탄약 등을 제공한다.
2. 소련은 인민혁명군대에 믿을 만한 금광지역을 제공한다 (이 금광의 수입으로 인민혁명군대는 소련정부에 대한 채무를 상환하려 하였다).
3. 소련은 인민혁명군대가 하상 및 철도 그리고 해로를 통한 이동을 무료로 할 수 있도록 허가한다.
4. 소련은 인민혁명부대의 후방부대가 소련 영토에 주둔할 경우 정기적인 피복제공과 급량을 책임진다.
5. 소련정부는 유능한 군사전문가를 인민혁명군대의 교관으로 파견하고 인민혁명군대 내의 병사 및 장교들을 소련의 특수 군사교육기관 및 해군교육기관에서 위탁 교육시켜 줄 것.
6. 인민혁명군대가 소련영토 내에 주둔하지만 적군의 통솔을 받지 않는 독자적인 군대로 인정하여 줄 것.
7. 인민혁명군대의 모든 병과의 지휘관 양성을 목적으로 하는 특수학교의 설립과 이를 위한 재정지원.[88]

이러한 제안에서 최동희를 중심으로 한 천도교 지도부는 민족의 독자성을 유지하는 선상에서 러시아와 연합할 것을 제의하였다. 이 점은 제6조의 내용에서 확인된다.

그러나 이러한 제의는 받아들여지지 않았다. 이는 1925년 1월 20일 소비에트 러시아의 카라한과 일본의 오우자와(枋澤謙吉)가 맺은 '소·일상호관계의 기본원칙에 관한 협약'이라는 러·일밀약에 기인하였을 것이다.[89] 러시아는 이 협약으로 러시아 영토 내에서 어

---

[88] 朴보리스, 「在러한인들의 抗日運動(1920-1930年代 前半期)」, 『韓國의 民族 獨立運動과 光復 50周年』, 光復 50周年紀念 第8回 國際學術심포지엄, 1995. 9. 28-29. 31·32쪽에서 재인용.

[89] 박보리스, 앞의 글, 32쪽.

떠한 반식민지운동과 반일운동의 출현도 허용할 수 없게 되었으므로 일본의 식민침략의 실현을 방해할 수 있는 어떠한 정치・군사협상에도 응하지 않았다.

1925년 1월 러・일밀약으로 인하여 사회주의자와 연계하여 독립운동을 하는 것이 불가능해지고 심지어 러시아가 한인독립운동가들을 러시아 땅에서 추방하자, 최동희는 연해주에서 길림으로 이주하였다. 그곳에서 그는 양기탁 등 정의부원과 협의하여, 천도교연합회, 정의부, 형평사 현합하여 고려혁명당을 결성하는 문제를 협의하였다.

최동희는 1925년 6월 경 길림에서 김봉국에게 사회운동을 벌이자는 취지의 서신을 보내었다.[90] 최동희는 1925년 8월 천도교도이며 衡平社員인 이동구를 불렀다.[91]

이동구는 길림에 가서 10월 경 길림 하얼빈에 도착하여 최동희를 만나 그로부터 고려혁명당의 결성계획에 관하여 듣고, 동월 12월 경에는 귀국하여 김봉국 등과 만나 천도교, 형평사, 정의부원과 합동하여 중국땅에 단체를 조직하는 문제를 협의하였다. 그리고 이동구는 흰 비단에 천도교연합회의 대표로 김봉국을 파견할 것을 요청하는 편지를 김봉국에게 보내었다.[92]

그후 이동구는 고려혁명당을 결성하기 위하여 1926년 3월 국내로 들어와 서울 와룡동에 본부를 두고 있던 천도교련합회의 사무실에서 동회의 간부인 김봉국을 만나 고려혁명당의 건립계획을 설명하

---

90) 高麗革命黨事件判決文(新義州地方法院:1928. 4.20), 李東洛 假出獄關係書類 (138권) 내 수록.

91) 宋相燾, 『騎驢隨筆』, 국사편찬위원회, 1971, 369쪽.

92) 「고려혁명당사건 판결문」, (신의주지방법원:1928. 4.20), 理由 중 이동구 관련부분. 「이동락 가출옥관계서류」(138권) 내 수록, 154쪽. 동 판결문, 동 가출옥관계서류, 169쪽.

였다. 그러자 김봉국은 이 사실을 동회의 간부인 宋憲과 李東洛에게 알렸다. 그리고 이동구는 서울 와룡동 천도교형평사 중앙총본부를 찾아, 동사의 간부이던 吳成煥을 만나 이 조직의 구성원이 될 것을 권유하였다.93)

그후 이동구는 형평사의 대표자인 吳成煥의 명을 받고 그의 대리로서, 송헌의 대리자격을 띤 김봉국, 이동락과 함께 1926년 3월 22~23일 경 만주 길림성 吉林에 도착하였다.94)

최동희는 1926년 2월 25일 吉林 白旗堆子 北胡同에서 梁基鐸, 朱鎭壽, 高豁信, 李一心, 玄正卿과 모여 고려혁명당의 조직방법, 선언, 강령, 규칙의 제작과 내외지에 특파원의 파견, 창립대회의 소집 건 등을 이야기하였다. 그리고 같은 날 동소에서 앞의 6명 외에 천도교연합회원 金鳳國, 李東洛, 李東求와 金光熙, 李奎豊 등 11명이 모여 고려혁명당의 宣言·綱領, 黨規·黨約, 盟約 등을 제정하기로 하고, 이것을 제정위원인 이규풍, 이동락, 김광희에게 일임하였다. 이어 3월 29일 길림성 後胡同 양기탁의 집에서 11명이 모여 고려혁명당의 결당대회를 개최하였다. 결당대회에서는 앞의 선언, 강령, 당략, 당규, 맹약, 간부선임 등을 결정하였다. 그리고 당원 10,000명 모집, 당재정, 코민테른 및 중국 국민당과의 연락, 외교위원, 당원의 양성과 黨 年號 사용 등의 문제를 의결하였다.95)

창립당시 간부진에는 위원장 양기탁, 책임비서 이동구, 위원 정이형(정원흠)·현정경·오동진·고할신·이동락·김봉국·최소수·주진수·곽종육·현익철·이규풍·(이청천·유동열·김규식·김좌진)

---

93) 「고려혁명당사건 판결문」(新義州地方法院 : 1928. 4. 20), 「이동락 가출옥관계서류」(138권) 내 수록, 154·155쪽.

94) 「이동락 가출옥관계서류」, 155쪽.

95) 高等法院檢事局, 『高麗革命黨事件의 硏究』(1928), 『雩崗梁起鐸全集』 2권, 2002, 467·468쪽.

등이었는데.96) 책임비서인 이동구, 위원인 이동락·김봉국·최소수 (동희)는 천도교연합회원이었다.

이처럼 고려혁명당의 결성에 참여하였던 천도교연합회의 인물들은 다른 연합회원들에게도 고려혁명당에 가입하도록 적극 설득하였다. 최동희는 1926년 음력 3월 길림성 樺甸縣에서 李東郁을 만나 고려혁명당의 취지를 설명하고 가입할 것을 권유하여 입당케 하였다. 그리고 김봉국은 동당의 창립 후 서울로 돌아와 1926년 4월 홍병기를 만나 고려혁명당이 조직된 사실을 알리고 입당하게 하였다. 그리고 이동구는 1926년 11월 길림성 阿城縣에 거주하는 유공삼을 하얼빈으로 불러내 고려혁명당의 목적을 알려 주고 입당하게 하였다.97)

그러면 천도교연합회원들은 어떠한 이유에서 고려혁명당에 적극 참여하였을까. 이 점은 고려혁명당의 선언과 강령을 통하여 짐작해 볼 수 있지 않을까 한다. 그 선언과 강령은 다음과 같다.

고려혁명당 선언

복수가 피압박계급이 갖고 있는 진리임을 판명함과 동시에 계급만능주의의 사생아인 과거인류의 역사는 이미 오등의 면전에서 그 참패의 종국을 목인하게 되었도다. 대저 우리들의 안중에는 우리들 존엄과 권위로써 창조전의 인간사회의 그 자취를 남길 수 있도다. 대저 고려혁명은 즉 고려다운 신인간사회를 창조하는 것이고, 존엄과 권위를 가진 피압박군중이며 약동하는 위대한 신생명의 소유자이며 신인간사회를 창조하는 데 결정적

---

96) 최형우, 『해외조선혁명운동소사』, 동방문화사, 1945. 38쪽 ; 채근식, 『무장독립운동비사』, 대한민국공보처, 1949. 139쪽. 최형우의 책에는 위원으로 정이형, 현정경, 고할신, 오동진, 이동락, 김봉국, 현익철, 이규풍, 최소수, 주진수, 곽종육 외 4명이라고 되어 있는 데 반하여 채근식의 책에서는 그 4명이 이청천, 유동열, 김규식, 김좌진이라고 되어 있다.

97) 「고려혁명당사건 판결문」, 156·157쪽.

최후의 전투의 일원인 사람에게서 나오니 단결하여 우리들 혁명의 적인 군벌과 재벌의 근거를 박멸하고 一氣呵成團結의 진리를 발휘하자. 세계적 흑막에서 충일한 죄악적 暗潮의 대혈해를 횡단하여 인류적 성공의 절정에서 고무하는 역사적 矜耀의 新光塔에 진실한 혁명제단의 깨끗한 희생이 되려 한다.

　　　고려혁명당 강령
　一. 오등의 인간적 실생활의 당면의 적인 모든 계급적 기성제도와 현재조직을 일체 타파하여 물질계와 정신계를 통해 자유, 평등의 이성적 신생활을 건설함.
　一. 제국주의와 자본주의에 대해 근본적으로 반항하는 우리들에 공명하는 피압박민족과 결합하여 동일전선에서 일치하는 보조를 취함.98)

이에 따르면 천도교연합회원들은 계급적 차별제도를 없애고 신인간사회를 수립하려고 한 데서 고려혁명당에 참여하였던 것으로 여겨진다. 고려혁명당 사건으로 체포된 천도교연합회원인 이동구는 고려혁명당의 결성 목적을 "조선이 일본의 굴레에서 벗어나고 사유재산제를 부인하는 공산주의사회를 실현하는 데 있었다"고 하였다. 요컨대 천도교연합회원들은 일본의 굴레에서 벗어나 독립을 쟁취하고, 천도교의 이념에 따른 공산주의사회를 수립하려고 하였다.99)

---

98) 朝鮮總督府 警務局, 『조선치안상황』(1927년), 공산주의 운동 중 고려혁명당 사건.

99) 『동아일보』 1928. 3.11의 고려혁명당 사건 이동구 공판 기사. 바로 이러한 방식을 정의부원들도 공감을 하였고 그리하여 고려혁명당이 결성될 수 있었던 것으로 판단된다. 1925년 三矢協定 후 중국의 관리들이 독립군 및 이와 결탁한 한인들을 탄압하여 많은 피해를 보자 만주의 한인들은 무력적인 독립운동을 혐오하였다. 이러한 분위기를 감지하고 1926년 만주에 조직된 조선공산당 만주총국에서는 농민들의 권익보호를 위하여 활동하였다. 이러한 시대적 배경에서 정의부도 조직을 개편하여 농민의 권익보호를 위한 조직을 강화하고 있던 실정이었다. 이러한 점에서 정의부의 인물들은 농민에게 토지를 공평하게 분배해주는 사회주의의 실현을 찬성하는 경향이 대두되었던 것이다.

바로 이러한 목적을 이룩하기 위하여 천도교연합회원들은 외적으로는 피압박 민족인 중국, 피압박 민족을 후원한다고 믿었던 러시아와 통일전선을 결성하기를 희망하였다. 바로 이러한 목적에서 최동희는 연해주 또는 상해에서 러시아와 중국의 후원을 얻기 위하여 노력하였던 것이다. 그런데 이 외국과의 통일전선은 코민테른의 지령을 일방적으로 수용하는 식은 아니었다. 이 점은 앞에서 최동희가 러시아정부에 군사적인 지원을 요청하면서도 독자적인 지휘권을 확보하려고 하였던 점에서 짐작할 수 있겠다.

그리고 내적으로는 우리 민족의 여러 단체들과 통일전선을 이루려고 도모하였다. 이는 구체적으로 민족유일당을 결성하려는 데 초점을 맞추고 있었다. 천도교연합회원으로 고려혁명당에 가담하였던 이동락은 "재래의 파벌적이요 분산적인 운동에서 단일적으로 조선독립을 위한 당을 만들자는 의미에서 고려혁명당에 가입하였다"고 하였다.[100]

그런데 천도교연합회원들은 동학사상 또는 천도교사상에 근거하여 민족유일당을 결성하려고 하였던 것으로 짐작된다. 앞에서 살폈듯이 최동희는 1916년 이후 민족종교인 동학의 여러 계파간의 결합을 추진한 바 있었다. 또한 오지영도 1919년 1월 「종교합일론」이란 글에서,

> 우리가 다 같은 사람으로 이 세상에 같이 나서 한 이치, 한 기운으로 한 지구 안에 한 일월 보고 한 물 먹고 사는 터라. 이왕에 습관안목으로 육신형제의 가까운 것으로 생각하던 마음을 한번 바꾸어 성령형제를 정말로 가까운 형제로 보았으면 사람은 서로 전쟁이 없어지고 세계는 모두 화하여 한 집안이 되니 이것을 종교합일이라 한다. 종교가 합일되는 땅은 인간이 참 천당

---

100) 『동아일보』 1928. 3.11의 고려혁명당 사건 피의자 이동락의 공판기사.

이오. 세계가 참 극락이니 이제 사람이 사람을 귀히 여기고 한
울을 존중히 하고져 하는 동포는 반드시 생각을 돌이켜 세계 종
교가 하나로서 한 이치 가운데 사는 본지를 바로 세워보기를 바
라는 바이올시다.101)

라고 하였듯이 종교의 통일을 갈망하였다. 그가 이렇게 생각한 데
에는 종교가 한 이치라고 본 데서 연유하였다. 즉 그는

마음의 근본은 곧 기운이요 신령이라. 기운과 신령은 우주 사
이에 충만하여 한 덩어리로 되어 있으며, 또 성질됨이 생할 것
도 없고 멸할 것도 없으므로 천만년이 하루요 천만기가 한 곳이
라. 이곳에서 동하면 저곳에서 따라 동하느니라. 비유로 말하자
면 한 물결이 동하면 만 물결이 동함과 같고 또는 전기와 같아
이곳에서 누르면 저곳에서 응하는데 조금도 시간의 차이가 나지
아니하느니. 마음의 기와 영은 저 물결과 전기와 같은지라 그
신령함이 이러하고 그 민첩함이 이러하도다.102)

라고 하여, 우주의 기운과 신령은 우주 사이에 충만하여 한 덩어리
로 되어 있으므로 종교의 통일이 가능하다고 보았던 것이다. 그런데
천도교연합회원들은 김봉국이 "모든 종교가 합리적 정신과 인내천의
정신과 천·인간 직접의 정신을 가지므로 천도교의 대정신 안에서
통일이 가능하다"103)고 하였던 것처럼 동학 또는 천도교의 정신에
따른 대통합을 희구하였던 것이다.104)

---

101) 오지영, 「종교합일론」, 『천도교회월보』 101호, 1919.10, 언문부 4쪽.
102) 오지영, 「종교통일론」, 『천도교회월보』 124호, 1920.12, 53~55쪽.
103) 김봉국, 「만 종교의 통일적 정신」, 『천도교회월보』 122호, 1920.10, 26~29쪽.
104) 이 점은 양기탁도 마찬가지였다. 양기탁은 1920년대 초 통천교의 결성을 주
장하였는데 이는 민족적인 천도교세력을 중심으로 하여 동학계 유사종교를 통
합하자는 운동이었다. 바로 이러한 점에서 정의부의 양기탁 계열의 인물들과

고려혁명당에 참여한 천도교연합회원들은 토지의 분배 등을 통한 공산주의적 사회의 실현을 목표로 하였다. 그렇지만 개인의 자유의 실현과 각 단체의 연합주의를 추구하였던 천도교연합회원들은 코민테른의 지령과 당의 일방적 권위에 따라 활동하는 일반 공산주의자와는 운동방식이 달랐던 것 같다. 바로 이 사실은 고려혁명당에서 공산주의자들의 입당을 받아들이려고 하지 않은 점과 고려혁명당의 당원으로 활동하고 있던 李友三, 張鎭煥, 金觀聲이 懷德縣에서 공산주의자에게 피살된 점으로 보아도 알 수 있지 않을까 한다.105)

또한 천도교연합회원들은 만주 길림으로 이주하여 공동촌락을 건립하고 이 마을을 천도교연합회의 이념에 따라 운영하여 나아갔다. 그런데 이 마을은 일본의 굴레에서 벗어나고 공산주의를 실현하기 위하여 결성한 고려혁명당의 세포기관으로서의 역할도 수행하였다.

천도교연합회원들이 최초로 만주로 이주하였던 것은 1925년 1월 이후부터 1926년 3월 이전의 시기였다. 오지영은 일단의 천도교연합회원들을 이끌고 만주로 이주하였다.106) 이 무렵은 최동희가 연해주에서 활동하다 만주 길림으로 이주한 시기와 일치한다. 그러므로 천도교연합회원들이 이주한 목적은 만주에 이주하여 포교를 통해 천도교연합회의 세력을 확장하려던 것도 있었겠지만107) 고려혁명당의 결성과 무관하다고 할 수 없겠다. 이는 오지영이 만주로 이주한 후 고려혁명당과 관련을 맺고 활동하고 있었던 사실에서 알 수 있

천도교연합회원들이 연합할 가능성이 있었던 것이다.
105) 애국동지원호회, 『韓國獨立運動史』, 1956, 452쪽 李友三 항목 참조.
106) 『倭政時代人物史料』 3권, 김봉국 항에 의하면, 오지영이 1925년 1월 이후 천도교연합회원들을 만주로 이주시켰다고 되어 있다. 그리고 『동아일보』 1926년 7월 31일자에 의하면 오지영은 이미 1926년 3월 23일 이전에 천도교연합회원들을 이주시켰다가 실패하였다고 되어 있다.
107) 『동아일보』 1926. 7.31. 이 기사에 의하면 천도교연합회에서 제1차로 교도들을 이주시킨 목적을 포교를 통한 천도교연합회 세력의 확대라고 보고 있다.

다.108) 그런데 제1차 이주는 실패로 돌아갔다.109)

두번째로 천도교연합회원들이 만주로 이주하였던 것은 고려혁명당이 본격적으로 결성되기 시작할 무렵인 1926년 3월 경이었다. 오지영은 만주에서 전북 익산 지역의 교도에게 편지를 보내 만주지방이 살기 좋으니 이주하기를 권유하였고 이러한 서신을 받은 익산 지역의 천도교연합회원 230여 명은 1926년 3월 23일 경 전북 이리를 출발하여 길림에 도착하였다.110)

세번째로 1926년 9월 경에는 황해도 서흥 지역의 천도교연합회원들이 만주로 이주하였던 것 같다. 이 사실은 1926년 9월 경 만주 길림성 額穆縣 蚊河로 이주하여 농업에 종사한 金京信(1867년 12월 30일 생, 이명 龍晋)의 예를 통하여 살필 수 있다. 김경신은 1924년 이래 천도교연합회의 황해도 瑞興郡 幹事로 있었는데, 1926년 9월 만주 길림성 액목현 문하로 이주하여 농업에 종사하다가 고려혁명당에 가입하여 활동하였다.111) 황해도 서흥 지역의 천도교연합회 인물들의 이주에는 이 지역 출신의 고려혁명당원인 이동욱이 관여하였다고 생각된다.

뒤이어 평안남도 成川 출신인 金鳳國의 주도로 1927년 2월 경 평안남도 성천 지역의 천도교연합회원들이 만주 길림으로 이주하였다. 김봉국의 권유를 받아 평남 成川郡 九龍面 雲田里에 사는 崔奉俊(1927년 34세) 등 27명은 1927년 2월 28일 향리를 출발하여

---

108) 『동아일보』 1927. 1.23. 기사에 의하면 이동락은 1926년 봄 길림에 들어가 그곳의 천도교(천도교연합회) 수령으로 있던 오지영씨 등과 의논하고 강연단을 조직하여 남북만주로 돌아다니며 공산주의 선전활동을 하고 있었다고 되어 있다.

109) 『동아일보』 1926. 7.31.

110) 『동아일보』 1926. 7.31, 8. 4. 9. 9.

111) 朝鮮總督府警務局, 『國外における容疑朝鮮人名簿』, 1934, 92쪽.

만주 길림 지방으로 이거하였다.112)

　일본 총독부 당국에서는 천도교연합회원들이 만주로 이주하여 공동부락을 건립한 것에 대해서 고려혁명당의 세포단체를 조직하기 위한 목적이었다고 파악하고 있었다.113) 그렇지만 천도교연합회원들은 그것과 아울러 천도교의 인내천의 취지에 따른 이상촌을 건설하려는 데 뜻을 두고 있었다. 그런데 그 이상촌은 공산주의의 이론에 따른 것이었다. 김봉국은 1926년 경부터 평안남도 성천의 천도교연합회원과 빈민들에게 "인내천주의 혹은 공산주의의 실현을 위하여 이미 오지영 일파가 1925년 1월부터 中國의 樺甸縣에 미간지 수만 정보를 빌리고 여기에 천도교도를 옮겨서 공산부락을 건설하여 놓았으니 그곳으로 이주하자"고 설득하였다. 1926년 5월 김봉국은 成川郡 通仙面 玉井里의 농민인 金德汝 방에서 천도교도인 羅敬錫·金栽薰을 모아놓고 러시아의 노농공산주의를 선전하였다. 그는 자신이 최근에 러시아의 공산주의를 직접 보고 온 바에 따르면 그 제도는 사유재산을 인정하지 않고 민가는 평등하게 의식주 생활을 영위하여 목욕탕, 학교, 병원 기타 모두를 국유로 하며 조세 및 세금의 징수는 진실로 인류공영의 이익을 주고, 평화스러움은 기대 이상이라고 하였다. 그리고 그는 현재 조선의 제도는 자본계급의 횡포가 막심하고 불평등이 극에 달하여 빈자는 뱃가죽이 마를 정도로 빈곤한데 부자는 더욱 더 횡포함을 드러내고 있고 우리 빈민은 자손에 이르기까지 자본가의 노예로부터 벗어날 수 없으며 우리는 항상 현제도의 결함을 들어서 그것을 개조하려고 하여도 주변의 정세로 보아 아직 실

---

112) 朝保秘 第615號 1927. 3.24. 조선총독부경무국장 보고, 高麗書林 影印, 『齋藤實文書』 10권, 1990, 411·412쪽.

113) 조선총독부 경무국, 『治安狀況』(1927년), 공산주의운동. 이 책에 따르면 1926년 3월 경 국내의 천도교도 200여 명이 高麗革命黨의 세포단체로 활약하기 위하여 만주로 이동하였다고 되어 있다.

현 가능성이 없다고 보았다. 그러므로 그는 천도교도들로 하여금 중국으로 이거하여 일시에 인류의 행복을 향유하자고 하였다.114) 그리고 1926년 9월 15일에도 그는 평안남도 성천에서 "천도교 인내천의 취지 하에 건설된 공산국이 있으니 조선민중은 그곳으로 이주하여 안락하며 행복된 생활을 영위하는 것이 좋겠다"고 역설하였다.115)

이에 따라서 천도교연합회원들이 건립한 마을에서는 공산주의 이론에 따른 경제생활과 사회생활을 영위하여 나아갔던 것 같다. 이 점은 다음의 내용을 통하여 짐작할 수 있지 않을까 한다.

移住民 狀況
7명 대표자의 지도로 비옥한 새땅을 개간하는 중 더욱 금년에는 農形히 례년보다 매우 풍작이 되어 부락에 수십명 가구가 한가명 모양으로 안녕한 생활을 하여 간다는데 그들의 농작상황은 다음과 갓다더라.

農作分布狀況
木棋河 二大甸子에 남녀노소 52인, 火田 32坰, 畓 5坰, 대표자 金正洪
　동 11號에 36인, 火田 4坰, 畓 21坰, 대표자 吳洪根
　동 帽兒山에 21인, 火田 12坰, 畓 2坰, 대표자 孔文學
　동 頭道溝에 31인, 火田 11坰, 畓 7坰, 대표자 吳德龍
　동 樺樹林子에 3인, 火田 3坰, 畓 1坰, 대표자 柳昌鉉
　漂河三道表에 18인, 火田 20坰, 畓 11坰, 대표자 金甲洙
　密什哈에 33인, 火田 3坰, 畓 20坰, 대표자 金永道
　備考 농작 남녀노유의 差와 전 가족과 壯丁單身의 雜居形便임으로 農作斗落數가 균일치 못하고 또는 畓 1坰의 所出은 15

---

114) 『倭政時代人物史料』 3권, 김봉국 항목.
115) 『동아일보』 1926.11.28. 김봉국은 이 사건과 관련하여 일경에 체포되었으나 이때는 무혐의로 풀려나왔다.

石 火田 1坰의 소출은 8石인데 1石은 일본 大斗 1석 7두에 상당116)

위의 내용에 따르면, 각 마을에서 경작하던 토지의 면적은 상이하였다. 그렇지만 전체 인원, 남녀, 노소를 고려하여 대체로 균등하게 토지를 분배하였던 것 같다. 이들이 갖고 있던 토지는 소유지는 아니었고 중국인에게 빌린 점유지였다. 각 마을별로는 한 가정처럼 생활하였다고 한다. 이것은 이들이 토지를 공동으로 점유하고 공동으로 경작하며, 사회생활을 공동으로 하는 이상적 공동체를 실현하려 꿈꾸고 있었음을 나타낸다고 하겠다.

맺음말

1920년대 초 서북 지역과 일본 유학생 출신의 천도교도들은 일제와 어느 정도 타협을 하면서 점진적인 개혁을 이루려는 문화운동을 추진하였다. 그러자 항일정신을 견지하고 동학의 평등사상을 실현하려 하였던 삼남 지역 출신의 오지영·유공삼, 홍병기·윤익선·김상묵, 최동희·이상우 등은 동학의 이념을 고수하려는 세력을 결집하고 문화운동을 추진하였던 천도교총부를 개혁하여 나아갔다. 구체적으로 이들은 동학세력의 결속을 다지기 위하여 동학구락부를 결성하려 하였다. 그리고 천도교총부의 독단적인 결정을 막고 자신들의 의사가 반영되도록 하기 위하여 의정원제도를 실시하고, 정광조를 정점으로 한 천도교총부의 임원을 경질하며, 동학의 이념에 따른 교헌의 제정 등을 추진하였다.

---

116) 『東亞日報』 1926. 9. 9.

그러나 이러한 혁신파들의 개혁운동은 손병희, 정광조, 나용환·임례환·홍기조 등의 서북지역의 천도교 원로, 김기전·이돈화·정도준 등의 천도교청년회원들의 반대로 이루어지지 못하였다. 그러자 혁신파들은 1922년 말 천도교총부에서 이탈하여 천도교연합회를 결성하고 독자적으로 활동하였다.

천도교연합회를 결성하는 데 주도적인 역할을 하였던 사람들은 오지영·유공삼, 홍병기·윤익선·김상묵, 최동희·이상우, 김봉국·이동구·이동락 등 네 집단으로 나누어진다. 첫번째 집단의 주요인물인 오지영은 남접계 동학도로서 동학농민운동에 직접 참여하여 일본군 및 관군과 전투를 벌였다. 두번째 집단의 수장인 홍병기도 동학농민운동에 직접 참여하였다. 세번째 집단의 대표인물인 최동희는 동학농민운동에 참여하지는 않았지만 2세 교주인 최시형의 아들이라는 점에서 동학세력을 대표한다는 상징성을 갖고 있었다. 이 세 집단의 사람들은 삼남 출신의 인물들로 서로 중첩된 혼인관계를 통하여 긴밀한 관계를 맺고 있었는데, 정광조가 실권을 장악하면서 천도교총부 내에서 영향력이 크게 약화되었던 인물들이다. 네번째 집단의 인물들은 30대의 청장년층으로 출신지역이 삼남 출신에 국한되지 않고 평안도, 함경도, 황해도, 강원도 등 다양하였다. 이들은 앞의 세 집단에서 갖고 있었던 개혁사상에 공감하고 의정원 의원이나 교섭위원으로 활동하였던 인물들이었다.

천도교연합회원들은 항일정신을 견지하고 무력에 의한 급진적인 변혁으로 일본의 굴레에서 벗어나기 위하여 고려혁명위원회를 결성하였다. 그리고 동학의 종지인 人乃天이란 교주와 소사의 봉급을 동일하게 할 정도의 절대적인 평등을 실현하는 것이라고 이해하고 계급적이고 권위적이며 중앙집권적인 교회의 제도를 개혁하여 개인과 지방교회 중심의 제도를 실시하려고 하였다. 이들은 천도교의 종지인 인내천주의는 사회주의와 유사하다고 보고 사회주의적인 색채를 띠고 있는 단체에 참여하여 활동하였다. 즉 천도교연합회원들은 형평사에 가입하여 활동하거나, 전조선청년당대회에 참석하고 조선청년총동맹의 발기에 참여하였다.

천도교연합회원들은 1926년 4월 정의부, 형평사와 연합하여 만주 길림에 민족유일당으로서 고려혁명당을 결성하였다. 이 고려혁명당은 일본의 굴레에서 벗어나고 공산주의사회를 실현함을 목표로 하고 있었는데, 이 점은 천도교연합회원들이 갖고 있던 항일정신과 동학의 경제적 평등 추구의 정신과 관련이 있다고 할 수 있다. 바로 이런 까닭으로 천도교연합회원들은 고려혁명당에 적극적으로 참여하였던 것이다. 그렇지만 천도교연합회원들은 무한한 개인의 자유의 실현과 자유연합주의를 추구한다는 점에서 코민테른의 지령과 당의 명령에 따르는 일반 공산주의자들이 갖고 있던 사상과는 달랐다.

또한 천도교연합회원들은 고려혁명당의 세포조직을 형성하면서 천도교연합회의 이념에 따른 이상촌을 건설하기 위하여 1925년에서 1927년까지 만주 길림으로 이주하였다. 이들은 이 마을에서 공동으로 토지를 점유하고 경작하는 등 동학의 평등주의와 공산주의의 원리에 따라 공동생활을 영위하였다.

제6장

천도교 구파와 신간회

머리말

　신간회는 민족주의와 사회주의 진영이 각기 다른 전략과 목표를 유보하고 국가의 독립과 민족의 해방을 위하여 결성한 민족협동전선의 단체였다. 이 단체에 참여한 민족주의진영 가운데 한 단체가 천도교 구파였다. 동학농민운동시 많은 피해를 겪은 전라·충청·경상도 등 남한 지역의 천도교인들이 중심을 이룬 천도교 구파는 동학농민운동에서 보여 준 항일정신을 견지하여 6·10만세운동에 참여하였을 뿐만 아니라 신간회운동에도 적극적으로 관여하였다.
　천도교 구파의 신간회에서의 역할과 활동에 대한 기초적인 사실은 이미 기존의 연구에서 밝혀진 바 있다.[1] 그렇지만 아직 천도교

---

1) 아직 신간회에서의 천도교 구파의 활동을 전적으로 다룬 연구는 없다. 그렇지만 아래의 글에서 천도교 구파의 신간회 활동을 부분적으로 다루고 있어 참고가 된다. 金正仁, 「1910~25년간 天道敎 勢力의 동향과 民族運動」, 『韓國史論』 32, 1994; 李庸昌, 『1920년대 天道敎의 紛糾와 民族主義運動』, 中央大學校 大學院 碩士學位論文, 1993; 졸고, 「천도교청년동맹의 조직과 활동」, 『忠北史學』 9, 1997; 이병헌, 「신간회운동」, 『新東亞』 1969년 8월호.

구파가 신간회에 참여한 배경, 구파의 신간회에서의 역할과 구체적인 활동, 신간회의 해체 과정에서 나타난 구파의 동향 등에 관한 문제들은 아직 분명하게 규명되지 못하였다. 이에 대한 해명은 단순히 천도교 내의 한 계파의 활동을 추적하는 데 그치는 것이 아니라 신간회운동의 성격을 이해하는 데에도 도움이 되리라 생각한다.

필자는 이 글에서 첫째, 1925년 말 천도교 구파가 신파와 결별하고 1926년 초 별도로 中央宗理院을 결성하는 과정을 자치운동과 관련하여 살펴보겠다. 둘째로 천도교 구파가 사회주의 단체인 화요회 주도의 조선공산당과 협동전선을 결성한 배경과 구파와 조선공산당의 협동전선운동으로 전개된 6·10만세운동에서 구파의 역할에 대하여 추적해 보겠다. 셋째, 천도교 구파가 민족주의 진영과 함께 신간회를 결성한 배경을 알아보고, 신간회에서의 구파의 지위와 역할 및 구체적인 활동에 대하여 살펴보려 한다. 마지막으로는 민중대회사건 후 신간회 본부와 천도교 신파가 동조하여 전개한 자치운동에 대한 천도교 구파의 대응, 민족주의진영과 사회주의진영의 노선변화에 따른 천도교 구파와 신파의 합동과정과 이로 인한 신간회의 해체 과정을 살펴보겠다.

1. 천도교 구파의 형성과 민족협동전선운동의 대두

교주의 人選, 지방교회중심의 교회운영을 주장한 吳知泳·金鳳國 등의 천도교 혁신세력이 1922년 12월 천도교연합회를 조직하고 천도교총부에서 분립하여 나간 후 1923년 3월 31일부터 4월 11일까지 열린 임시종법사회에서는 중앙총부의 명칭을 중앙종리원으로 변경하였다. 그리고 교회의 원로로 구성된 종법사회 체제를 교회 중심의 종리사회 체제로 변경하였다. 또한 교회를 연원중심이 아닌 교회 중심으로 운영하며, 모든 사업은 일반의 다수결로써 결정하게 되었다.2) 교헌의 변경은 천도교내에서 압도적으로 다수를 차지고 있었던 서북지역 중심의 신파에게는 유리하였지만, 1894년 이전의 동학 입교자와 원로들이 많고 남한지역의 출신 천도교인들이 중심을 이루는 구파세력에게는 불리하였다. 그리하여 천도교구파는 점차 교권을 상실하여 갔다.3) 교권 상실에 따라 천도교구파가 천도교신파에 대해 불만을 가졌으리라는 것은 상상하기 어렵지 않다.

한편 1925년 7월 1일부터 14일까지 세계기독교청년회 주최로 호놀룰루에서 열린 제1차 태평양문제연구회에 민족대표로 참석하여 徐載弼·金鍾哲·申興雨·柳億兼과 함께 일본측 참석의원 頭本元貞(『아시아헤럴드』 주간)로부터 일본측이 장차 자치를 허용할 것이란 말을 듣고4) 귀국한 宋鎭禹는 8월 무렵 천도교의 崔麟·李鍾麟·金

---

2) 「중앙총부휘보」, 『천도교회월보』 151호, 1923. 4. 71쪽. 「임시종법사회회록」, 『천도교회월보』 152호, 1923. 5. 38~48쪽. 천도교중앙총부, 『천도교종령집』, 1982. 179쪽.

3) 1923년 3월 교헌이 변경되기 직전 중앙총부 종리원 산하의 임원은 宗理司長 權東鎭, 宗理師 吳世昌·吳榮昌·羅仁協·李仁淑·權秉悳·崔麟, 監司正 朴準承, 監司員 崔丹鳳, 布德課 주임 羅仁協, 編輯囑託 李敦化, 서무과 주임 권병덕, 서무과원 李敎鴻·洪日昌, 경리과 주임 이인숙, 宋基仲·李炳憲, 桂淵集이었다. 이 가운데 구파계 인물로는 권동진·오세창·권병덕·박준승·이병헌이 있었고 육임파계 인물로는 吳榮昌이 있었다. 당시 구파의 교세는 전체의 5% 정도에 불과하였음에 비추어 본다면, 중앙총부에서의 구파의 지위는 상당히 막강하였다. 그러나 교헌을 변경하고 4월 11일 선거로 최린(49표:득표수)·권동진(49표)·이돈화(48표)·金玉斌(35표)·(35표)·鄭廣朝(33표)·桂淵集(30표)·洪日昌(28표)·崔丹鳳(27표)·李斗星(26표)·李炳憲(24표) 등 9명의 종리사를 뽑았을 때 권동진과 이병헌만이 구파였다. 권동진과 정광조가 사면하여 4월 13일 보궐로 李仁淑과 崔碩連을 종리사로 뽑게 된 후에는 이병헌만이 구파였다. 비록 구파의 권동진·오세창과 육임파의 오영창이 이종훈·홍병기·나용환과 함께 講道師로 예우를 받았지만, 포덕과·서무과·경리과의 주임은 최린·이인숙·최석련과 같은 서북지역 인물들이 차지하였다. 구파인 이병헌이 겨우 경리과 과원에 임명된 것이 고작이었다(천도교중앙총부, 『천도교직원록』, 1923년조).

性洙・崔南善 등과 함께 여러 차례 회합을 갖고 현재의 상태에서는 독립운동은 절대로 불가능하므로 자치운동을 전개하는 문제에 대하여 여러 차례 협의하였다.5) 바로 이때는 일본 내에서 조선의 자치에 대해 긍정적으로 검토하던 憲政會가 단독내각을 설립하여 자치의 가능성에 대한 풍설이 떠돌던 시기였다.6)

이러한 상황에서 천도교 내에서도 1925년 8월 무렵 자치운동을 다시 추진하였다. 천도교에서는 자치의 실현을 염두에 두고 8월 17일 조선농민사 설립을 시도하였다.7)

그러자 오영창계의 교인들은 1925년 8월 敎人大會를 열었다. 그리고 천도교가 순수한 종교적 결사체로 운영되기를 희망하면서 정치적 지향이 강한 최린 등 현 교단간부의 퇴진을 주장하였다.8)

이에 이종린・김경함・신태순・김영륜・정용근・김재계・이시우・권동진・한현태・박준승・이병춘 등은 8월 20일 오영창계의 교인대회와 천도교종리원의 통일을 표방하면서 통일기성회를 조직하였다.9) 이들은 천도교의 통일을 표방하면서 세력을 결집하여 교내의 지위를 강화하며, 자치운동과 관련하여 최린 등의 천도교 신파에게 일정한 역할을 제공하라고 압력을 가하였다.

---

4) 고정휴, 「태평양문제연구회 조선지회와 조선사정연구회」, 『역사와 현실』 6, 역사비평사, 1991, 294쪽.
5) 「獨立運動終熄後ニ於ケル民族運動ノ梗槪」(1927. 1), 高麗書林 編, 『齋藤實文書』 10권, 1990, 237쪽.
6) 韓相龜, 「1926-28년 민족주의 세력의 운동론과 新幹會」, 『韓國史研究』 86, 1994. 9, 146쪽.
7) 京城鐘路警察署長 報告, 「民族主義運動勃興ニ關スル件」, 1925.12.23, 고려대 아세아문제연구소 마이크로필름, 문서번호 100-4-033, 267~280쪽. 이종린은 조선농민사가 "자치제의 실현시 하나의 정당으로서 의정단상의 세력을 장악하려고 한 데에서 설립되었다"고 하였다.
8) 김정인, 앞의 논문, 174~176쪽.
9) 『동아일보』 1925. 8.21. 2면 ; 23. 5면.

통일기성회를 조직하였던 인물들도 자치의 실현에 관심을 두고 있었다. 통일기성회의 중진인 李鍾麟은 이미 1923년 말과 1924년 1월 崔麟·金性洙·宋鎭禹·申錫雨·崔元淳·朴勝彬·李昇薰·徐相日·曹晩植·安在鴻 등과 자치의 실현을 예상하여 硏政會를 설립하려고 하였다.10) 1925년 8월 자치운동이 다시 대두되자 그는 최린·이광수·김성수·송진우·안재홍 등과 함께 이 문제를 협의하였다.11) 그는 자치운동과 관련하여 설립되었다고 인식한 조선농민사의 발전을 위하여 전국을 순회하며 株金 모집에 힘을 기울였다.12)

그러나 교권을 장악하고 있었던 천도교 신파는 자치운동의 핵심에서 통일기성회(천도교 구파)를 배제하였다. 천도교 신파가 장악한 중앙종리원은 통일기성회를 '黨中黨을 만들어 간부를 배척하려고 한다'고 비난하고,13) 자치의 실현 시 정치적 헤게모니의 장악을 노려 설립한 조선농민사의 간부에 통일기성회측 인물은 한 사람도 기용하지 않았다. 천도교종리원이 일부의 사회주의자를 견인하여 1925년 9월 조직한 조선농민사의 설립을 주도한 인물과 임원14) 중에는 천도교인으로는 김기전·박사직·이돈화·이성환·조기간·차상찬·박달성이 있었다. 이들은 모두 신파에 속하는 사람들이었고 통일기성회측의 인물은 한 사람도 없었다. 당시 천도교종리원 내에서 통일기

---

10) 박찬승, 「1920년대 초반~1930년대 초 자치운동과 자치운동론」, 『한국근대정치사상사연구』, 역사비평사, 1992, 332·333쪽.

11) 京城鍾路警察署長, 「民族主義運動勃興ニ關スル件」, 1926. 1.29, 269~275쪽.

12) 京城鍾路警察署長 報告, 「民族主義運動勃興ニ關スル件」, 1925.12.23, 고려대 아세아문제연구소 마이크로필름, 문서번호 100-4-033, 267~280쪽.

13) 朝鮮總督府 警務局, 「最近ノ天道教ト其ノ分裂ヨリ合同ヘノ過程」(1930.12), 『齋藤實文書』 10, 460쪽. 통일기성회의 결성은 교인대회 측으로부터도 '중앙종리원 일파의 간책'이라고 비판받았다.

14) 兪賢貞, 「일제하 朝鮮農民社운동의 전개와 성격 변화」, 東亞大學校 大學院 碩士學位論文, 1994, 6·7쪽.

성회가 차지하는 비중이 적지 않았음에도 불구하고 통일기성회계 교인을 한 사람도 조선농민사의 임원으로 선정하지 않은 것은 신파가 통일기성회를 철저히 배제하였기 때문이다.

천도교신파는 동아일보와 함께 자치운동의 중요한 두 축을 형성하고 있었지만 1925년 12월 무렵 선정된 자치운동의 지역별 책임자에 구파측 인물이 포함되도록 배려하지 않았다. 당시에 선정된 자치운동의 지역별 책임자는 평안도 최린·이광수, 전라도 김성수·송진우, 경기·강원도 박승빈, 이광수 대행 평안도 책임자 김려식, 송진우·김성수 대행 전라도 책임자 백관수, 그리고 재미중인 장덕수 등이었다.15)

그러자 통일기성회는 교내에서 1925년 말 그들처럼 신파측 宗理師에 반대하는 오영창의 교인대회에 접근하였다. 그리하여 통일기성회는 1925년 11월 교주제를 부활하여 박인호를 4세 교주로 한다는 조건에 합의하고 오영창계의 교인대회와 통합하여 '천도교 중앙위원회'를 조직하였다. 그리고 1926년 1월에는 이 중앙위원회의 명칭을 중앙종리원이라 고치고 최린 계열의 신파종리원에 대항하여 독자적인 활동을 추진하였다.16)

천도교 구파는 敎外的으로 1925년 말이나 1926년 1월경 타협적 자치운동세력과 결별하고 조선일보계의 비타협적 민족주의세력 및 서울에 위치한 사회주의 단체에 접근하였다. 우선 이들은 자치운동자와 결별하고 이들과의 차별성을 부각하였다. 구파 중앙종리원의 포덕과 대표위원으로 천도교 구파를 대표하여 정치활동을 전개하던

---

15) 京城鍾路警察署長, 「民族主義運動ノ興=關スル件」, 1926. 1.29, 267~280쪽.

16) 김정인, 앞의 논문, 177~180쪽. 구파의 일부를 점하였던 교인대회계의 인사들은 1926년 임원 개선시 통일기성회측 인물들이 종리원 내의 요직을 장악하자 1927년 9월 평북 영변에 六任所를 설치하고 天道敎六任派로 분립하였다.

이종린은 자치의 구현 자체를 반대하는 것은 아니지만, 김성수·송진우·최린 등의 견해처럼 다수의 단결력에 의한 무저항운동으로 자치를 실현할 수는 없고 전국적인 시위를 통하여 이것을 이룰 수 있다고 생각하였다. 그리고 이러한 견해의 차이에 따라 자신은 자치운동자와 결별하였다고 강조하였다. 또 한편 그는 자신의 세력권 내에 있던 개량적인 민족운동 단체인 물산장려회에도 참여하지 않겠다고 천명하였다.17) 이러한 그의 행보는 다분히 사회주의자를 포함한 비타협적 세력을 염두에 둔 것이었다.

그런데 이 무렵 화요회 주도의 제2차 조선공산당에서도 민족협동전선운동의 필요를 절감하고 1926년 2월 26일 종로 6丁目에 위치한 동아일보사 간부 梁源模의 집에서 제3차 중앙집행위원회를 갖고 천도교를 '국민당'의 기초로서 하기로 하고 천도교 구파와 천도교 신파에 대하여 조사하기로 결의하였다. 이에 따라 화요회계로 조선공산당 비서인 姜達永은 朴一秉으로 하여금 최린파의 진의를 파악하게 하는 한편, 자신은 1926년 3월 4, 5일경 桂洞으로 이종린을 방문하였다. 이때 강달영은 1924년 4월 조선노농총동맹의 창립총회 때 경성청년회관에서 이종린이 제기한 바 있었던 민족대동단결의 문제를 질문하였다.18)

이에 대해 이종린은 종교계, 교육계, 사회운동단체의 대표적 인물들이 民友會의 간판 밑에 모여 민족적 대동단결로써 조선의 독립을 도모하자고 답하였다.19) 이것은 자신이 오상준과 함께 관여하고 있

---

17) 京城鍾路警察署長, 「民族主義運動勃興ニ關スル件」, 1925. 1.29. 고대 아연자료 문서번호 100-4-033, 267~280쪽.

18) 金昌順·金俊燁 編, 『韓國共産主義運動史』 資料篇 2, 454·455쪽.

19) 金昌順·金俊燁, 『한국공산주의운동사』 2, 455쪽. 민우회는 1922년 6월 박영호·이상재 등 40여 명의 사회 인사들이 생활상 일반권리의 보장, 산업 및 교육의 장려발전, 사상통일과 여론의 선도, 폐습타파와 사회개선 등을 주장한 개량적 계몽운동 단체였다(강영심, 「1920년대 朝鮮物産獎勵運動」, 『國史館論

던 민우회에 사회주의자를 참여시키고 자신들이 정치적 헤게모니를 잡기 위한 것이었다.

1926년 3월 10일 밤 9시 권동진의 집에서 천도교 구파의 권동진·吳尙俊, 조선일보사의 申錫雨·安在鴻, 兪億兼과 朴東完20) 등 민족주의자 대표와, 화요회원으로 제2차 조선공산당의 책임비서인 강달영이 회합을 가졌다. 여기에서 이종린은 최린 등의 자치운동파를 비난하고, 또 다시 민우회의 이름 밑에서 단합하여 활동하자고 제의하였다.21)

천도교 구파의 이종린이 1926년 화요회 주도의 조선공산당과 민족협동전선을 추진한 데에는 천도교 신파의 자치운동과 아울러 천도교 신파의 사회주의세력에 대한 정책과 관련이 있었다. 천도교 신파는 서울·상해파 공산주의자와 연계하여 조선농민사를 설립하였다. 또한 1925년 중반 이후 천도교 신파는 상해파 고려공산당의 이동휘·박진순과 연계를 맺고, 조선농민사의 크레스틴테른 가입을 추진하기도 하였다.22) 이에 대응하여 천도교 구파는 화요회계 인물과 제휴하였던 것이다.

아울러 조선공산당의 비서인 姜達永은 천도교인이었다. 그는 1915년 4월부터 1916년 9월까지 진주교구의 典制員으로 활동하였던 천도교인이었다.23) 그리고 화요회원이던 朴來源은 천도교 구파의 교주 박인호의 再從姪이며 그의 아들 박래홍의 三從弟가 되는 친밀한 관계에 있었다.24)

叢』 47, 1993, 150쪽). 장석흥, 「천도교 구파의 6·10만세운동」, 『북악사론』 4, 1997.
20) 『강달영 외 48인 의견서』, 고대 아연자료 문서번호 300-3-100, 姜達永條.
21) 金昌順·金俊燁, 『韓國共産主義運動史』 2, 청계연구소, 1986, 455·456쪽.
22) 졸고, 「천도교의 문화운동론과 문화운동」, 국학자료원, 2006, 234·236쪽.
23) 『천도교회월보』 57호, 44쪽, 74호, 38쪽.

요컨대 천도교 신파는 1925·26년 서울·상해파 공산주의자와 제휴하려 하였다. 이에 반하여 천도교 구파는 화요회파 공산주의자와 연계하였던 것이다.

천도교 구파가 화요회 및 비타협적 민족주의세력과 연대하여 민족협동전선을 결성하려던 1926년 4월 3일 천도교 구파는 天道敎靑年同盟을 조직하였다. 창립시 선정된 임원은 대표위원에 朴來泓, 상무위원에 李起貞, 집행위원에 朴漢珪·公淳鏞·姜世熙·李基說·金德淵·曺定昊·金在桂·崔炳鉉·吳一澈·孫在基·申泰舜, 그리고 고문에는 李鍾麟·김승주·吳尙俊 등이었다.25)

천도교 구파와 조선공산당의 협동전선의 결성 과정에서 조직된 천도교청년동맹은 화요회 주도의 제2차 조선공산당이 6·10만세운동을 계획하자, 천도교 구파의 전위로서 이에 참여하였다. 천도교청년동맹원으로, 화요회계 제2차 조선공산당의 당원인 박래원은 1926년 5월 10일경 화요회계의 조선공산당원인 權五卨과 면담하여 그로부터 천도교조직의 참여와 지방연락, 그리고 격고문의 인쇄를 요청받았다.26)

---

24) 표영삼, 16쪽.

25) 「天道敎靑年同盟 創立의 前後」, 『천도교회월보』 1926년 4월호, 36쪽;「천도교청년동맹발기회회록」, 『천도교회월보』 1926년 4월호, 39쪽. 상춘회에 참여하였던 사람이 누구인지는 자세하지 않다. 그러나 천도교청년동맹을 조직하는 데 있어, 천도교청년동맹의 규약을 제정하고 집행위원을 선정하는 데 관여하였던 인물들이 천도교청년동맹의 설립을 주도하였다고 보는 것이 틀림 없을 것이다. 規約起草委員은 朴來泓·曺定昊·朴來源이었고, 전형위원은 朴來泓·朴來源·孫在基·李基說·金在桂였다.

26) 이때 권오설이 박래원에게 부탁한 내용은 자료에 따라 다르게 기록되어 있다. 사건 직후의 신문조서(『권오설 외 11인 조서』(12), 고대 아연자료 문서번호 300-3-099, 1005~1011쪽, 권오설 진술조; 동조서, 1101~1105쪽, 박래원 진술조)에는 단지 선전물을 인쇄하여 달라고 부탁받았다고 되어 있는 데 반하여, 해방 후에 작성된 박래원의 회상기(박래원, 「六·十만세운동 회상」, 『신인간』 337호, 1976. 6. 14쪽)에는 천도교측의 동원과 지방연락, 그리고 격고문 10만 장의 인쇄를 부탁받았다고 되어 있다. 전자의 내용은 천도교측의

박래원은 천도교 구파의 장로인 權東鎭을 찾아가 거사계획을 말하고 협력을 요청하여 그의 응낙을 받고, 실제 운동의 추진과 관련해서 천도교청년동맹의 대표인 박래홍과 집행위원인 손재기 등에게 거사내용을 설명하였다. 그러자 천도교청년동맹의 간부인 이들은 6월 10일 순종의 인산 당일에 각도의 천도교인들이 봉기하도록 유도하겠다고 약속하였다.27)

천도교 구파가 자신들에게 닥칠 위험을 감수하면서 시위투쟁을 전개하려고 하였던 배경은 무엇일까. 일차적으로는 천도교 구파의 반일정서와 깊은 관련이 있을 것으로 여겨진다. 그렇지만 천도교 구파도 3·1운동 후부터 1925년 분립하기까지 개량적 민족운동인 문화운동에 동참하였다는 점을 고려한다면, 다른 정치적 요인이 있었을 것으로 생각된다. 이종린이 자치운동의 주류에서 밀려나게 되자 일대 시위를 통한 자치의 실현을 주장한 것처럼, 구파의 6·10만세 시위운동의 참여는 민족운동의 여러 세력 가운데 약세인 상황을 시위를 통해 일거에 반전시켜 민족운동의 주도권을 장악하려던 것이었다고 판단된다.

천도교 구파의 박래원은 권오설로부터 받은 자금을 갖고 소형인 쇄기 2대를 마련하였다. 그리고 5월 15일 경 권오설로부터 6·10만세운동에 사용할 격고문과 전단의 원고를 받고 5월 17일부터 31일까지 천도교인 白明天과 인쇄직공청년동맹의 집행위원이었던 閔昌植의 집에서 인쇄하였다. 인쇄 후 천도교청년동맹원인 손재기는 격문을 경운동 천도교당 안에 있는 자신의 집에 숨겨두었다. 그리고 천도교 구파의 교주 박인호는 '大韓民國臨時政府印'을 자신의 집에 보관하여 두었다.28)

피해를 줄이기 위하여 천도교와의 관련을 밝히지 않은 것이라고 생각된다.
27) 박래원, 「六·十만세운동 회상」, 15쪽.

박래원과 조선공산당은 6·10만세운동에 사용할 격고문과 전단을 6월 초 각지에 배포하려고 하였다. 이 계획에는 천도교청년동맹원들이 깊이 관여되어 있었다. 이 사실은 천도교청년동맹의 집행위원인 崔炳鉉과 金德淵을 통하여 알 수 있다. 1926년 6월 초 崔炳鉉은 고향인 全北 南原郡 朱川面 朱川里에 머무르고 있다가 일경의 가택수색을 당하였고, 김덕연도 평북 선천에 머무르고 있다가 일경의 가택수색을 당하였다.29) 이들이 6·10만세운동의 격문 배포와 관련이 되었을 가능성이 높았으므로 특별히 수색을 당한 것으로 보인다.
　이처럼 천도교 구파는 화요회 주도의 조선공산당과 제휴하고 천도교청년동맹이 전위가 되어 6·10만세운동을 전개함으로써 민족운동에 있어서 주도권을 잡으려고 하였다. 그러나 거사 직전에 이 계획이 탄로나 천도교 구파는 조직적으로 만세시위를 벌이지는 못하였던 것 같다.

2. 천도교 구파의 신간회운동

　6·10만세운동이 실패하자 구파는 소위 비타협적인 민족주의세력에 접근하였다. 6·10만세운동 후 구파에 대한 일제의 엄중한 감시, 제2차 조선공산당사건으로 인한 사회주의자들의 구속, 조선공산당과 구파를 연결해 주었던 박래원의 검거 등으로, 구파는 다시 사회주의진영과 협동전선을 구축하기가 쉽지 않았다. 그렇다고 독자적

---

28) 장석흥,「천도교 구파의 6·10만세운동」,『북악사론』4, 1997, 300~302쪽.
29)「宣川警察署長 텬도교를 수색」,『東亞日報』1926. 6.10. 5면 ;「各團體를 搜索」,『東亞日報』1926. 6.12. 2면.

인 힘으로 자치운동을 추진하던 천도교신파・동아일보계에 대항하기도 어려웠다. 그렇기 때문에 구파는 비타협적인 민족주의세력과 힘을 합하였다.

천도교청년동맹의 대표위원이었던 박래홍은 1926년 말 구파측 원로인 권동진과 함께 구파를 대표해서, 安在鴻・申錫雨・朴東完・韓龍雲・崔益煥・洪命熹・申采浩 등과 함께 신간회를 창립하기 위한 협의에 참여하였다.30) 그리고 천도교청년동맹의 대표위원인 박래홍, 고문 이종린은 구파의 원로인 권동진과 함께 구파의 대표로서 1927년 1월 신간회의 발기에 참여하였다. 박래홍과 권동진은 2월 15일 신간회의 창립대회시 崔益煥・宋乃浩・李東旭과 함께 규칙심사위원으로 선정되었으며31) 신간회의 창립시 권동진은 부회장, 박래홍과 이종린은 간사에 선임되었다.32)

천도교 구파는 사회주의자들이 1927년 5월 17일 非常設의 조선사회단체중앙협의회를 설립하고 민족단일당론에 따라 결속을 다지자, 권동진・박래홍이 중심이 되어 洪命熹・朴東完・崔益煥・安在鴻・李灌鎔・李鈺・申錫雨와 함께 순민족적 전위분자의 결속체인 '新幹그룹'을 결성하고 신간회 내에서 사회주의자들의 대두를 막는 한편, 자치당의 출현시 자치운동자들과 겨룰 준비를 하였다.33)

또 한편 천도교 구파는 1927년 5월 25일 천도교청년동맹원인 吳尙俊・李晃과 구파측 간부인 金永倫이 중심이 되어 金商震・金炳魯・鄭仁澤・田得鉉・魯成元・方斗波・金相珏・申鉉九・兪炳鮮・金東煥・金革鳴・孫壽 등의 민족주의자와 연계하여 견지동 44번지에

---

30) 慶尙北道警察部, 『高等警察要史』, 1934, 47쪽.
31) 『동아일보』 1927. 2.17.
32) 이균영, 『신간회연구』, 역사비평사, 1993, 99~101쪽.
33) 姜德相 편, 『現代史資料』 29권, 96쪽.

경성북부지회 준비사무소를 마련함으로써34) 서울에서의 지회활동의 주도권을 장악하려 하였다.

비록 신간회 본부가 경성북부지회를 확대하여 사회주의세력이 참여하는 경성지회를 설치하게 함으로써 천도교 구파의 계획이 그대로 달성되지는 못하였지만, 천도교 구파는 천도교청년동맹을 전위로 하여 YMCA의 黃信德·李寬九 등 비타협적 기독교세력과 힘을 합하여 경성지회의 헤게모니를 장악하려고 하였다.35) 이처럼 천도교 구파는 민족주의세력 가운데 특히 같은 종교집단인 기독교의 YMCA와 공동연맹을 맺고 신간회에서의 주도권을 확보하려고 하였다.36)

천도교 구파의 교세는 신간회가 결성될 무렵인 1926년 12월에는 육임파를 포함하여 11,800여 명 정도였고, 1927년 9월 육임파가 구파와의 연합에서 떨어져 나갔을 때에는 6,000여 명밖에 안되었다.37) 이 정도의 교인수는 신간회에 참여한 기독교인의 수에 비하면 미미하였지만, 천도교 구파는 중앙집권화되어 있었으므로 자금의

---

34) 「新幹會北部支會」, 『중외일보』 1927. 5.27. 2면 ; 「신간회경성북부지회 설치준비」, 『東亞日報』 1927. 5.27. 2면.

35) 신간회 경성지회 창립시의 임원은 서무부 : 총무간사 金永倫, 상무간사 金弘鎭·李炳憲·金仁洙, 재무부 : 총무간사 李龍浩, 상무간사 李甲俊·朴一, 정교부 : 총무간사 李春塾, 상무간사 李寬求, 조직부 : 총무간사 金恒圭, 상무간사 申鉉翼, 선전부 : 총무간사 李源爀, 상무간사 丁七星·李東爀·李晃이었다. 이것을 분석해 보면, 金永倫·李炳憲·李晃·朴浣 등의 천도교청년동맹원(이병헌·이황·박완은 천도교청년동맹원)을 중심으로 한 천도교 구파가 黃信德·申鉉九·李寬求·李時浣·朴一 등 YMCA(황신덕·이관구는 YMCA 회원)를 중심으로 한 비타협적 기독교세력과 연계하여 신간회 경성지회를 주도해 나갔음을 알 수 있다(졸고, 「신간회 경성지회의 조직과 활동」, 『1920년대 민족통일전선운동과 신간회』, 제23회 한국사학술세미나 발표문, 국사편찬위원회, 1997.10.24. 34·35쪽 참조).

36) 菊池謙讓, 「朝鮮統治批判」(1929. 9), 高麗書林 編, 『齋藤實文書』 15권, 1990, 191~193쪽.

37) 朝鮮總督府警務局, 「最近ノ天道教ト其ノ分裂ヨリ協同ヘノ科程」, 1930.12, 高麗書林 影印, 『齋藤實文書』 10권, 1990, 468쪽.

마련이 유리하였다. 그리하여 신간회의 창립시 필요한 자금을 주로 구파에서 부담하였다.38)

그러나 창립 때에 부담한 금액의 비중처럼, 구파가 신간회 본부의 직임을 맡았는가 하면 그렇지는 않다. 1927년 2월 신간회의 창립시 51명의 본부 임원 가운데 권동진(부회장), 박래홍(상무간사), 이종린(상무간사)의 3명이 천도교 구파였다. 그리고 1929년 6월 신간회의 복대표대회 후에는 중앙집행위원, 중앙집행위원 후보, 중앙검사위원으로 선정된 78명의 임원 가운데 천도교 구파는 중앙검사위원장 權東鎭과 중앙집행위원 李龍吉 정도였다.39)

신간회 본부에서의 구파의 영향력이 그리 크지 않았으므로, 앞서 살폈듯이 구파는 신간회 경성지회의 설립을 주도하여 경성지회에서 만이라도 헤게모니를 장악하려고 하였다. 설립 때부터 해체 때까지 구파는 경성지회 내에서 막강한 영향력을 행사하였다. 이는 다음 〈표 6-1〉의 경성지회의 임원 가운데 구파가 차지하는 비중을 살펴보면 알 수 있다.

그런데 〈표 6-1〉을 보면 신간회 경성지회에서 이종린은 대표로 활동하였다. 그리고 김영륜, 이병헌, 이황, 박완, 박래홍, 손재기, 박양신, 유한일, 오상준 등 천도교 구파의 쟁쟁한 인물들이 간사로 참여하였음을 알 수 있다.

신간회 본부와 경성지회를 통해서 살펴보면, 권동진을 제외한 박래홍·이종린·이용길은 모두 천도교청년동맹원이었다. 천도교청년동맹원들은 신간회 본부와 경성지회 뿐만 아니라 다른 지방의 신간회 지회의 활동에도 적극 참여하였다.

---

38) 李炳憲,「新幹會運動」,『新東亞』1969년 8월호, 194쪽.

39) 이균영,『신간회연구』, 100-101, 180쪽. 이용길은 천도교선천동맹의 고문으로 활동하였다.

천도교 구파와 신간회

〈표 6-1〉 신간회 경성지회 임원 내 천도교 구파 인물

시기	경성지회임원 내 구파인물	비중
1927. 6.10 설립대회	金永倫(서무부 총무간사), 李炳憲(서무부 상무간사), 李晃(선전부 상무간사), 朴浣(간사), 姜仁澤(간사)	5/25
1927.12.10 1회 정기대회	대표회원 : 李晃・朴浣・朴來泓	3/37
	간사 : 이황・박완・孫在基	3/31
1929. 1.19 임시대회	박완(조연부 총무간사), 박양신(조연부 상무간사)	2/12
1929. 7.21 임시대회	집행위원 : 朴陽信・손재기・吳一澈・이병헌・강인택	5/26
	검사위원 : 劉漢日	1/ 7
1930. 4.12 임시대회	집행위원 : 이종린(집행위원장), 유한일, 손재기, 강인택, 이황	5/31
	대표회원 : 이종린, 오상준	2/ 8
	대표회원 후보 : 박완	1/ 3

천도교 구파는 이러한 신간회 활동으로 교세를 크게 신장하였다. 1927년 9월 육임파가 분립하였을 당시 구파의 교인수는 6,000여 명이었으나, 1930년 12월경에는 교인수가 18,000여 명으로 증가하였다. 천도교청년동맹도 그 지부수가 1927년에는 8개 정도에 지나지 않았으나, 1930년에는 36~40개로 증가하고 맹원수도 1,300여 명에 이르렀다. 이러한 증가에 힘입어 천도교청년동맹은 1928년 4월 천도교청년총동맹체제를 마련하고, 道연맹을 조직하는 등 체제를 강화하였다. 요컨대 천도교 구파는 신간회 운동을 통하여 전위집단인 천도교청년동맹의 체제를 강화하고 구파의 교세를 신장시켰던 것이다.

3. 민중대회사건 후의 천도교 구파와 신간회

1929년 12월 13일 민중대회를 일으키려다가 집행위원장인 許憲 등 신간회의 중앙간부들이 검거되고 이에 따라 지회의 활동도 제약받자, 1930년 1월 신간회 본부의 재정부장 겸 회계로 집행위원장을 대리하던 金炳魯 등 신집행부는 현저히 온건적인 태도를 취하였다.40) 김병로는 종래의 운동방침을 바꾸어 최린 일파가 주장하는 자치운동과 같은 합법운동을 주창하였다.41) 1930년 2월 16일 신간회 본회는 중앙 상무위원회를 열고 김병로와 蔡奎煥이 천도교 신파의 신간회 입회를 권유하기로 결정하였다.42)

신파의 거두로 1929년 하반기 齋藤實 總督의 부임과 함께 다시 자치운동을 전개하였던 최린은 1930년 3월 무렵 溫陽 온천에 간다고 핑계를 대고, 정광조 등 간부들과 협의하여 자치운동의 계획안을 수립하였다. 그는 같은 달에 사회주의자인 徐廷禧・宋奉瑀・李奭 등과 접촉하여 이들로부터 자치운동에 대한 지지를 얻었다.43) 최린은 이 무렵 宋鎭禹・李晶燮과도 비밀리에 자치운동에 관한 의견을 교환하였다.44) 그리고 최린은 신파의 신간회 참여와 자치운동의 강화를 위하여 천도교 구파에 접근하였다. 1930년 3월 최린은 민중대회사건으로 구속되었다가 불기소로 나온 구파의 원로인 권동진을 방문하고 그에게 "신파가 자치운동을 표명하는 것은 당국의 제재를 받지

---

40) 이균영, 『신간회연구』, 381쪽.
41) 京畿道警察部, 『治安狀況』(1931. 7), 『朝鮮問題資料叢書』 6권, 284쪽.
42) 독립운동사 편찬위원회, 『독립운동사자료집』 14권, 1978, 330쪽.
43) 京畿道警察部, 『崔麟等ノ行動ニ關スル件』, 1930. 3.12.
44) 『治安狀況』(1931. 7), 『朝鮮問題資料叢書』 6권, 292・293쪽. 『齋藤實文書』 10권, 478쪽.

않으려는 수단이며 진정한 목적은 독립운동에 있다"고 말하고 신·구파의 합동을 종용하였다.45)

　구파는 신파의 자치운동의 전개와 동참요구에 강력히 반발하였다. 권동진은 신·구파의 합동 자체는 동의하였지만, 대외적으로 자치운동을 표명하고 교도들에게 절대독립을 표시하는 방식으로는 이 운동을 진행시키기 어려울 뿐만 아니라, 자치운동을 통하여 독립을 달성하려는 것은 지금까지 수많은 희생을 감수하여 온 교도를 통일하기 곤란하므로 도저히 받아들일 수 없다고 하였다.46) 우파의 이종린 등도 신파의 자치운동이 천도교의 역사와 천도교의 근본정신을 무시하는 것이라고 하면서 신파의 최린·김기전·이돈화 등을 맹렬히 공격하였다.47)

　그럼에도 불구하고 최린은 '天日紀念日'(최제우의 得道日인 4월 5일) 전날인 4월 4일 각지에서 상경한 신파의 주요 인사를 비밀리에 嘉會洞의 자택으로 불러 이들에게 천도교의 갱생과 조선의 정세상 자치운동이 불가피함을 피력하고 이들의 동의를 얻어 자치운동을 전개하려고 하였다.48)

　그러자 구파는 4월 9일 각 신문에 이종린의 이름으로「천도교 일파의 자치운동 대두에 절대 반대, 철저적 규탄, 천도교인으로 묵과할 수 없다」라는 글을 게재하여 신파의 자치운동에 항의하였다.49) 또한 천도교청년동맹도 4월 8일 상무집행위원회를 열고 천도교의

---

45) 京畿道警察部,「崔麟等ノ行動ニ關スル件」, 1930. 3. 12.
46) 위와 같음.
47)『治安狀況』(1931. 7),『朝鮮問題資料叢書』6권, 292·293쪽.『齋藤實文書』10, 478쪽.
48)『治安狀況』(1931. 7),『朝鮮問題資料叢書』6권, 293쪽.
49)『治安狀況』(1931. 7),『朝鮮問題資料叢書』6권, 293·294쪽.『齋藤實文書』10, 479~481쪽.

정신에 위배되는 자치운동을 절대 반대하기로 결의하고 심지어는 신파의 간부를 찾아가 강력히 항거하기도 하였다.50)

　천도교 구파는 비타협민족주의 세력과 사회주의세력의 지지를 얻어 자치운동을 전개하려던 천도교 신파와 이에 동조적인 신간회 본부에 대항하기 위하여 신간회 경성지회의 운영을 장악하였다. 1930년 4월 12일 열린 경성지회의 임시대회에서 이종린이 임시집행부의 집행위원장으로, 이종린·손재기·유한일·강인택·이황이 대표위원에, 박완이 대표회원 후보에 임명되었다.51) 요컨대 경성지회는 이종린 등 천도교 구파를 중심으로 하는 집행체제가 구성되었다.

　신간회 경성지회를 장악한 천도교 구파는 천도교 신파와 이에 동조하는 본부에 대해 매사 반항적 태도를 견지하며 절대 비타협주의를 고수하였다. 경성지회는 1930년 7월 28일과 8월 8일 개최된 상무집행위원회에서 본부 간부인 朴文熺가 자치운동에 찬성하는 통문을 보낸 것에 대해 신간회의 정신에 위배되는 것이라고 본부에 항의하여 그것을 조사·처리하도록 하였다. 그리고 신간회 본부가 중국관헌에게 피해를 겪는 재만한인들을 조사하는 데 신파의 청년단체인 천도교청년당과 개량적 운동단체인 중앙기독교청년회에서 자금을 마련하여 李克魯를 파견한 것에 대하여, 경성지회는 10월 25일 이극로의 귀국보고시 "반동단체인 천도교청년당과 협의하고 비신간회원인 이극로를 파견한 것은 3만의 신간회원을 무시한 것"이라고 본부에 항의하였다. 그리고 경성지회장인 이종린은 온건화한 본부 임원의 개선을 요구하고, 1930년 11월 9일 임원 개선시 김병로 주도의 본부가 박문희 등을 재임명하자 11월 13일 경성지회의 임시집행위원회를 열고 洪起文과 함께 본부 간부의 불신임을 제안하여 결

---

50) 「최린파자치운동반대결의전말보고문」, 『천도교회월보』 1930년 5월호, 34쪽.
51) 「팔백회중으로 신간경지대회」, 『조선일보』 1930. 4.14. 2면.

국 이를 관철하였다.52) 게다가 경성지회는 1930년 12월 17일 열린 상무집행위원회에서 본부의 중앙집행위원회를 인정하지 않기로 하는 결의문을 발표하고 나아가 이 내용을 구체화한 通議文을 작성하여 전국의 지회에 발송하였다.53)

그러나 천도교 구파의 반자치운동과 비타협주의노선은 1930년 말 동요하였다. 그 이유는 신간회에 참여한 민족주의진영과 사회주의진영의 운동노선의 변화 때문이었다. 일제의 압력과 회유로 신간회 본부의 김병로·박문희 등이 온건화하여 자치운동에 기울었을 뿐만 아니라, 신간회에 참여한 기독교인들이 결성한 기독교신우회도 조병옥 등의 구속 이후 현저히 온건화하였다. 조선청년총동맹에서도 '합법운동', '당면이익획득운동' 등을 내세워 자치운동으로의 방향전환을 모색하는 움직임이 있었다.54) 거기에다가 공산주의자들은 12월 테제와 9월 테제 등의 영향으로 민족주의세력과의 상층 연합에 의거한 정당 형태의 통일전선의 방침을 폐기하고 대중투쟁을 통한 아래로부터의 통일전선과, 당면투쟁을 위한 임시적인 대중단체 협의회 혹은 반제동맹결성을 위한 하층 통일전선운동을 전개하였으며, 1930년 중반에 들어서는 부르주아민족주의 좌파를 고립화시키는 정책을 추진하였다.55)

고립무원의 상태에 빠진 구파는 결국 천도교 신파와 합동함으로써 명맥을 유지하지 않을 수 없었다. 신파의 道領 최린이 1930년

---

52) 『治安狀況』(1931. 7), 『朝鮮問題資料叢書』 6권, 333~335쪽.

53) 「중앙간부를 부인 해소결의엔 반대 주목되는 신간경지의 태도」, 『조선일보』 1930.12.20, 2면; 「전조선신간지회에 통의문을 발송 신간경지」, 『조선일보』 1930.12.27.

54) 박찬승, 『한국근대정치사상사연구』, 역사비평사, 1992, 350·351쪽.

55) 이애숙, 「1930년대 초 청년운동의 동향과 조선청년총동맹의 해소」, 『한국근현대청년운동사』, 풀빛, 1995, 382·383쪽.

10월 17일 구파의 常務宗理師인 吳世昌을 은밀히 경성부 돈의동 45번지에 위치한 자신의 사저로 불러 "조선의 사회적 정세는 한갓 배제항쟁만을 일삼는 것을 허락하지 않으며, 특히 현재 재계의 불황은 조선민족 전부를 극도의 생활고로 위협하며 대중적 전투력의 강화를 제한하고 있다"는 정세의 변화를 설명하고 구파의 노선변경을 주장하였다. 그리고 18일에는 오세창과 권동진에게 노선변경과 합동의 조건으로 朴寅浩의 '承統日'(1월 18일)을 기념일로 정하며 신파의 교인수가 절대적으로 많았음에도 불구하고 敎職을 신・구 양파에 균분하자는 조건을 제시하였다. 그러자 천도교 구파는 합동조건에 관한 숙의를 거쳐 12월 24일 신파와 합동하였다. 그리고 1931년 2월 16일에는 구파의 청년단체인 천도교청년동맹과 신파의 청년단체인 천도교청년당을 합하여 천도교청우당을 결성하였다. 이후 천도교 구파는 신파와 함께 조선농민사와 조선노동사 등을 통하여 개량적인 운동을 전개하여 나갔다.56)

그럼에도 불구하고 천도교 구파는 신간회의 해소에 반대하고 천도교 구파의 이종린이 집행위원장으로 있던 경성지회는 1930년 12월 30일 신간회 해소에 대하여 반대성명을 발표하였다.57) 이는 구파가 신파와 합동하여 당면이익을 취하면서도, 신간회의 유지를 통하여 자신들이 비타협적 세력임을 드러내어 교세를 강화하려던 것이었다. 그렇지만 구파의 이러한 이중적 태도는 신간회의 이념을 무시한 것이었다. 결국 구파가 집행위원회를 장악하였던 경성지회마저도 사회주의세력의 주도로 1931년 4월 14일 임시대회에서 65대 37로 해체가 결정되었다.58)

---

56) 京畿道警察部, 『治安狀況』(1931. 7). 朴慶植 編 『朝鮮問題資料叢書』 6권, アジア問題硏究所, 1982, 288쪽.

57) 『조선일보』 1931. 1. 5. ; 『동아일보』 1931. 1. 7.

맺음말

　1925년 8월 일본에서 한국의 자치에 대해 호의적이던 憲政會가 정권을 잡고, 자치의 실현 가능성이 태평양문제연구회에 참석하였던 송진우 등에 의하여 국내에 소개되자, 천도교 구파는 신파와 함께 자치운동에 참여하였다. 구파는 교내에서 통일기성회를 조직하여 독자적인 세력을 형성한 후, 신파에게 교권의 양보와 자치운동에서의 정치적 지분을 요구하였다. 그러나 신파는 구파의 요구를 거절하였다. 그러자 구파는 교내에서 교인대회(육임파)와 연합하여 구파측 중앙종리원을 설립하고 분립하였다.

　교외적으로 천도교 구파는 타협적 자치운동자와의 차별성을 부각하며 소위 비타협 민족주의자와 화요회 주도의 조선공산당에 접근하였다. 이미 1924년 화요회원인 강달영과 함께 협동전선의 결성을 시도한 바 있던 구파의 李鍾麟은 1926년 3월 구파인 권동진·오상준과 함께 화요회원으로 제2차 조선공산당의 비서인 강달영과 신석우·안재홍·유억겸·박동완 등 조선일보계를 중심으로 한 민족주의자와 협의하여 민족협동전선의 결성을 시도하였다. 그리고 동년 4월 이 전선을 이끌어 갈 청년전위집단으로 천도교청년동맹을 결성하였다. 천도교청년동맹 내에는 박래원·이재곤 등 화요회와 긴밀한 연락을 맺고 있던 사람들이 있어, 구파와 화요회 주도의 조선공산당 간의 협동전선에 가교역할을 하였다. 바로 이러한 토대 위에 구파는 조선공산당과 힘을 합쳐 6·10만세운동을 전개하려고 하였다.

　천도교 구파는 6·10만세운동의 실패 후 일제의 감시와 조선공산당원의 검거 등으로 사회주의진영과 협동전선을 맺기가 쉽지 않자,

---

58)「신간경지대회 해소를 결의」,『동아일보』1931. 4.16. 2면.

안재홍·신석우·박동완 등의 민족주의진영과 힘을 합하여 신간회를 결성하였다. 구파는 중앙집권적 조직력을 바탕으로 신간회 결성에 필요한 자금을 제공하였고, 1927년 5월 사회주의진영에서 신간회 참여를 표명하자, 민족주의진영의 핵심단체인 '新幹그룹'의 결성에 참여하고 경성지회의 설립을 주도하였다. 구파의 신간회 활동을 전위에서 수행한 것은 천도교청년동맹이었는데, 천도교청년동맹은 기독교의 중앙기독교청년회와 힘을 합하여 신간회를 장악하려 하였다. 이러한 신간회 활동으로 구파는 비타협적 인물을 견인함으로써 그 교세를 신장할 수 있었다.

비타협적 신간회운동으로 교세를 크게 신장할 수 있었던 천도교 구파는 민중대회 사건 후인 1930년 신간회 본부가 천도교 신파와 동조하여 자치운동을 전개하자 이에 반대하였다. 1930년 4월 경성지회의 운영권을 장악한 구파는 신간회 본부의 간부를 불신임하는 등 자치운동에 저항하였다. 그러나 기독교신우회 등 민족주의진영의 이탈과 사회주의진영의 운동노선 변화에 따른 좌파 민족주의자 공격 등으로 구파는 고립의 상태에 빠졌다. 결국 천도교 구파는 1930년 12월 교권을 대폭 양보한 신파와 합동한 후 개량적 민족운동을 전개해 나갔다.

제7장

천도교청년동맹의 조직과 활동

머리말

  3·1운동 후 천도교계는 新派, 舊派, 聯合會派, 六任派로 분화하였다. 天道敎 新派는 서북 지역의 천도교인들이 중심을 이루고 있었는데 합법적·타협적 정신에 의한 문화운동과 자치운동을 전개하였다. 舊派는 경기·충청·전라도의 천도교인들이 중심을 점하였는데, 6·10만세운동과 신간회운동에 참여하는 등 급진적·비타협적인 방법으로 사회운동을 전개하였다. 연합회파는 사회주의적인 색채가 농후하여, 비권위적이고·비계급적인 방향으로 교회를 운영하며 형평운동에 참여하고 고려혁명당을 결성하는 등 사회주의적인 운동에 적극 참여하였다. 그리고 六任派는 동학시절의 六任制를 고수하려는 固陋的이고 純宗敎적인 특색을 지니고 있었다.[1]

---

1) 朝鮮總督府警務局,「最近ノ天道敎ト其ノ分裂ヨリ合同ヘノ過程」, 1930.12. 『齋藤實文書』 10권(고려서림 영인, 1990), 466~478쪽. 1920년대 천도교계의 분화에 대해서는 다음의 논문이 참고된다. 金正仁,「1910~25년간 天道敎 勢力의 동향과 民族運動」,『韓國史論』 32, 1994.12. 李庸昌,『1920년대 天道敎의 紛糾와 民族主義運動』, 中央大學校 大學院 碩士學位論文, 1993. 졸고,

이 가운데 천도교 구파는 비타협적인 민족운동을 전개하였다는 점에서 학계의 관심의 대상이 되어왔다. 그리고 이미 기존의 연구를 통하여 천도교구파 지도부의 인물들이 6·10만세운동과 신간회에 참여한 사실이 밝혀진 바 있다.2) 그렇지만 천도교 구파의 청년전위 집단인 천도교청년동맹이 6·10만세운동과 신간회에 관여한 사실은 아직 제대로 밝혀지지 않은 실정이다. 이것은 천도교청년동맹의 중앙과 지부가 집단적으로 이 두 운동에 참여하였음을 밝혀주는 사료가 영성하여 연구자들이 천도교청년동맹에 주목하지 않은 까닭이었다고 생각된다. 그러나 천도교청년동맹원들의 활동을 추적해보면, 천도교구파는 바로 이 천도교청년동맹을 통하여 이 두 민족운동에 간여했음을 알 수 있다.

필자는 본고에서 첫째, 천도교청년동맹의 결성배경과 이 단체의 주도인물과 그들의 특성을 검토해보려 한다. 이 장에서는 먼저 천도교청년동맹이 천도교 구파와 화요회계 사회주의자와의 민족협동전선의 결성과정에서 탄생되었음을 알아보겠다. 아울러 주도 인물의 특성을 살핌으로써 이들이 비타협적인 운동을 전개한 배경을 규명해보려 한다. 둘째는 천도교청년동맹 지부의 확장과 천도교청년총동맹의 결성을 알아보려 한다. 여기에서는 천도교청년동맹 지부의 설립 현황을 검토함으로써 천도교청년동맹이 비타협적인 6·10만세 운동

「1920년대 천도교연합회의 변혁운동」, 『한국근현대사연구』 4집, 1996.5.

2) 천도교구파의 6·10만세운동에서의 활동을 다룬 글로는 張錫興, 「天道教 陣營의 참여세력과 역할」, 『6·10萬歲運動 研究』, 國民大學校 大學院 國史學科 博士學位論文, 1995. 116~136쪽. 표영삼, 「6·10만세와 천도교」 상·하, 『新人間』 510·511호, 1992.11·12. 朴來源, 「痛恨 千秋에 남아」, 『朝鮮日報』, 1964. 4.26. 박래원, 「6·10만세운동 회상」, 『신인간』 337호, 1976. 6. 등이 있다. 그리고 천도교구파의 신간회 내에서의 활동을 다룬 글로는 아래의 것이 도움이 된다. 이병헌, 「신간회운동」, 『신동아』 1969년 8월호 ; 이균영, 『신간회연구』, 역사비평사, 1993. 그러나 아직 천도교구파와 신간회와의 관계를 다룬 專稿는 없는 실정이다.

과 신간회 운동에 참여한 것은 천도교청년동맹과 천도교구파의 세력을 강화하는 것과 밀접한 관련이 있음을 밝히려 한다. 그리고 지부의 확장에 따라 천도교청년동맹을 천도교청년총동맹으로 발전시키고 지부와 본부와의 중개연락을 위해 道聯盟을 설립하는 조직의 정비과정을 검토해 보겠다. 셋째로는 6·10만세운동의 전개에 있어서 천도교청년동맹이 기여한 구체적인 모습을 추적해 보려 한다. 넷째로는 천도교청년동맹의 신간회에서의 활동을 살펴보겠다. 이 장에서는 우선 신간회 본부에서 활동한 천도교청년동맹원들을 추려 내어 이들의 활동을 추적해 보겠다. 이어서 천도교청년동맹의 임원과 신간회 지부의 임원을 대조하여 천도교청년동맹원으로 신간회 지부에서 활동한 인물들을 적출하고 이들의 신간회 내에서의 활동을 파악해 보겠다.

1. 천도교청년동맹의 설립과 주도인물

천도교 구파는 3·1운동 후 주로 서북 출신의 근대적 교육을 받은 천도교인들이 교권을 장악하는 것과 짝하여, 점점 교권을 상실하였다. 그런데 1925년 8월 천도교의 주도세력이 자치운동을 전개하고, 이에 불만을 품은 吳榮昌系의 교인들이 敎人大會를 개최하고 종교적 활동에 전념할 것을 주장하자, 統一期成會를 조직하고 교단의 통일을 주장하였다.

그리고 천도교 신파가 자치의 실현을 예상하고 농민을 장악하기 위하여 서울·상해파 공산주의자와 제휴하자, 천도교 구파는 화요회가 주도하였던 제2차 조선공산당과 제휴하였다. 천도교 신파가 조선농민사를 조직하고 이동휘와 박진순의 도움을 받아 조선농민사의 크레스틴테른 가입을 추진하는 등 활발히 움직이자, 천도교 구파는 천도교인으로 조선공산당의 당수였던 姜達永과 접촉하여 천도교 구파와 조선공산당의 민족협동전선을 맺기로 합의하였다.

바로 이러한 배경에서 박래원, 박래홍 등 서울에 있던 천도교 구파 측 청년 10여 명은 1926년 3월 24일 東大門 밖 永道寺에서 迎春會를 열고, 청년단체를 조직하기로 결정하였다.3) 1926년 4월 3일 오전 9시 中央宗理院 내 회의실에서 개최된 발기회에서는, 臨時席長 申泰舜의 천도교청년단체 조직의 취지에 대한 설명이 있은 후, 청년단체의 명칭을 天道敎靑年同盟으로 확정하고, 朴來泓·曺定昊·朴來源을 規約起草委員으로 선정하였다.4) 그리고 그 날 오후 4시경 천도교당 내에서 열린 창립총회에서 규약을 심의·통과시키고5) 박래홍·박래원·손재기·李基說·金在桂 등 5인의 전형위원이 13인의 집행위원을 선출하였다.6) 다음 날인 4월 4일에는 중앙종리원 회의실에서 제1회 천도교청년동맹 중앙집행위원회를 개최하고 대표위원·상무위원·고문을 선정하였다.7) 이 때 선정된 천도교청년동

---

3) 「天道敎靑年同盟 創立의 前後」, 『천도교회월보』 184호, 1926. 4. 36쪽. 여기에 참여하였던 사람이 누구인지는 자세하지 않다. 그러나 천도교청년동맹을 조직하는 데 있어, 천도교청년동맹의 규약을 제정하고 집행위원을 선정하는 데 관여하였던 인물들이 천도교청년동맹의 설립을 주도하였다고 보아 틀림이 없을 것이다. 規約起草委員은 박래홍·조정호·박래원이었고, 전형위원은 박래홍·박래원·손재기·이기열·김재계이었다. 이 두 위원을 겸하였던 인물은 박래홍과 박래원이었다. 그러므로 박래홍과 박래원이 천도교청년동맹의 설립을 주도하였다고 판단하여도 무리가 아닐 듯 싶다.

4) 「天道敎靑年同盟 創立의 前後」, 『천도교회월보』 184호, 1926. 4. 36쪽. 「천도교청년동맹발기회회록」, 『천도교회월보』 184호, 1926. 4. 39쪽.

5) 「天道敎靑年同盟 創立의 前後」, 『천도교회월보』 184호, 1926. 4. 36·37쪽. 「天道敎靑年同盟創立總會會錄」, 『천도교회월보』 184호, 1926. 4. 39쪽. 규약심의에서는 제1조의 "지방부는 10인 이상의 동맹원이 有한 지방에 置함"이란 조목을 朴漢珪의 動議로 '10인 이상'을 '13인 이상'으로 변경한 외에는 규약은 원안대로 통과되었다.

6) 「天道敎靑年同盟創立總會會錄」, 39쪽.

맹의 간부진을 표로 나타내면 다음의 〈표 7-1〉과 같다. 그리고 이들의 약력을 나타낸 것이 〈표 7-2〉이다.

〈표 7-1〉과 〈표 7-2〉에 의하면, 천도교청년동맹을 설립하는 데 가장 중요한 역할을 하였던 인물은 박래홍과 박래원이었다. 바로 이 두 사람만이 천도교청년동맹의 설립과정에서 규약기초위원과 전형위원을 모두 겸하였기 때문이다.

박래홍은 동학대접주인 朴寅浩의 養子로 1919년 9월부터 1925년까지 천도교에서 문화운동을 추진하기 위하여 조직한 천도교교리강연부(1919. 9.2), 천도교청년회(1920. 4), 천도교청년당(1923. 9.2)의 간무 혹은 상무위원으로 활동하였다.[8] 그는 17세(1910)에 경성관립정동학교에 입학하여 졸업한 후, 23세(1916)에 보성중학교를 졸업하고 그 해에 보성전문학교에 입학하였다. 그 후 그는 1920년 北京大學에 입학하였으나 교회의 사정으로 1년 만에 학업을 중단하고 귀국하였다.[9] 그는 천도교 내에서 국제공산주의자로 지목되기도 하였는데[10] 아마도 1920년 중국의 北京大學에서 수학하

〈표 7-1〉 천도교청년동맹 창립시 본부 임원(1926. 4. 3 ~1928. 4. 5)

대표위원	상 무 위 원	집 행 위 원	고 문
朴來泓	李起貞 李晃(李載坤)	朴漢珪 公淳鏞 姜世熙 李基說 金德淵 曺定昊 金在桂 崔炳鉉 吳一澈 孫在基 申泰舜	李鍾麟 金周 吳尙俊

---

7) 「天道敎靑年同盟創立總會會錄」, 『천도교회월보』 184호, 1926. 4, 39쪽.

8) 趙基栞, 『天道敎靑年黨小史』, 천도교청년당본부, 1935, 71·72쪽; 亞細亞文化社 編, 『東學思想資料叢書』 3권, 1979, 93·94쪽.

9) 「玄波君의 略歷」, 『천도교회월보』 214호, 1918. 10, 23쪽.

10) 표영삼과의 대담. 1997년 3월 21일 수운회관.

〈표 7-2〉 천도교청년동맹의 주도인물

이름	생년	출신지	교육경력	교내활동	교외활동	비고
朴來泓	1894	충남 禮山	보성중학/ 북경대학1년	천도교청년회와 청년당 간부(19-25)/ 천청 대표위원		
朴來源	1901	서울	보성소학교	천청 규약기초위원 겸 전형위원	·경성노동연맹(25.8)/ 제1차 조선공산당 시기 고려공산청년회원/ 조선공산당 제5야체이카 조직원 겸 노동총동맹과 언론기관의 프락치(25, 26)	박인호의 재종질 박래홍의 삼종제
李起貞				천청 상무위원		
李晁 李在坤	1901	평북 義州	보전 법과/ 남경 金陵大 문학과/ 상해 南華學院	오지영 등과 교내 혁신운동 주도(22)/ 천청 상무위원	3·1운동(19)/ 조선학생대회 지육부장(20)/ 고려공산당 입당(21)/ 의열단원(23)/ 경호대(23)/ 상해유학생회 서기(24)	부인은 화요회계의 朴昊辰
朴漢珪				천청 집행위원		
公淳鏞				천청 집행위원		
姜世熙				천청 집행위원		
李基說		평남 平壤		천도교청년회 평양 지회(21)/ 천청 집행위원		
金德淵		평북 宣川		천청 집행위원		
曺定昊				천청 집행위원		
金在桂	1884	전남 長興		장흥교구장(19)/ 중앙총부 금융관장(20년대 초)/ 천청 집행위원		

〈표 7-2〉계속

이름	생년	출신지	교육경력	교내활동	교외활동	비고
崔炳鉉		전북 南原		천청 집행위원		
吳一澈				천청 집행위원		
孫在基				천청 집행위원		손병희의 종손
申泰舜	1884	충남 唐津		당진교구 창설 주도(04)/ 중앙총부 서무과 대표위원(10년대)/ 천청 집행위원	3·1운동시 연락업무(19)/ 민립대학기성회 참여(22)	
李鍾麟	1884	충남 瑞山	성균관 박사	천도교입교(12)/ 천청 고문		포덕과 대표위원
김승주	1872	황해 安岳	한문수학	동학입교(04)/ 안악교구장(07)/ 해주대교구장(18)/ 안악교구교훈(20)/ 중앙종리원 경리과 대표위원(25)/ 천청 고문	해주에서 만세사건 주도(19. 5)하여 1년여의 옥고를 치르고 출옥 (20.4)	경리과 대표위원
吳尙俊	1883	평남 肅川		동학입교(01)/ 玄機觀長(17)/ 천청 고문	조선민우회(22)/ 물산장려회(23)/ 조선노동대회 집행위원(23)	서무과 대표위원

였을 때 사회주의사상을 수용하였고, 천도교 신·구파가 분화할 무렵 문화주의자에서 사회주의적인 인물로 변모하였던 것이 아닌지 모르겠다.

박래원은 교주인 朴寅浩의 再從姪이며 박래홍의 三從弟였다. 그는 17세이던 1917년 普成小學校를 졸업한 후 생계가 곤란하여 大東印

刷株式會社에 印刷職工見習으로 들어갔다. 그는 1924년 10월 동지 십여 명과 勇進黨이라는 청년운동단체를 조직하려고 기도하였다. 그는 1925년 1월 경성인쇄공조합의 집행원이 되었고, 동년 5월에는 화요회원이면서 조선공산당원 겸 고려공산청년회원인 權五卨의 지시로 서울인쇄직공청년동맹을 조직하는 데 주도적 역할을 하였으며, 동년 8월에는 경성노동연맹을 조직하고, 동년 11월에는 조선노동총동맹 집행위원에 선임되었다.11) 또 한편 그는 1925년 4월 제1차 조선공산당 시기의 고려공산청년회에 가입한 후,12) 1925년 12월 화요회가 주도하는 제2차 조선공산당이 결성되었을 때에도 화요회계의 조선공산당원인 李準泰의 권유로 조선공산당에 입당하여 경성 제5야체이카의 조직원과 노동총동맹과 언론기관의 프락치로써 활동하고 있었다.13)

천도교청년동맹 내에서 박래원 외에 또 다른 화요회계 사회주의자는 李在坤(李晃)을 들 수 있다.14) 그는 1901년 5월 25일 평북 의주 古館面 芦洞 684번지에서 출생하였다.15) 그는 1919년 3월 보성전문학교 법과재학중 만세시위운동에 가담하였다가 일본경찰에

---

11) 『왜정시대인물사료』 3권, 21쪽.

12) 「박래원 신문조서」(1회)(고대 아세아문제연구소 소장자료, 문서번호 100), 1926.10.14, 369쪽. 앞의 장석흥의 『6·10萬歲運動 硏究』, 131쪽에서 재인용.

13) 『한국공산주의운동사』 자료편 2권, 104~105쪽. 『강달영 외 48인 의견서』 (고대 아연자료, 문서번호 97), 박래원조.

14) 그가 화요회원이었다는 기록은 발견할 수 없지만, 그와 함께 행동하였던 부인 박호진이 화요파였던 것으로 보아 그도 화요회계이었을 것으로 판단된다(박호진이 화요파였다는 기록은 경성지방법원검사국, 「비밀결사 조선공산당 및 고려공산청년회사건 검거의 건」, 1928, 고대 아연자료 문서번호 200-4-058 근우회 항목).

15) 『동아일보』 1926. 6. 5, 2쪽; 「身分帳指紋原紙」; 국회도서관 편, 『한국민족운동사료-중국편』, 1976, 424쪽.

검거되어 1920년 출옥하였다. 출옥 후 그는 조선학생대회에 참가하여 智育部長이 되었다. 1921년 10월 고려공산당에 입당하였던 그는 1922년 1월 모스크바에서 열린 극동피압박민족대회 및 극동청년대회에 조선학생대회의 대표자격으로 출석하였다.16) 그 후 그는 1922년 朴昊辰과 함께 남경으로 건너가 결혼하고 부부가 함께 금릉대학 문학과에 입학하였다. 그러나 그는 경제적인 어려움으로 학업을 중단하게 되었다.17) 이재곤은 고향인 신의주에 돌아와 1923년 3월 당시 私立 正則學校의 敎師로 활동하면서 의열단원으로 폭탄테러계획에 동참하였다가 일경에 체포되었다.18) 일경으로부터 풀려나 다시 상해로 돌아간 그는 1923년 9월 15일 개교한 金奎植이 교장으로 경영하는 영어전문학교인 南華學院에 다니면서 申螢澈, 李花夫, 安浩相, 朱耀翰, 金顯宅, 李世永, 張鵬, 金澈, 韓光愚 등과 警護隊를 조직하고 上海에 거주하는 한인으로서 일본인집에 출입하는 사람을 점검하며, 고향에서 오는 학자금의 일부를 독립운동자금으로 제공하는 등의 활동을 하였다.19) 또한 그는 1924년 2월 2일 상해 유학생회에서 書記로 선임되어 仁成學校의 건축, 민족의식의 고취 등의 활동을 하였다.20) 1924년에는 금릉대학 교장의 도움으로 다시 학교에 입학하여 1925년까지 3학년을 마쳤던 것 같다.21) 요컨대 이재곤은 중국에 망명하여 남경과 상해에서 학업을 하면서 고려공산당원, 의열단원, 경호대원과 상해 유학생회의 서기로 1926년

---

16) 강만길·성대경 엮음, 『한국사회주의운동 인명사전』, 창작과 비평사, 1966, 392쪽.
17) 『동아일보』 1926. 6. 5. 2면 ; 강만길·성대경 엮음, 앞의 책, 392쪽.
18) 국회도서관 편, 『한국민족운동사료-중국편』, 424쪽.
19) 『한국민족운동사료』 중국편, 490쪽.
20) 『동아일보』 1924. 2.11. 『독립운동사자료집』 13권, 1033·1034쪽.
21) 『동아일보』 1926. 6. 5. 2면.

중반까지 민족운동을 전개하였다. 그는 모종의 밀명을 받고 1926년 3월 하순경 박호진과 함께 상해를 떠나 황해도를 거쳐 4월 9일 서울에 들어왔다.22) 그는 들어오자마자 천도교청년동맹의 상무간사에 선임되었다.23)

집행위원이었던 申泰舜은 1884년 5월 3일 충남 당진 출신으로 1904년 천도교 당진교구를 창설하고, 이후 천도교 중앙총부의 서무과 대표위원을 역임하였고, 3·1운동시에는 독립선언을 위한 연락업무를 담당하였으며, 1922년 11월에 조직된 민립대학기성회에 참여하여 민족교육운동에 힘을 쏟았다.24) 金在桂는 1888년 4월 25일 전남 장흥 출신으로, 3·1운동시에는 장흥교구장으로 3월 15일 장흥군의 독립만세운동을 총지휘한 인물로 3·1운동 직후에는 천도교 중앙총부의 금융관장으로 활동하던 인물이었다.25) 손재기는 손병희의 종손으로 서울에 거주하였다. 최병현은 전북 남원 출신이었다.26) 그리고 金德淵은 평북 선천 출신이었고,27) 이기열은 1921년 6월 평양의 천도교청년회에서 활동한 것으로 보아 평양 출신으로 보인다. 박한규·공순용·강세희·조정호·오일철에 대해서는 자세한 인적사항을 알 수 없다.

다음으로 천도교청년동맹의 고문으로 선임되었던 이종린, 오상준, 김승주에 대하여 살펴보자. 이들은 천도교 구파와 육임파가 연합하여 천도교 신파의 중앙종리원에 대항하여 설립한 중앙종리원의 각과

---

22) 『동아일보』 1926. 6. 5, 2면. 『한국사회주의운동인명사전』, 392쪽.
23) 『동아일보』 1926. 6. 5, 2면.
24) 국가보훈처, 『독립유공자공훈록』 7권, 1990, 489쪽.
25) 국가보훈처, 『독립유공자공훈록』 6권, 1988, 613쪽.
26) 「各團體를 搜索」, 『동아일보』 1926. 6.12 2면. 최병현은 6월 8일 남원군 주천면 주천리에 위치한 집에 머물고 있던 중 일경에게 가택수색을 당하였다.
27) 「宣川警察署長 텬도교를 수색」, 『동아일보』 1926. 6.10, 5면.

대표위원이었다. 즉, 이종린은 포덕과 대표위원, 오상준은 서무과 대표위원, 김승주는 경리과 대표위원이었다.28) 이 중앙종리원의 각 과 대표가 청년동맹의 고문이었다는 것은 천도교청년동맹이 단순히 구파·육임파 청년들만의 단체가 아니고 청년들을 매개로 하여 천도교 구파와 육임파 전체가 참여하는 조직이었다는 것을 의미하는 것이 아닐까 한다.

이종린은 1884년 충남 서산 출신으로 成均館에서 수학하여 박사가 되었다.29) 그는 1909년 오세창이 『大韓民報』를 창간할 때 논설기자로 입사하여 『대한협회회보』 주필, 『제국신문』 기자 등으로 활동하였다. 1912년에 천도교에 입교하여 『天道敎會月報』의 발행에 이바지하고, 3·1운동시에는 『독립신문』의 발행을 주도하였고, 사회주의자와 함께 언론집회압박탄핵회를 결성하였다가 체포되기도 하였다.30) 그는 1923년 1월 조선물산장려회가 창립될 때 이사로 참가하였고,31) 1924년 6월 동아일보의 김성수·송진우를 감금·폭행한 각파유지연맹의 朴春琴 일당을 일제가 비호하자 이를 규탄하는 민중대회 위원장을 맡기도 하였다. 이 밖에 그는 無名會 委員長, 民友會 理事 등 언론인 출신의 정치인으로 활동하였다.

吳尙俊은 1883년 평남 肅川 출신으로 1901, 02년경 동학에 입교하여 1917년 천도교의 교리를 연구하는 玄機觀長이 되었다.32) 그는 1923년 7월 조선노동대회 제4회 정기총회에서 金完圭·李敎鴻과 함께 집행위원으로 선출되었다.33)

---

28) 『천도교회월보』 194호, 19쪽.
29) 京城三千里社, 「朝鮮思想家總觀」, 『三千里』 1933. 2, 23쪽.
30) 주혁, 「조선사정연구회의 연구」, 한양대 석사학위논문, 1992, 20쪽 ; 京城三千里社, 「朝鮮思想家總觀」, 『三千里』 1933. 2, 23쪽.
31) 『동아일보』 1923. 1.27, 3면.
32) 국사편찬위원회, 『한민족독립운동사자료집』 9권, 1989, 367~370쪽.

김승주는 1872년 황해도 安岳郡 安岳面에서 출생하였다. 그의 학력은 어려서 한문을 배운 것이 고작이었다. 그는 1904년 동학에 입교하여 1907년 천도교 안악교구장, 1918년 해주 대교구장이 되었고, 이후 그는 1920년 안악교구의 敎訓으로서 활동하다가 1925년 말 六任派 지도자로서 천도교 구파와 합동하여 중앙종리원의 경리과 대표위원이 되었다. 그는 1919년 5월 해주에서 만세사건을 주모하여 1920년 4월까지 1년여의 옥고를 치렀고 농후한 배일사상을 갖고 배일의식을 고취하며 독립운동을 전개하려 하였다.34)

위의 내용에 의하면 천도교청년동맹의 주도인물들은 당시 천도교의 주도세력인 서북지역(평안・함경・황해도)출신의 인물들이 아닌 충청도(박래홍・이종린・신태순), 전라도(김재계・최병현), 경기도(박래원) 등의 남한 출신이었다. 이 지역은 동학농민운동 때 처절한 피해를 겪었던 지역이므로 이 지역의 교인들은 서북지역의 교인들에 비해 반일감정이 강하였을 것이다. 이러한 정서적인 배경은 천도교청년동맹원들이 타협적인 자치운동을 쉽게 전개할 수 없었던 한 이유일 것이다.

천도교청년동맹원들의 교육적인 배경을 살펴보면, 일본유학생보다는 국내에서 공부하거나 중국에서 공부한 사람들이 많았다. 성균관박사 출신인 이종린, 보성소학교를 졸업한 박래원, 북경대학에서 공부한 박래홍, 남경의 금릉대학에서 공부한 이재곤이 모두 그러하였다. 요컨대 이들의 교육적 배경에 의하면, 이들은 일본유학생들에 비하여 일본 정치인들과 친밀한 인간관계를 형성하고 있지 못하고 있었다. 그러므로 일본이 자치를 허용한다고 하더라도 천도교청년동맹원들이 정치적 헤게모니를 장악하기는 어려웠을 것이다. 바로 이

---

33) 金昌順・金俊燁, 『한국공산주의운동사』 2권, 74쪽 ; 『동아일보』 1923. 7. 9.
34) 『倭政時代人物史料』 1권, 227쪽.

점이 천도교청년동맹을 비롯한 천도교구파가 타협적 자치운동을 전 개하지 않았던 또 다른 이유 가운데 하나가 아닌가 생각된다.

2. 지부의 확장과 천도교청년총동맹 체제의 정비

천도교청년동맹의 본부는 1926년 4월에 조직되었지만, 지부는 그 해에 순조롭게 조직되지 못하였다. 아마도 이것은 뒤에서 살피겠지만 6·10만세운동으로 천도교청년동맹의 본부 임원이 검거되거나 감시를 받았기 때문일 것이다. 천도교청년동맹의 지부는 신간회운동이 본격적으로 전개되었던 1927년부터 1930년까지의 기간에 집중적으로 설치되었다. 뒤의 〈별표 1〉부터 〈별표 7〉까지의 내용을 참조하여, 천도교청년동맹의 설립상황을 〈표 7-3〉로 작성해 보았다. 그리고 1930년 12월의 천도교청년동맹의 상황을 〈표 7-4〉으로 제시하였다.

두 표에 의하면 천도교청년동맹 지부의 설립은 신간회의 활동과 밀접한 관련이 있다고 판단된다. 1927년부터 1929년까지는 천도교청년동맹 지부의 설립이 많았는데, 1928년에 가장 많은 14곳의 지부가 신설되었다.62) 신간회의 해소논의가 들끓었던 1930년에 신설된 천도교청년동맹 지부의 수는 다섯에 지나지 않았다. 이것은 천도교청년동맹의 위세가 신간회의 활동과 밀접한 관련이 있음을 나타내는 것이라고 하겠다. 천도교청년동맹은 신간회활동을 통하여 세력을 확장하였던 것이다. 1930년에는 지부의 수가 36～39개나 되고 동

---

62) 于田, 「戊辰年을 보내면서」, 『천도교회월보』 216호, 1928.12, 15쪽에는 1928년 동안 동맹의 수는 12%, 동맹원수는 18%의 증가가 있었다고 되어 있다. 이 기록은 위의 표의 내용과는 다르지만, 1928년에 천도교청년동맹과 동맹원의 수가 비약적으로 발전했던 것만은 틀림없는 것 같다.

<표 7-3> 천도교청년동맹 지부의 설립현황(1927-1930)

연도 지역	1927년	1928년	1929년	1930년	합계
경상도				함양 9.29	1
전라도		진도 9.30 태인 4.29 순창 8.26 김제 10.15	해남 3.10 태인 2.17 옥구 2.17 남원오신 2.24 정읍 3.10		9
충청도	예산 10.28	당진 7.1 음성 10.1	서산 3.10 제천 3.9	충주 4↓	6
서울 경기도	경성 8.7	수원 8.1	시흥 4.29 용인 9.23	남양 2.29	5
황해도		안악 3↓ 은율서부 7.3 신천 8.21 장연 9.26	송화 1.8		5
평안도	용천 7↓ 벽동 8↓ 선천 11↓ 자성 12↓	구성 3.18 차련관 3.21	강계 4.15	덕천 1↓ 철산 5.4	9
함남		풍산 7.1 북청 8			2
해외		관전 3↓	동경 2.17		2
합계	8	14	12	5	39

맹원의 수도 1,299명에 이르렀다. 즉, 천도교청년동맹은 천도교구파의 전위로서 소위 비타협적 인사들을 견인하여 천도교청년동맹과 천도교구파의 세력을 강화해 갔던 것이다.63)

<표 7-3>과 <표 7-4>에 나타난 천도교청년동맹의 지역적 분포

---

63) 朝鮮總督府警務局,「最近ノ天道教卜其ノ分裂키リ合同ヘノ過程」1930.12, 468쪽. 천도교구파의 수는 1925년 말 분열 당시 6,400여 명이었는데 육임파(1925년 말의 교도수를 확인할 수 없지만 1927년 9월 천도교구파와 결별하고 육임파로 독립하였을 당시 3,180여 명이었다)를 합하고 교세를 확장하여 1926년 12월 경에는 교인수가 18,000여 명으로 증가하였고, 종리원수 150, 재산 20여만 원으로 증가하였다.

천도교청년동맹의 조직과 활동

〈표 7-4〉 천도교청년동맹 일람표(1930년 11월 調)[64]

수\지역	경기	충남	충북	전남	전북	경남	경북	강원	황해	평남	평북	함남	함북	총계
단체수	4	2	4	6	3	1	-	1	7	1	6	1	-	36
단체원수	148	53	88	230	104	13	-	43	123	18	432	47	-	1,299

를 살펴보면 남한이 21곳, 북한이 15곳이고, 지방별로는 전라도 지방이 9곳으로 가장 많았고, 그 다음으로 평안도와 황해도가 각각 7곳, 충청도가 6곳의 순이었다. 그런데 평안도를 비롯한 서북지방은 1927·28년에 설치된 지부가 많았고, 전라도를 비롯한 충청도·경상도의 삼남지방은 1928·29년도에 설립된 지부가 많았다.

천도교청년동맹은 신간회운동으로 비타협적 세력을 견인함으로써 동맹원과 지부의 수가 증가하자 조직체계를 변경하였다. 1928년 2월 규약개정기초위원으로 선정된 金庚咸, 吳一澈, 朴來泓 3명[65]은 규약 수정안을 만든 후, 1928년 3월 10일 본교당 내에서 개최된 중앙집행위원회에서 '천도교청년동맹'이란 명칭을 '청년동학당'이란 명칭으로 바꾸기로 결의하였다.[66] 청년동학당이란 명칭은 천도교청년동맹의 설립시 제기되었으나 채택되지는 않았던 이름이었다. 또 다시 청년동학당이란 명칭을 굳이 다시 사용하려고 하였던 것은 동학이 주는 '통합'과 '비타협'이라는 상징적 이미지를 활용하려던 것이었다. 즉 청년동학당이란 명칭하에 천도교 신파, 천도교연합회파, 천도교육임파, 기타 동학계 종교의 청년들을 규합하여, 단편적·국부적이 아니고 대동일치된 청년단체를 조직하여, 비타협적인 신간회운동을 추진하려던 것이었다.

---

64) 『齊藤實文書』 10권, 576쪽.

65) 『천도교회월보』 203호, 1927.11. 30쪽.

66) 孫在基, 「不遠에 열니는 同盟大會」, 『천도교회월보』 207호, 1928. 3. 13쪽.

중앙집행위원회는 朴來泓・曺定昊・吳一澈 3명을 規約改正과 議案作成委員으로 선임하여 개정된 규약안을 마련하고, 1928년 4월 4일의 임시대회에서 전 천도교청년동맹이란 명칭을 청년동학당으로 변경하였다.67) 그러나 일제는 청년동학당이란 명칭이 과거 동학혁명을 일으킨 단체와 같다고 하여 사용을 금지하였다. 그리하여 결국 1928년 4월 6일 중앙교단 내에서 임시대회를 개최하여 청년동학당의 명칭을 천도교청년총동맹으로 바꾸지 않을 수 없었다.68)

천도교청년총동맹체제로 바뀌면서 중앙집권적 체제가 더욱 강화되었다. 천도교청년총동맹은 4월 6일의 대회에서 손재기의 발의에 따라 전형위원으로 선정된 朴漢珪, 朴來泓, 張鳳南, 金德淵, 韓龍淳, 李炳憲, 鄭煥錫, 金文鳳, 姜世熙, 李璟浩, 玄行默, 曺定昊, 金學贊 등 13명이 35명의 중앙집행위원을 선정하고 천도교청년총동맹의 대표위원으로 박래홍을 선출하였다.69) 4월 7일 개최된 천도교청년총동맹 제1회 중앙집행위원회에서는 常務로 朴浣과 韓龍淳을 선임하고 오일철・조정호・유한일・손재기・박래홍 5인을 규약개정위원으로 선정하여 다음 대회 때까지 규약개정안을 마련토록 하였다. 또한 동맹의 일체 회계를 검찰하기 위한 검찰부를 설치하고 검찰부 위원으로 손재기・오일철・한순회 3인을 임명하였다.70) 1928년 4월 이후 천도교청년총동맹 본부 임원의 변동은 앞의 〈표 7-5〉와 같다.

천도교청년총동맹이 설립되고 난 후 지방조직이 속속 설립되자 중앙과 지방조직을 유기적으로 연결하고 지방조직을 통일적으로 관리하기 위하여 道聯盟을 설립하였다. 최초로 1929년 2월 24일 信

---

67) 「同盟欄」, 『천도교회월보』 207호, 1928. 3. 21쪽.
68) 「天道教青年總同盟」, 『천도교회월보』 208호, 1928. 4, 49・50쪽.
69) 위와 같음.
70) 「同盟彙報」, 『천도교회월보』 209호, 1928. 5. 23・24쪽.

천도교청년동맹의 조직과 활동

<표 7-5> 천도교청년(총)동맹의 본부임원[71]

시기	대표위원	상무위원	집행위원				검찰부 위원	고문
천도교청년 총동맹 설립대회 (1926. 4. 6~)	朴來泓	朴浣・ 韓龍淳	曺定昊 柳宗錫 黃生周 玄行默 姜世熙 朴斗熒 金俊璜 李 翊	李敏龜 劉漢日 朴仁欽 金太翰 公淳鏞 鄭煥奭 李起貞 吳一澈	申學均 李正錫 朴漢珪 尹元世 馬驥賞 劉漢應 劉秉俊 安學淳	孫在基 崔成俊 文昌權 朴希賢 朴炳哲 洪淳義 林時龍 柳仁植	孫在基 吳一澈 韓順會	
천도교청년 총동맹 제1회 정기대회 (1928. 12. 25~)	孫在基	朴浣韓 龍淳	曺定昊 劉漢日 朴漢珪 尹元世 馬驥賞 劉漢應 林時龍 卓禹植 李光玭	李敏龜 李正錫 文昌權 朴希賢 朴炳哲 金俊璜 李 翊 呂運南 金章熙	申學均 黃生周 玄行默 姜世熙 朴斗熒 李起貞 吳一澈 鄭壽根 洪鳴鏞	柳宗錫 朴仁欽 金太翰 公淳鏞 鄭煥奭 劉秉俊 柳仁植 李元圭 曺熙奉	吳一澈 韓順會 金德淵	
천도교청년 총동맹 제4회 중앙집행위원회 (1929. 12. 23~)	孫在基	朴浣 曺定昊 韓龍淳 劉漢日 朴漢珪	동상				동상	

川郡에 본부를 둔 황해도연맹이 조직되고 이어 경기도연맹(1929. 5.30, 본부 : 경성), 전남도연맹(1929. 7.18, 장흥), 평북도연맹 (1929. 8.11, 선천), 충북도연맹 등이 설립되었다. 천도교청년총동 맹 각 도연맹의 책임자는 <표 7-6>과 같다.

---

71) 이 표는 『천도교회월보』의 同盟欄을 참조하여 작성하였다.

<표 7-6> 천도교청년동맹 道聯盟의 조직과 주도인물

명칭	본부 위치	시기	대표	상무위원	집행위원	집행위원	포덕위원	포덕위원	고문
황해도 연맹	信川郡	1929.2.24	玄行黙	金子賢(포덕부) 崔澤善(서무부) 李亨植(경리부)	金承河・李安華・李隱柱・呂運南 李興梧・鄭任悟・林時龍・洪鳴鏞 孫王秀・河聖寶・崔順菁・姜興周 閔永道・李宗植・李亨植・崔德三 羅燦信		孫王秀・河聖寶(松禾)・金承河 朴東柱(長淵)・羅燦信・洪鳴鏞 (殷栗)・宋基亨・李宗錫(安岳) 崔澤善・康齊東(載寧)・金子賢 金萬河・李亨植・崔德三(信川) 閔永道(沙里院)	金皮五・朴東柱	金泳八
경기도 연맹	경성	1929.5.30	李炳憲	李允懷・金相輯	韓順會・尹元世・趙奎元・洪淳珏 李演鶴・尹駿敍・宋任文・崔任遠 朴奎章・朴陽信・朱鍾錫			劉漢日・姜世熙 李起貞	
전남도 연맹	長興郡	1929.7.18	黃任周	洪奉五	郭士律・申學均・張宗植・李斗杓 李仁根・尹炳梓・朴炳晢・金至安 金向東・梁海善			金宗炫・金任班 黃菜周	
평북도 연맹	宣川郡	1929.8.11	金德淵	桂行老 朴仁欽	徐廷龍・孫柱慶・安貞值・申吉五 金鳳地・孫德秀・許宗・李成模 金殷昀・鄭茲榮・朴仁欽・黃霽仁 金麟列・朴希賢・李夢常・桂行老 曺熙奉		金萬守・黄正奎・李達信・李天 柱・李満鎰・金商玉・禹德仁 韓道信・宋炳俊・白龍仁・朴淳 道・金龍文・金龜成・李德基 李鳳煉(龍川)・金尚城・李德運 李成模・金殷炳(碧潼)・朴基玖 李成模・李學日・金運鶴・金向 稻菖坤・黄熙君・田處伯・金石 稻(鐵山)・金泰京・崔永純(宣川)	金學賢・朴斗權 金明鎭・朴得淳 公淳鏞・鄭致榮	韓賢泰・李龍吉 劉孝華・尹泰和 金洛黄・金亨澤 金得運・金黄淵

3. 천도교청년동맹과 6·10만세운동

 지금까지 천도교청년동맹이 천도교구파가 육임파 및 사회주의자와 협동전선을 맺고 이 운동을 추진하기 위한 배경에서 설립되었고, 신간회운동기에 천도교청년동맹의 지부가 증가하면서 천도교청년동맹은 천도교청년총동맹체제로 정비되고 각 도연맹이 설립되었음을 살폈다. 이제 천도교청년동맹이 전개한 6·10만세운동과 신간회운동에 대하여 살펴보겠다.
 천도교청년동맹이 6·10만세운동의 계획72)을 들은 것은 1926년 5월 10일경이었다. 천도교청년동맹원으로 제2차 조선공산당의 당원이기도 하였던 박래원은 5월 10일 李壽元으로부터 權五卨의 면담요청을 듣고 권오설을 방문하였다. 권오설은 박래원에게 천도교조직의 참여와 지방연락 그리고 격고문의 인쇄를 요청하였다.73)

---

72) 1926년 5월 1일 메이데이 기념일에 대중시위를 전개하려고 계획하였던 조선공산당은 4월 25일 융희황제의 승하에 국민의 애도분위기가 고조되는 것을 목도하고 기념시위를 만세운동으로 전환하기로 결정하였다. 1926년 5월 1일 安東縣에 가 조선공산당 임시상해부의 金丹冶를 만나고 그로부터 융희황제의 인산일에 만세운동을 전개하라는 명령을 받고 귀경한 權五卨은 5월 2일 조선공산당 중앙집행위원회에서 임시상해부의 의견을 전하고 6·10만세운동의 추진여부를 논의하였다. 조선공산당 중앙집행위원회에서는 '6·10투쟁특별위원회'를 조직하고 권오설을 책임자로 하고 李智鐸·朴敏英의 3인으로 구성된 6·10투쟁특별위원회 지도부를 구성하였다. 지도부는 투쟁방법으로 첫째 사회주의·민족주의·종교계·청년계의 혁명분자를 망라하여 '대한독립당'을 조직할 것, 둘째 대한 독립당은 우선 6월 10일을 기하여 대시위운동을 실행할 것, 셋째 시위운동의 방법은 장례행렬이 지나는 연도에 시위대를 분산 배치하였다가 격고문 및 전단을 살포하며 대한독립만세를 고창할 것 등을 결정하였다(장석흥, 앞의 학위논문, 108~114쪽).

73) 이때 권오설이 박래원에게 부탁한 내용은 자료에 따라 다르게 기록되어 있다. 사건 직후의 신문조서(「권오설 외 11인 조서(12)」, 고대 아연자료 문서번호 300-3-099, 1005~1011쪽, 권오설 진술조 ; 동 조서, 1101~1105쪽, 박래원 진술조)에는 단지 선전물을 인쇄하여 달라고 부탁받았다고 되어 있는 데 반하여, 해방 후에 작성된 박래원의 회상기(박래원, 「6·10만세운동 회상」,

이 요청을 받은 박래원은 권오설로부터 원고 5종과 지원금 200원을 받고74) 그 길로 천도교 구파의 장로인 權東鎭을 찾아가 거사계획을 말하고 협력을 요청하여 승낙을 받았다. 그리고 그는 천도교청년동맹의 대표인 박래홍과 집행위원인 손재기 등에게 거사내용을 설명하였다. 그러자 천도교청년동맹의 대표자인 이들은 6월 10일 인산당일에 각 도의 천도교인들이 봉기하도록 유도하겠다고 약속하였다.75) 천도교청년동맹이 조선공산당 측의 제의를 받아들였던 것은 첫째, 앞서 살폈듯이 천도교 구파와 조선공산당과의 민족협동전선이 이미 결성되어 있었다는 점, 둘째, 천도교청년동맹의 고문이었던 이종린의 주장처럼 천도교청년동맹원들은 자치의 실현을 위해서는 일대시위가 필요함을 절감하고 있었다는 점을 무시할 수 없다. 그러나 이것과 아울러 교내와 교외의 정치·사회운동의 영역에서 그리 세력이 크지 않았던 천도교 구파가 일대시위를 통하여 세력을 만회하려던 것도 천도교 구파를 대표하는 천도교청년동맹이 6·10만세운동에 참여한 배경이라고 여겨진다. 천도교청년동맹을 비롯한 천도교구파의 지원을 약속받은 박래원은 격문의 인쇄를 위하여 1926년 5월 11, 12일 자신과 같이 인쇄직공조합을 결성하고 조선공산당원으로 활동하고 있던 閔昌植76)을 방문하고 협력을 요청하여 그

14쪽)에는 천도교측의 동원과 지방연락, 그리고 격고문 10만 장의 인쇄를 부탁받았다고 되어 있다. 전자의 내용은 천도교 측의 피해를 줄이기 위하여 천도교와의 관련을 밝히지 않은 것이라고 생각된다.

74) 「권오설 외 11인 조서(12)」, 1101~1105쪽, 박래원 진술조.
75) 박래원, 「6·10만세운동 회상」, 15쪽.
76) 閔昌植은 1925년 3월 박래원 등과 서울인쇄직공청년동맹을 조직하고 집행위원으로 활동하였으며, 경성인쇄직공조합의 집행위원을 겸하면서 1925년 8월 경성노동연맹을 조직하여 그 집행위원이 되었고, 한양청년연맹의 검사위원으로 활동하였으며, 1926년 3월 정달헌의 권유에 의하여 조선공산당에 입당하였다고 한다.〔「강달영 외 48인 의견서」, 1446·1447쪽(장석흥, 앞의 학위논문, 134쪽에서 재인용)〕.

로부터 응낙을 받았다.77) 이로부터 2, 3일 뒤에 박래원은 천도교인으로 경성인쇄직공조합의 집행위원인 楊在植과 海英社의 인쇄직공이면서 신흥청년동맹원이었던 李用宰에게 조력을 부탁하여 이들로부터 응낙을 받았다.78) 박래원은 또 천도교인으로 明心堂이라는 작은 인쇄소 겸 인장포를 경영하고 있던 白明天을 설득하여 가담시켰다. 인쇄를 담당할 동지를 규합한 후 박래원 등은 먼저 안국동 36번지의 빈 집을 월 12원씩 3개월분 36원을 주고 빌려 인쇄장소로 선정하였다. 그리고 백명천을 부부로, 양재식을 하숙생으로 위장하여 입주시켰다.79)

박래원은 5월 15일경 다시 권오설로부터 격고문과 전단의 원고를 받고80) 추가로 250원을 받은 후81) 5월 19일 민창식과 함께 明治町(명동)에 있는 櫻井活版製造所 인쇄기 두 대를 사왔다.82) 박래원은 양재식에게 돈을 주어 활자와 용지 및 紙切刀를 사오게 하고, 자신은 西洋紙 2,000매를 사왔다.83) 그리고 5월 23일부터 인쇄작업에 들어갔다. 27일까지는 안국동 36번지의 백명천의 셋집에서 인쇄

---

77) 「권오설 외 11인 조서(12)」, 1101~1105쪽.
78) 「양재식 신문조서(1회)」 1926.11.1, 고대 아연자료 문서번호 300-3-100, 521쪽 ; 「권오설 외 11인 조서(12)」, 1101~1105쪽 ; 박래원 인터뷰(1969. 3.12, 관수동 개선반점) ; 김창순·김준엽, 『한국공산주의운동사』 2, 463쪽 ; 표영삼, 「6·10만세와 천도교(상)」, 23쪽.
79) 표영삼, 「6·10만세와 천도교(상)」, 23쪽.
80) 「박래원 신문조서(1회)」, 325~326쪽.
81) 「권오설 외 11인 조서(12)」, 1105~1011쪽에는 권오설이 박래원에게 2회에 걸쳐 450원을 주었다고 되어 있고, 같은 조서의 1101~1105쪽에는 박래원이 5월 10일 200원을 받았다고 되어 있다. 그러므로 15일의 2차 면담 때 격고문, 전단의 원고와 함께 250원을 추가로 지원받았던 것 같다.
82) 「권오설 외 11인 조서(12)」, 1101~1105쪽 ; 지중세 편역, 「제2차 조선공산당사건의 검거와 전모」, 『조선사상범검거실화집』, 1946(돌베개, 1984) ; 표영삼, 앞의 글, 23쪽.
83) 「권오설 외 11인 조서(12)」 1101~1105쪽

하였다. 그러나 이곳에서 위조지폐를 인쇄한다는 소문이 나자 그 날로 대형인쇄기는 이화동 122-2번지의 본래의 백명천의 집으로 옮기고, 소형인쇄기는 안국동 27번지의 민창식이 인쇄업을 하던 感告堂에 옮겨 5월 27, 28일경까지84) 격고문 10,300여 장, 「대한독립만세」 20,500여 장, 「대한독립운동자여 단결하라」 8,000여 장, 「조선인 교육은 조선인 본위로」 4,300여 장, 「산업은 조선인 본위로」 7,700여 장의 인쇄를 마쳤다.85) 그리고 박래원은 1926년 5월 23, 24일경 천도교인 백명천에게 '大韓臨時政府'印과 '大韓獨立黨'印을 조각하게 한 후 대한독립당인은 격고문에 날인 후 소각하였고, 대한임시정부인은 동대문 밖 賞春園 내 朴寅浩의 집에 숨겨두었다. 인쇄를 마친 박래원은 5월 27, 28일경 권오설을 방문하여 선전문이 전부 인쇄되었다고 보고하자 권오설은 김단야로부터 보내오기로 한 돈이 오지 않았으니 박래원이 책임지고 보관하라고 하였다.86) 그리하여 박래원은 5월 말 혹은 6월 초에 앞서 제작한 5만여 장의 인쇄물을 천도교청년동맹의 집행위원이며 손병희의 종손으로 개벽사의 제본부 사원인 孫在基의 집에 옮겨 보관하였다.

천도교청년동맹원들은 인쇄작업뿐만 아니라 격문과 선전문의 지방배포, 지방교인들의 동원 등에 관련되었다. 박래원은 권오설과 함께 "『개벽』, 『신인간』, 『신여성』 등의 잡지에 격문을 넣어 지방의 조선일보 지사, 개벽 지사, 소비자조합, 천도교구, 기타 청년단체를 통하여 전국 각지에 배부하려고 계획하고"87) 자신은 호남선·경부

---

84) 「권오설 외 11인 조서(12)」, 1005~1011쪽의 권오설의 진술에 따르면, 박래원이 5월 27, 8일경 와서 인쇄를 마쳤다고 권오설에게 말하였다고 되어 있다.
85) 『한국공산주의운동사』 1권, 464쪽.
86) 『한국공산주의운동사』 1권, 462쪽.
87) 『박래원 신문조서(1회)』, 338~348쪽 ; 박래원, 「6·10만세운동 회상」, 15쪽. 이때 박래원과 권오설이 선정한 배부지역은 전남(광주·목포·순천·광

선 방면의 중심지인 대전에 잠복하여 이 문서의 배포를 도우며88) 민창식, 천도교인 양재식과 격문과 선전문을 광고물로 위장하여 관공서에 배포하며, 천도교인으로 인쇄업에 종사하던 이용재 등과 함께 인쇄직공을 동원하여 융희황제의 인산시 만세운동을 벌이기로 계획하고 있었다.89) 앞서 천도교청년동맹의 대표이사인 박래홍과 집행위원 손재기가 교인 동원에 대한 약속을 하였고, 박래원도 격문과 선전문을 개벽사와 천도교구를 통하여 배포하려고 했던 점으로 보아 5월말, 혹은 6월 초에 이르면, 격문의 배포와 관련되어 박래홍·손재기·박래원 외의 천도교청년동맹원들도 6·10만세운동의 거사 사실을 알았다고 여겨진다. 이러한 사실은 천도교청년동맹의 집행위원인 최병현과 김덕연을 통하여 알 수 있지 않을까 한다. 崔炳鉉·金德淵은 천도교청년동맹 본부의 집행위원이었으면서도 1926년 6월 초 각기 자신들의 고향인 全北 南原郡 朱川面 朱川里와 평북 宣川에 머무르고 있다가, 金德淵은 6월 7일 일경으로부터 가택수색을 당하였고, 최병현은 6월 8일 일경에게 가택수색을 당하였다.90) 그런데 최병현과 김덕연이 거주하였던 남원과 선천은 권오설과 박래원 등이 천도교 교구와 기타 단체를 통하여 배부하려고 계획

양), 전북(전주·군산·정읍·남원), 충남(공주·대전·예산·홍성·천안), 충북(청주·충주·음성), 경남(진주·마산·부산·하동·고성), 경북(대구·안동·상주·영천·포항), 경기(인천·개성·강화·의정부·수원), 황해(황주·해주·사리원·재령·신천), 평남(평양·진남포·안주), 평북(신의주·선천·철산·정주), 함남(함흥·정평·영흥·원산·북청), 함북(청진·나남·온성·웅기)의 주요 도시였다. 이러한 배부지역에 대한 검토는 이미 장석흥이 앞의 학위논문 135쪽에서 검토한 바 있다.

88) 『박래원 신문조서(1회)』, 338~340쪽. 이때 민창식은 경의선 방면의 중심지인 사리원 혹은 평양과 경원선 방면의 중심지인 원산에 잠복하여 이 문서의 배포를 도우려고 계획하고 있었다.

89) 박래원, 「6·10만세운동 회상」, 15쪽.

90) 「宣川警察署長 텬도교를 수색」, 『동아일보』 1926. 6. 10, 5면 ; 「各團體를 搜索」 『동아일보』 1926. 6. 12, 2면.

한 배부처에 속하였다.91) 요컨대 천도교청년동맹원의 집행위원인 최병현과 김덕연은, 첫째 본부의 집행위원이면서 거사 직전에 고향에 머무르고 있던 점, 둘째 일경이 거사관련 혐의로 이들의 집을 수색하였다는 점, 셋째 이들의 거주지가 6·10만세운동의 주모자들이 격문을 보내려고 선정한 배부처에 속하였다는 점 등을 통해서 본다면 6·10만세운동의 계획을 알고 이에 관여하였음에 틀림 없다고 생각된다.92)

이처럼 천도교청년동맹원들은 천도교구파의 전위로서 화요회가 주도하는 조선공산당과 연계하여 6·10만세운동을 전개하려고 계획하였다. 비록 거사 직전에 계획이 탄로남으로써 천도교청년동맹원들은 실제 6월 10일에 만세시위를 벌이지는 못하였다. 천도교청년동맹원들은 신간회 활동을 통하여 1926년 말에서 1931년 초까지 비타협적인 민족운동을 전개해 나갔다.

4. 천도교청년동맹과 신간회운동

천도교청년동맹원들은 천도교구파의 전위로서 신간회의 창립에 관여하였을 뿐만 아니라 창립 후에도 신간회 활동에 적극 참여하였다. 천도교청년동맹의 대표위원이었던 박래홍은 1926년 말 권동진과 함께 소위 비타협민족주의 단체인 천도교구파의 대표로서, 安在鴻·申錫雨·朴東完·韓龍雲·崔益煥·洪命憙 등과 신간회를 창립하기 위한 협의에 참여하였다.93) 그는 1927년 1월 20일에 선정된

---

91) 『박래원 신문조서(1회)』, 340~347쪽 ; 박래원, 「6·10만세운동 회상」, 15쪽.
92) 최병현과 김덕연은 6·10만세운동의 거사계획을 알고 이에 간여하였지만, 서울에서 격문을 보내지 못한 관계로 일경이 단서를 발견하지는 못하였던 것 같다.

27명의 발기인 가운데 한 사람으로 권동진과 함께 천도교구파를 대표하였으며, 정식으로 발표된 34명의 발기인에도 천도교청년동맹의 고문 이종린·권동진과 함께 천도교구파의 대표로서 참여하였다. 박래홍은 2월 15일 신간회의 창립대회시 權東鎭·崔益煥·宋乃浩·李東旭과 함께 신간회의 규약을 심사하기 위한 규칙심사위원으로 활동하였으며,94) 신간회 창립시에는 51명 간부의 한 사람으로 선정되어 천도교청년동맹의 고문인 이종린, 천도교 구파의 원로인 권동진과 함께 신간회 내에서 천도교 구파를 대표하며 활동하였다.95) 그는 1927년 6월경에는 신간회 총무간사회의 상무간사로 활약하였다.96) 특히 그는 신간회 내에서 민족주의자들의 핵심조직인 '新幹그룹'의 일원으로 활동하였다. 그는 사회주의자들이 1927년 5월 17일 非常設의 조선사회단체중앙협의회를 설립하고 민족단일당론에 따라 결속을 다지자, 洪命熹·權東鎭·朴東完·崔益煥·安在鴻·李灌鎔·李鈺·申錫雨 등과 함께 순민족적 전위분자의 결속체인 '新幹그룹'을 결성하여 신간회 내에서 사회주의자들의 독주를 막는 한편, 자치당의 출현시 자치운동자들과 항거할 준비를 하였다.97)

　박래홍이 1928년 10월 5일 피살98)되고 난 후에는 새로 천도교청년동맹의 대표위원이 되었던 孫在基가 박래홍의 역할을 대신하였다. 손재기는 1929년 12월 10일경 許憲·權東鎭·宋鎭禹·李時穆

---

93) 慶尙北道警察部, 『高等警察要史』, 1934, 47쪽.
94) 『동아일보』 1927.2.17.
95) 이균영, 앞의 책, 99~101쪽.
96) 「인사소식」, 『조선일보』 1927.6.10.
97) 姜德相 編, 『現代史資料』 29권, 1972, 96쪽.
98) 『천도교회월보』 214호, 1928.10, 19~22쪽. 천도교의 玄機司長인 표영삼은 徐乙鳳이 일제의 사주로 박래홍을 살해하였다고 하나 확실한 사실은 판단하기 힘들다.

・趙秉玉・洪命熹・李灌鎔・韓龍雲・朱耀翰 등 10명과 함께 광화문 허헌의 집에 모여서 12월 13일 광주학생사건의 정체폭로, 구금된 학생들의 무조건 석방 등을 목표로 하는 민중대회를 전개하기로 결의하였다.99) 손재기는 13일 열기로 한 민중대회에서 권동진, 허헌, 김항규, 이관용, 홍명희, 조병옥, 이원혁, 한용운, 주요한, 김무삼과 함께 연설하기로 예정되어 있었다.100) 그러나 이 대회는 일제의 검거로 사전에 봉쇄되었고 천도교청년동맹의 대표위원인 손재기는 대회추진에 대한 책임으로 12월 23일 일제에 검속되었다.101)

천도교청년동맹의 대표위원 외에, 천도교청년경성동맹의 상무위원(1928. 4 임명)과 천도교청년경기도연맹의 집행위원(1929. 5 임명)으로 활동하였던 朴陽信은 1929년 3월 19, 20일 신간회의 정기대회를 개최하기 위한 준비위원회의 서무부 부원으로 활동하였고, 1929년 7월경에는 신간회 경성지회의 집행위원과 출판부원(1929. 7월경)으로 활동하였다. 그는 1929년 12월의 민중대회사건에도 관여하였다.102) 또한 천도교청년선천동맹의 고문(1927. 12 임명)으로 활동하였던 李龍吉은 1929년 6월 대표회위원회에서 중앙집행위원으로 선출되었고,103) 1929년 11월 24일 신간회 제2회 중앙집행위원회에서는 평북특파원에 선임되었다.104)

---

99)「民衆大會事件豫審決定書全文」;朝鮮總督府警務局,「光州・京城における學生事件の表面竝學生秘密結社及其系統」(姜在彦,『朝鮮總督府警務局極秘文書-光州抗日學生事件資料』, 名古屋:豊媒社, 1979, 366・367쪽에 소수. 이균영, 앞의 책, 208쪽에서 재인용).

100) 姜在彦,『朝鮮總督府警務局極秘文書-光州抗日學生事件資料』, 名古屋:豊媒社, 1979, 382・383쪽에 소수(이균영, 앞의 책, 209쪽에서 재인용).

101)「중앙집행위원회」『천도교회월보』229호, 1930. 1, 56, 477・478쪽.

102)『조선일보』1929.12.14.

103)『동아일보』1929. 7. 6.

104) 독립운동사편찬위원회,『독립운동사자료집』14권, 1978, 326쪽.

천도교청년동맹원들은 본부뿐 아니라 신간회 지부에서도 매우 활발히 활동하였다. 천도교청년동맹원 가운데 신간회 지부에서 활동한 인물들을 앞의 〈표 7-7〉과 〈표 7-8〉로 나타내 보았다. 〈표 7-7〉과 〈표 7-8〉에 의하면, 천도교청년동맹원들은 신간회의 지부 가운데 특히 경성지회를 설립하기 위한 준비모임시 천도교청년동맹원인 吳尙俊·李炳憲·李晃·朴浣은 다른 준비위원 17명과 함께 경성지회의 설립을 준비하였다.105) 그리고 이들 가운데 이병헌·이황·박완은 1927년 6월 10일 신간회 경성지회의 창립대회시 간사에 선임되었다.106) 1927년 6월 15일 부서의 책임자가 정해질 때, 이병헌은 서무부 상무간사에, 이황은 선전부 상무간사로 선임되었고107) 박완은 특정부서에 속하지 않고 강연회의 강사로 활동하였다.108) 1927년 12월 10일 경성지회의 임원진을 새로 변경하였을 때에도 이황과 박완은 대표위원에 선임되었다.109) 그리고 4일 뒤에 열린 경성지회 제1회 간사회에서 각 부서의 책임자를 선정하였을 때 박완은 조사연구부 상무간사에 선임되었다. 이 때 申泰舜과 孫在基는 재정부 총무간사와 상무간사에 선임되었다.110)

---

105) 『동아일보』 1927. 5.27 ; 『조선일보』 1927. 6. 3.
106) 『동아일보』 1927. 6.12 ; 『조선일보』 1927. 6.12.
107) 『조선일보』 1927. 6.18.
108) 『조선일보』 1927.11.30 ; 『조선일보』 1927. 12. 6.
109) 『조선일보』 1927.12.12.
110) 『독립운동사자료집』 14권, 1978, 301쪽.

〈표 7-7〉 신간회 경성지회 활동 천도교청년동맹원

이름	신간회 지부	신간회지부의 지위	시기	천도교청년동맹지위	비고
吳尙俊	京城	지회설립준비위원	27. 5	고문	
李炳憲	京城	지회설립준비위원 서무부 상무간사 집행위원·조직부원	27. 5 27. 6 29. 7	경기도연맹 대표위원, 경성 집행위원·대표 위원	독자14-314·315
李晁	京城	지회설립준비위원 선전부 상무간사 대표위원	27. 5 27. 6 27.10	상무위원, 경성 집행위원	본명 : 李在坤, 처 : 朴昊辰
朴浣	京城	지회설립준비위원 간사 대표위원·강연회강사·조사연구부총무 간사 집행위원·출판부장 상무집행위원	27. 5 27. 6 27.12 29. 7 30. 4	경성 대표위원· 반대표·상무위원	독자14-301·314·315·333
李鍾麟	京城	집행위원장		고문	전체대행 대행집행위원회건으로 출현한 경성지회
朴陽信	京城	집행위원·출판부원	29. 7	경기도연맹 집행위원, 경성 상무위원	독자14-314·315
孫在基	京城	재정부 총무간사 집행위원	27.12 29. 7	집행위원	독자14-301·314·315
朴漢珪	京城	서무부원	30. 4	집행위원	독자14-333
申泰舜	京城	재정부 총무간사	27.12	집행위원	독자14-301
劉漢日	京城	검사위원	29. 7	경성 집행위원, 집행위원, 경기도연맹 검찰위원	독자14-315
金相楫	京西	해체조사위원	31. 2	경기도연맹 상무위원	

자료:『천도교회월보』의 동맹란과 이균영,「지회의 부서 및 간부진」,『신간회연구』, 역사비평사, 1993, 581~659쪽을 참조하여 작성.
주 : 독자는『독립운동사자료집』을 말함.

〈표 7-8〉 신간회 지방 지회 활동 천도교청년동맹원

이름	신간회 지부	신간회지부의 지위	시기	천도교청년동맹지위	비고
姜世熙	江華	조직선전부장	29. 9	집행위원, 경기도연맹 검찰부위원	
韓順會	廣州	회장 부회장 검사위원	27. 8 28.12 29. 8	검찰부위원, 경기도연맹 집행위원	
洪鍾珏	水原	조직선전부 총무간사 위원	27.10 30. 4	경기도연맹 집행위원, 수원 검찰·대표위원	
羅天綱	水原	검사위원	30. 4	수원 집행위원	
金宗炫	康津	서무부 총무간사	29. 1	강진 대표위원, 전남도연맹 검찰	
金尙東	長興	정치문화부 총무간사	27. 7	전남도연맹 집행위원	독자14-295
黃生周	長興	서무부 총무간사	27. 7	전남도연맹 대표위원, 집행위원	독자14-295
崔炳鉉	南原	재무부 총무간사 총무간사	27. 8 29. 2	집행위원	
朱永錫	井邑	서무부 총무간사 위원	28. 2 28. 8	정읍 상무위원	
黃瑋壽	井邑	상무간사	28. 2	정읍 대표위원	
李忠範	唐津	간사 위원	27.11~ 31.1	당진 대표위원	
李一淳	瑞山	간사	28. 4	서산 집행위원	
鄭公憲	陰城	상무간사	29. 2	음성 상무위원·집행위원,·반대표	
金東煥	淸州	위원	29. 7	음성 상무위원·집행위원	
洪淳昶	忠州	간사	28. 2	충주 대표위원	
金承浩	龍川	간사	27.11	용천 상무위원	
安貞洛	龍川	간사	27.11	용천 집행위원, 평북도연맹 집행 위원	

자료 : 이균영, 「지회의 부서 및 간부진」, 『신간회연구』, 역사비평사, 1993, 581~659쪽을 참조하여 작성.
주 : 독자는 『독립운동사자료집』을 말함.

1928년 7월경 천도교청년경성동맹의 대표위원, 경기도연맹의 대표위원으로 신간회 경성지회의 총무간사였던 이병헌은 1928년 7월 이후 安在鴻과 평안도 지방을, 이종린과 함경도 지방을, 趙憲泳과 강원도 지방을 순회하며 강연을 통해 민족의식을 고취하였다.111) 1929년 7월 21일 천도교기념관에서 열린 신간회 경성지회 임시대회에서 간부를 선출하였을 때, 천도교청년동맹원인 박완·朴陽信·손재기·이병헌은 집행위원에, 유한일은 검사위원에 선정되었다.112) 그리고 2일 후 신임간부들이 모여 제1회 중앙집행위원회를 개최하고 각 부서의 책임자를 선정하였을 때 이병헌은 조직부원에, 박완은 출판부장에, 박양신은 출판부원에 선정되었다.113) 이 외에도 천도교청년동맹의 고문인 이종린은 1931년 1월 전체대회 대행중앙집행위원회건으로 만들어진 경성지회의 집행위원장으로 활동하였고,114) 金相楫은 1931년 2월경 京西지회에서 활동하였다.115)

위의 〈표 7-8〉에 의하면, 천도교청년동맹원들은 본부와 경성에 국한되지 않고, 여러 지방의 신간회 지회에서 활동하였음을 알 수 있다. 천도교청년(총)동맹 경기도연맹의 집행위원, 수원동맹의 검찰·대표위원으로 활동하였던 강세희가 1929년 신간회 강화지회의 조직선전부장으로 활동한 것 외에도 위의 〈표 7-8〉에 나타난 바와 같이 천도교청년동맹 지부의 책임자들은 각지의 신간회 지부의 임원으로 활동하였다.

---

111) 李炳憲, 앞의 글, 197쪽.
112) 『독립운동사자료집』 14권, 1978, 314~315쪽.
113) 『독립운동사자료집』 14권, 1978, 315쪽.
114) 『동아일보』 1931. 1. 7·12·14·17·18 ; 『조선일보』 1931. 1. 5·12·19.
115) 『동아일보』 1931. 2. 9.

맺음말

　천도교청년동맹은 1926년 4월 3일 박래홍, 박래원 등 천도교 구파의 청년들이 중심이 되어 조직한 천도교 구파의 청년전위단체였다. 이 단체는 1925년 8월부터 천도교 신파가 교권을 장악한 천도교종리원에서 자치운동을 전개하면서 천도교 구파를 배제하자, 천도교육임파 및 화요회계의 사회주의자와 연합하였던 천도교구파가 활동력이 왕성한 청년단체를 조직하여 교세를 확장하고 신장된 교세를 바탕으로 민족운동에서 영향력을 행사하기 위하여 조직한 것이다.
　천도교청년동맹의 설립에 가장 주도적인 역할을 하였던 인물은 박래홍과 박래원이었다. 박래홍은 박인호의 양자로서 천도교청년들을 결집하고 천도교청년동맹의 대표위원으로 활동하였다. 박래원은 천도교청년동맹원 겸 화요회계 공산주의자로서 천도교구파와 화요회와의 민족협동전선을 형성하는데 기여하였다. 천도교청년동맹 집행위원들의 출신지역은 전라·충청·경기도 등 동학농민운동시 처참한 피해를 겪은 남한지역이 많았다. 그리고 이들은 일본유학생 출신이 거의 없었고, 국내에서 공부하거나 중국에서 유학한 사람이 많았다. 요컨대 이들은 정서적으로 반일감정이 강해 일제의 타협적인 운동에 반대하였고, 사실 자치가 실현되더라도 헤게모니를 장악할 수 없던 인물이었다. 바로 이런 점 때문에 천도교청년동맹원들은 타협적인 자치운동을 반대하고 소위 비타협적인 민족운동을 전개하여 갔던 것이다.
　천도교청년동맹은 신간회 활동을 통하여 천도교도와 일반인을 견인함으로서 천도교청년동맹의 지부를 확충하였다. 지부의 수는 1930년 경에 이르면 36~39개나 되었다. 지부가 증가하자 본부에서는 중앙집권적인 방식으로 지부를 효율적으로 관리하기 위해서 천도교청년동맹을 천도교청년총동맹체제로 바꾸고, 각 도에는 천도교청년도연맹을 두어 본부와 지부의 중개역할을 하도록 하였다.

천도교청년동맹은 소위 비타협적인 민족운동인 6·10만세운동과 신간회운동에 적극 참여하였다. 천도교청년동맹은 격문과 선전문의 인쇄, 그리고 이 인쇄물의 배포와 교인 동원 등의 측면에서 6·10만세운동에 관여하였다. 격문의 인쇄에는 박래원·손재기·양재식·이용재 등 인쇄업에 종사하고 있던 천도교청년동맹원들의 활약이 두드러졌다. 그리고 격문의 배포와 교인의 동원에는 천도교청년동맹의 대표위원이었던 박래홍과 박래원 외에도 최병현·김덕연과 같은 지방에 거주하던 천도교청년동맹의 집행위원들이 관계하였다. 천도교청년동맹원들은 사전발각으로 6·10만세운동을 실행하지 못하였다.

천도교청년동맹원들은 1927년 조선일보계·천도교 구파의 민족주의자와 사회주의자가 연계하여 신간회를 결성하자 이에 적극 참여하였다. 특히 천도교청년동맹의 대표위원이었던 박래홍은 권동진·이종린 등과 함께 천도교구파의 대표자로서, 신간회 내의 순민족주의자 집단인 '신간그룹'에 참여하고, 신간회 총무간사회의 상무간사로 활약하는 등 두드러진 활동을 하였다. 1928년 10월 박래홍이 사망한 뒤에는 손재기·박양신·이용길 등이 신간회의 본부에서 활동하였다. 신간회 지부에서 이루어진 천도교청년동맹원들의 활동도 결코 무시할 수 없었다. 특히 신간회 경성지회에서는 집행위원의 반을 천도교청년동맹원이 차지할 정도로 천도교청년동맹의 활동이 두드러졌다.

별표

281

〈별표 1〉 천도교청년동맹 황해도 지부

지부	시기	대표위원	상무위원 포덕	상무위원 경리	서무	임원 집행위원	임원 검찰위원	고문	반대파
安岳同盟	? 28. 4.22	李宗錫							鄭谘謙・金信根・朴賢緖・朴敎燮・宋基亨
殷栗	? 29. 3.24	朴濟淳		金義坤		鄭鏞・姜明錫			黃昌欽・鄭基植・鄭仁浩
殷栗西部	28. 7.3	鄭鏞		鄭永浩		金義坤・朴濟淳			
信川	28. 8.21	李亨植		李正三・李敬植・魯東準・李英華・權義植・金鼎三・金成五・崔選善		李正三・李敬植 李君鎬・李正一・李蘭錫・李干錫・李善鎬・朴相珉・尹明圭		李萬有	
	29. 1.10			李俊善・金鼎三・金成五・權義植・崔選善・康濟東					
	30. 2.23	崔選善		金成五	康景沐	金潤河・金成五・金子賢・李濟云・李亨植・康景沐・禹亨植・裵敎模・宋龍奎・權義植	李正三・梁鳳基		
長淵	28. 9.26	姜興同		金承河・姜俊鏞		李鳳逸・金己煥・朴東柱・姜珍鏞		姜宗秀・李誠彩	
	29. 9.26	강홍주		김승하・金光石		강군용・金己洛・李鳳逸・張永錫	朴東柱・金己煥	姜宗秀・朴永端	
	30. 8.14	강홍주		김승하		장영석・林鳳翰・崔丙三	姜俊鏞	姜元鳳・金元伍	
松禾	29. 1.8	張炳國		朴應甲・呂連鍾		孫王秀	孫斗杓・河聖寶	朴寬河・孫斗淳・禹東金	趙信氷
	29. 1. ?					河成寒・李永燁			

※ 각 동맹의 시기 한 가장 윗란에 표시된 ?는 설립일 미상을 의미함.

〈별표 2〉 천도교청년동맹 평안도 지부

지부명칭	시기	대표	상무 위원	집행위원	집행위원	검찰위원	고문	반 대표
龍川同盟	27.7전 ?	金學贇	金承浩	許應瑞・金禹守・孫世宗・ 申定玉・安貞洛				
	28. 2.27			申定玉・安貞洛				
	28. 5. 1	김하찬	김승호・손세종	박두엄・허응세・金鳳旭・徐廷龍 안정락・김만수・申皇方・손시경				
	29. 2.16	서정룡	손세종	박두엄・김하찬・이천주・신창오・ 송병준・김봉옥・안정락・황정규・ 나의조・김만수	許應世		金貴淵・朴昌烈・ 李利榮	
	30. 1.18	김봉옥	손시경・玄利昌	허응세・서정룡・金皙奎				
碧潼同盟	27.8전 ?	公浮鐥	林基煥	田利善・金冰洪・吳基榮・金錫建・ 金應柱・金炳善・崔東洙・公晟胃・ 金殷炳・公官國・李翔柱・李成模・ 李永彬	高承京			
	28. 7. 1							
宣川同盟	27.11전?							
	27.12.30	金明鎭	朴希賢	崔成俊・桂允昇・桂行老・金麟河・ 金德淵		韓賢泰・李龍吉・ 車洛俊		
	27. 2.14		桂行老	裵天蘇・鄭承蘭・李忠根(증선)			金石崇・李夢常・李萬成・ 金德淵・高承鳳・金麟河・ 桂鳳觀・朴得浮・朴風儀	

〈별표 2〉 계속

지부명칭	시기	대표	상무위원	집행위원	검찰위원	고문	반대표
慈城同盟	27.12전?						
	28. 1.18	金俊璜		任得珠·李子玉·李成富·李起鴻·崔昌彦·李宗根·金龍賢·白承鶴·申明柱·鄭勳선			
	29. 1.11	康起鴻					
	29.10.31	李永夏	姜哲周·尹狌浩				
龜城同盟	28. 3.18	朴仁欽	鄭致榮	黃濟仁·朴貞吉·金尙羲·李貞?·吳俊健·鄭永浩·金俊浚·桂鳳淳·鄭得原·許善群·鄭致榮·吳永笑·李貞運	金文鳳·金俊璜 李裔善	金洛興·崔世用·鄭錫奎·文鳳淳·鄭明河·朴春弘·李亨根·尹泰華·李正學	
	30. 8.31	박인흠	金尙運		裵仁煥		
車站舘同盟	28. 3.21	李熙觀	金益謙·金成禹	曹熙本·趙京嬅·鄭國賢			金益謙·曹熙本
(해제)	30. 7.20						
江界同盟	29. 4.15	金世勳		金允甫·梁基賢·金鳳韶·朴允珝·姜逸永·姜逸碧·金鳳周	白士弼·李元京	金昌河·姜君彦	
鐵山同盟	30. 5. 4	金晟弼	李宗植·成賛奎	李圭燁·田永官·鄭文官·金仁瑞·鄭元璋·鄭元燁·鄭丙鼎 崔美沐·孫佰善	李裁烈	尹雲靑·朴昌文·鄭任根·田時德	
德川同盟	30.1 전?	金致玉	鄭元國·金俊道	金炳雲·吉雲夏·姜尙勳·安 錫·朴用泰·李信昌·鄭昌運·張希俊	金松淵·李仁化	玄聖材·金生元·鄭尙鈺·安承國	
	30. 2. 5						

284

〈별표 3〉 천도교청년동맹 함경도 지부

지부명칭	시기	대표위원	상무위원	집행위원	임원 집행위원	고문	반대표
豊山同盟	27. 7. 1	金炳奎	呂永淑·劉秉俊	崔學天·孟性琊·李信洙·張鳳甫			
北靑同盟	?						
	27. 9.29	金雁模	朴昌珉·金大翰	金裕珍·李京浩·李秦允·溫京楠·高高裕·禹京國·金卿均·車基萬	趙雯學·李泳洙		李沐鎬·金穰模·朴昌權·趙秉烈·金龍七·金裕八·朴基闌·金泳洙·金雲翰·文學木
	29. 2.26	趙雯學·이영수·崔國連	김배한·이영수	이경호·박창민·우경국·고성운·온경식·김웅모·이태윤·김형균·박기충·李翊·김용철	金裕珍		이수호·조병염·김용필·김극모·김은한·박창염·김용철·박기충
	30. 1. 5	金龍七	김응모·崔國連	조은한·우경국·김배한·박창민·朴基闌·趙完燮·김유진·김형균·이영수·朴欖造·魯宗武·온경식·姜河沫·李璟浩			朴明進·車基權·이태윤·박창염·이수호·金龍洙·高龍澤·노종무

285

〈별표 4〉 천도교청년동맹 서울·경기·강원 지부

지부명칭	시기	대표위원	상무위원	집행위원	검찰위원	고문	반대표
京城同盟	27. 8. 7	朴浣	朴晚浩·朴陽信	李晁·李柄憲·盧壽鉉·金允儀·金文鳳·安龍潛	劉漢日·曺定昊		金庚威·金任桂·朴浣·金中權·金相根
	28. 4.20	이병헌					
水原同盟	28. 8. 1	李頴鶴	林鐵圭	金相根·李丙賁·朴奎熙·林德來·林衡來·朴萬根·羅昌世·李鏞憲·郭錦錫 (증산)	洪鍾珏	羅天綱	林德來·郭錦錫·李丙賁·金鎭哲·朴萬根
	28. 9. 1						
	30. 8.12	洪鍾珏	林德來·林商勳	池冰泰·丁泰奉·林衡來·朴商基·張載健			
始興同盟	29. 4.29	劉載俊	李景昊·李興秀	林寅洙·李容朋·權悳龍	李秉壽·金点鳳		
龍仁同盟	29. 9.23	宋在文	沈仁燮	朴水煐·朴永菩·張基俊·金義培	李相宇·安東淳	宋在恩·張漢亭	
南陽同盟	30. 2.28	池冰泰	朴商勳·尹英欽·丁泰奉	朴商基·裵在務·宋秀·金英培·崔秉冀		李會信	
	30. 8.12			해 체 (수원동맹과 병합)			
原州同盟	29. 3.24	崔聖熙	朴秉道·全龍甲	李世珪·全祥雲·金泰官	崔哲熙·金昌賢·李泰壽		
	29. 9.26		박병도	金昌根·全祥雲·김용갑·김태긴	최철희·김창실·이대수		
	30. 4.20	朴秉道		孟仲三·李世奎·全祥雲·김용갑·金泰官	최철희·全福壽·孫光根		

〈별표 5〉 천도교청년동맹 충청·경상도 지부

지부명칭	시기	대표위원	상무위원	집행위원	검찰위원	고문	반대표
禮山同盟	27.10.28	尹 玉	丁奎熙·文任錫·李起哲	朴東和			
	29. 2.20	李完儀	尹仲鉉	李興雲·曹秉仁			吳浩準·李興雲·文秉錫·曹秉仁
	30. 6. 1	崔東煥	曹秉仁·崔秉旭	李興雲·朴英秦·尹仲鉉·金起哲			
唐津同盟	28. 7. 1	李忠範		申秦秀·崔基連·李一淳·金用華·崔燦善·白忠起			
瑞山同盟	29. 3.10	趙炳台	崔秦老	朴炳哲·安載允·文季秦·崔東哭·李仲楢·金義宗·扈俊任		朴炳協·崔炳淵	
陰城同盟	28.10. 1	金草熙	鄭公憲·金東煥	金鶴道·鄭公憲·崔秦鉉·金東煥·南民柄·權漢星·徐秦錫·朴魯錫·權春培	梁俊成·李原來·李圭杉·朴昌會·林道明	李光魯·鄭秦水·金䧹秦·金東培·鄭容鎭 외2인	
	28.11 6						
堤川同盟	29. 3. 9	李奎烈		韓秀秦·明光德·全在東·廉鶴出·朴海俊	金永俊·朴在海·朴濟三	朴永來·金雲河·金顯德	李圭杉·崔秉鉉·鄭公憲·姜榮文·林文龍·李基同·金顯達·朴魯錫·南複柄·金德熙
忠州同盟	?	洪淳祀					
	30. 5.25	金顯達(대리)					
咸陽同盟	30. 9.29	崔性準					

〈별표 6〉 천도교청년동맹 전라도 지부

지부명칭	시기	대표위원	상무위원	집행위원	집행위원	집행위원	고문	반대파
珍島同盟	28. 9.30	李喆鏞	李仁根	張宗圭・朴元俊・金行奇・金順明		金泰・	李正動・黄態海	
康津同盟	28.12. 2 ?	金宗炫	吳會錫	宋化用・梁海善・陳洪權・李聖泰		姜安實・金義泰・洪 淳	吳甚德・李強雨・金珠旭	
海南同盟	29. 3.10	李斗杓	梁會鎭・金喆安・金相泰	曹聖云	鄭云三・元泰文・金莊燮			
莞島同盟	29. 2.17	張宗軾	尹德祚	尹基玉・張宗政・尹基哲・金二浩	申合熙・郭士偉			
	30. 3.20	尹基玉	郭東炫(중임)	張河銀・金東春				
泰仁同盟	28. 4.29	金永遠	鄭永權	朴樑列・崔文甲・朴學奎・尹昌年・梁海萱・朴吉文・金基鉉				
淳昌同盟	28. 8.26	申漢逑	鄭漢燮	金仁壽・權龍儀・權仁安・金己畔・薛逸洙・李鳳儀・林昌主・金基秀・朴正守		趙秉烈・林寬善・趙英弼・金寬必		
金堤同盟	28.10.15	李龍宓	韓順行・金金岩	李昌珠・鄭治仲・廉白用・金吉順・金昌星・安米文・韓占係	趙徹鋼・林黃爭・丁大豊	金相悅・林體郁・蔡宗根		
	30. 2. 2	金金岩	金昌星	李昌珠・廉白用・鄭治仲・安黃文・韓占係	趙徹鋼・丁大豊・林黃爭	김상일・임귀옥・이괘숙・李光坺	체홍기	
沃溝同盟	29. 2.17	申斗徹	金奉斗	蔡相玉・崔昌浩・李賢銘	朱敏焕	崔成悅・元大仁・金昌南	申鉉汶・林基煥	
梧新同盟	29. 2.24	丁鳳奇	丁熊人	趙點人・趙鄭八・梁壽判	林萬沐	朴進際・李康全・陳炅燮	金椰水	
井邑同盟	29. 3.10	黃隆壽	柳性萬・朱永錫	趙泰龍・朴守日・朴性一・徐貞錫・朴景求	林秉奎・徐正先・金萬大	李容俊・陳炅燮	朴椰水・徐任俊	
全州同盟	29. 5.30 ?	吳泰隅	朴榮・李元主・仁喆・申應安	朴正守・李學奉・李正點・朴樑文	金洪斗・朴昌湖・曺秉夏・金貴鉉・李任俊			

〈별표 7〉 해외지역 천도교청년동맹 지부

지부	시기	임					원		반대표
		대표	상무위원	집행위원	포덕부위원	서무부위원	경리부위원	검찰위원	
寬甸同盟	?	朴永極							
	28. 3.26-		金昌奎	金目岳					
	29. 11.25	趙益增	李鳳祥·김정규					李承健·崔元寬·金泳洙	金奉河·金炳旭·朴永極·金允泰·金永樑·李承健·裵學淳
東京同盟	29.2.17-	閔殷基	金虎涉·金箕鍾		申富敬·卞光石·金顯吉	董致厚·柳昌豹·金洛崇	朴永喆·李鳳基·李目用		李德鎬·宋基休·金斗洛·宋東勳
	29. 11.24	申富敬	董致厚·張基喆			金虎涉·朴基俊·朱永苟·李允祚·柳昌豹·宋東勳·李錫允			

찾아보기

[ㄱ]

間島協成講習所 ‖ 77
甲辰開化運動 ‖ 15
姜啓東 ‖ 53, 78
姜九禹 ‖ 68, 69, 79, 119
姜道熙 ‖ 201
姜明赫 ‖ 201
강세중 ‖ 70
姜世熙 ‖ 231, 262
姜受禧 ‖ 119
姜鍊翔 ‖ 78
姜仁澤 ‖ 130
姜智汕 ‖ 105, 115
강호찬 ‖ 138
『개벽』 ‖ 129, 157
개벽사 ‖ 131, 158
개벽사확장기성회 ‖ 138
個人我 ‖ 154
개조 ‖ 157
改造論 ‖ 172

改造思想 ‖ 16
경기도연맹 ‖ 263
경성지회 ‖ 236
高麗革命黨 ‖ 49, 209
高麗革命委員會 ‖ 200
高尙律 ‖ 51
共宣觀長 ‖ 180
公淳鏞 ‖ 231
公約三章 ‖ 197
寬甸縣敎區 ‖ 72
廣濟村 ‖ 61
敎徒大會 ‖ 184
교리강습소 ‖ 54, 83
敎人大會 ‖ 228, 249
舊派 ‖ 247
국민대표회의 ‖ 119
軍備團 ‖ 67
軍事統一促成會 ‖ 108
군사통일회의 ‖ 46, 110, 112, 123

權東鎭 ‖ 18, 23, 226, 230, 236, 271
權秉悳 ‖ 23, 42, 117, 178
規約起草委員 ‖ 250
김경함 ‖ 226
金光熙 ‖ 201, 208
金敎慶 ‖ 179
金起瀍 ‖ 130, 138, 158, 173
金德汝 ‖ 215
金德淵 ‖ 231, 256, 262, 269
金東俊 ‖ 68
金東煥 ‖ 234
金洛允 ‖ 63, 67, 68
金呂植 ‖ 62
金文闢 ‖ 201
金文鳳 ‖ 262
金炳魯 ‖ 234
金炳植 ‖ 201
金秉潤 ‖ 63, 65, 83
金秉濟 ‖ 104
金秉濬 ‖ 104, 117
金秉七 ‖ 62
金鳳國 ‖ 194, 201, 208, 214
김상묵 ‖ 175, 191
金相玨 ‖ 234
金商說 ‖ 27, 180
金相楫 ‖ 276
金商震 ‖ 234
김석현 ‖ 69
김승주 ‖ 231, 258
김영만 ‖ 39
金永倫 ‖ 180, 226, 236

金永錫 ‖ 72
金榮澤 ‖ 72
金玉斌 ‖ 117, 130
김완규 ‖ 23
金龍鎭 ‖ 42
金允植 ‖ 20
金義宗 ‖ 100
金以器 ‖ 51
金履善 ‖ 179
金子天 ‖ 52
金在桂 ‖ 226, 231, 256
金裁薰 ‖ 215
金宗憲 ‖ 52
金中建 ‖ 78
金珍尙 ‖ 72
金振玉 ‖ 27
金鎭八 ‖ 203
金千鎰 ‖ 41
金致甫 ‖ 201
金致浩 ‖ 72
金河俊 ‖ 68, 71
金學贊 ‖ 262
金革鳴 ‖ 234
김형선 ‖ 39
金弘善 ‖ 71, 105, 115
金洪鍾 ‖ 201
金興培 ‖ 42

[ㄴ]

羅敬錫 ‖ 215
나용일 ‖ 39
羅龍煥 ‖ 23, 203

羅仁協 ‖ 23, 117
나찬홍 ‖ 39
南亨祐 ‖ 95, 101, 105, 106
內地統一黨 ‖ 110, 117
노령정부 ‖ 95
魯成元 ‖ 234
盧壽鉉 ‖ 130
盧憲容 ‖ 180
『농민』 ‖ 158

[ㄷ]
『大同』 ‖ 100
大同團 ‖ 100
大宗司長 ‖ 180
大韓國民會 ‖ 68, 72
대한독립군비단 ‖ 46, 72
大韓獨立團 ‖ 66, 67
대한민간정부 ‖ 95
대한민국임시정부 ‖ 46, 113
大憲 ‖ 180, 184
道領 ‖ 241
道聯盟 ‖ 262
독립선언서 ‖ 26
東學俱樂部 ‖ 176
東興學校 ‖ 83

[ㄹ]
聯合會派 ‖ 247

[ㅁ]
武文襄 ‖ 115
文明 ‖ 144

文應祥 ‖ 72
文化 ‖ 144
文化運動 ‖ 154
文化運動論 ‖ 45
文化主義 ‖ 45
閔泳純 ‖ 130, 138
민족개벽 ‖ 164
민족개조론 ‖ 131
민족자결주의 ‖ 16
민중대회 ‖ 238
閔昌植 ‖ 266

[ㅂ]
朴基潤 ‖ 53, 65, 67
朴達成 ‖ 130, 138, 157
朴來源 ‖ 250, 253, 265, 268
朴來泓 ‖ 130, 234, 236, 250, 262
朴變俊 ‖ 52
朴奉允 ‖ 201
朴思稷 ‖ 130, 173
박석홍 ‖ 195
朴性堯 ‖ 42
朴承煥 ‖ 103
朴陽信 ‖ 236, 272, 276
朴永孝 ‖ 19
朴浣 ‖ 236, 273, 276
박용만 ‖ 46
朴容鶴 ‖ 72
朴容和 ‖ 42
朴庸淮 ‖ 130
朴寅浩 ‖ 90, 175, 184, 191,

251, 268
朴周勳 ∥ 52
박준승 ∥ 23, 226
朴讚淳 ∥ 52
朴漢珪 ∥ 231, 262
朴弘允 ∥ 53
반자치운동 ∥ 241
方斗波 ∥ 234
方定煥 ∥ 130, 173
方燦斗 ∥ 72
白明天 ∥ 267
白士元 ∥ 51
白仁玉 ∥ 179
『부인』 ∥ 137
북간도교구 ∥ 82
북경전교실 ∥ 115

[ㅅ]

私立東興學校 ∥ 77
사우제 ∥ 136
社友制度 ∥ 147
사회개벽 ∥ 164
社會我 ∥ 154
賞春園 ∥ 268
西邊界敎區 ∥ 52
西邊上界敎區 ∥ 53, 54, 62, 82
西邊下界敎區 ∥ 54, 62, 82
聖化會 ∥ 122
孫斗星 ∥ 201
손병희 ∥ 18
孫壽 ∥ 234
孫在基 ∥ 231, 236, 268, 273,
276
宋鎭禹 ∥ 20
宋憲 ∥ 201
신간회 경성지회 ∥ 237, 240
신간회 ∥ 236
申達模 ∥ 110
新大韓同盟團 ∥ 106
申道極 ∥ 52
申明德 ∥ 52, 64
新文化建設 ∥ 154, 156, 157
申肅 ∥ 103, 105, 110, 118
申湜 ∥ 154
『신여성』 ∥ 137
申允喆 ∥ 41
申泰舜 ∥ 180, 226, 231,
256, 273
新派 ∥ 247
申鉉九 ∥ 234

[ㅇ]

安東縣 ∥ 72
安尙德 ∥ 98
안창식 ∥ 39
楊在植 ∥ 267
梁俊成 ∥ 42
양한묵 ∥ 23
『어린이』 ∥ 137
엘리트주의 ∥ 158
廉學模 ∥ 67, 68
吳尙俊 ∥ 180, 230, 231, 234,
257, 273
吳世悳 ∥ 104, 105

찾아보기

吳世昌 ‖ 17, 18, 23, 242
오세환 ‖ 69
吳順嬅 ‖ 194
吳一澈 ‖ 231
吳知泳 ‖ 178, 191, 211
龍井敎區 ‖ 73, 82
龍井敎區長 ‖ 64
유공삼 ‖ 195
兪炳鮮 ‖ 234
유산계급 ‖ 158
유식계급 ‖ 158
兪鎭國 ‖ 52
六任派 ‖ 247
尹益善 ‖ 28, 90, 175, 191, 203
尹致昊 ‖ 19, 20
議事員制度 ‖ 177
의정원 ‖ 188
議正員制度 ‖ 176, 177
議正院總會 ‖ 179
義州敎區長 ‖ 102
李景燮 ‖ 28, 39
李璟浩 ‖ 262
이계학 ‖ 68
李君五 ‖ 178
李奎豊 ‖ 208
李基說 ‖ 231
李起貞 ‖ 231
이달하 ‖ 39
李德在 ‖ 52, 71
李敦化 ‖ 130, 157, 173
李東求 ‖ 179, 194, 199, 201, 208
李東洛 ‖ 179, 194, 201, 208
李東郁 ‖ 201
이두성 ‖ 130
李龍吉 ‖ 272
李夢洋 ‖ 105
이민창 ‖ 119
李炳春 ‖ 180, 226
李炳憲 ‖ 236, 262, 273, 276
李祥宇 ‖ 192, 194, 195
이성학 ‖ 69
이시우 ‖ 226
李瑛根 ‖ 100, 105, 97
李龍吉 ‖ 236
李用宰 ‖ 267
이용호 ‖ 39
李宇明 ‖ 105
이윤백 ‖ 69
이윤식 ‖ 39
李仁乾 ‖ 72
李仁淑 ‖ 117, 178, 180
李在坤 ‖ 254
李鍾麟 ‖ 90, 117, 226, 231, 236, 257
이종일 ‖ 23, 90
李鍾勳 ‖ 23, 95, 201, 203
李春耘 ‖ 81
李致龍 ‖ 118
이태언 ‖ 71
李泰潤 ‖ 41
李河英 ‖ 64
李鶴巢 ‖ 52

李晃 ‖ 234, 236, 273
人乃天 ‖ 170
人乃天主義 ‖ 199
人選制 ‖ 198
인종익 ‖ 27
임강교구 ‖ 82
임강현교구 ‖ 54
臨江縣傳敎室 ‖ 54
林禮煥 ‖ 23, 180
林承業 ‖ 104
林宗漢 ‖ 41

[ㅈ]
張敬順 ‖ 105
張南極 ‖ 52
장백교구 ‖ 53, 54
長白支團 ‖ 53, 54, 66, 67
長白縣 ‖ 63
張鳳南 ‖ 262
張鵬翼 ‖ 119
張善處 ‖ 41
장성도 ‖ 39
齋藤實 ‖ 238
전남도연맹 ‖ 263
田得鉉 ‖ 234
典制觀長 ‖ 180
鄭桂琓 ‖ 52, 203
鄭廣朝 ‖ 117, 178, 180
정신개벽 ‖ 164
정용근 ‖ 226
鄭仁淑 ‖ 180
鄭仁澤 ‖ 234

鄭煥錫 ‖ 262
趙基栞 ‖ 130, 173
朝鮮獨立新聞 ‖ 28, 29, 89
朝鮮之偉人 ‖ 145
趙成極 ‖ 68, 78
趙承龍 ‖ 179
조인성 ‖ 194
曹定昊 ‖ 231, 250, 262
趙憲泳 ‖ 276
趙勳 ‖ 68
종교합일론 ‖ 211
宗理院 ‖ 180
宗務院 ‖ 180
宗法院 ‖ 180
宗議師後援會 ‖ 184
宗議院 ‖ 180
宗憲 ‖ 180
朱彬 ‖ 53
池東燮 ‖ 201
輯安縣 ‖ 63

[ㅊ]
차상찬 ‖ 130
창조파 ‖ 123
昌興商會 ‖ 66
蔡章淑 ‖ 41
天道敎 新派 ‖ 247
천도교 중앙위원회 ‖ 228
天道敎舊派 ‖ 169, 227
天道敎非常革命最高委員會 ‖ 203
천도교상해성화회 ‖ 105
天道敎新派 ‖ 169, 228

天道教約法 ‖ 187
天道教聯合敎會 ‖ 187
天道教聯合會 ‖ 45, 169, 170, 224
天道教維新靑年會 ‖ 187
天道教維新學生會 ‖ 184
天道教六任派 ‖ 169
天道教宗理院 ‖ 81
천도교청년경기도연맹 ‖ 272
천도교청년교리강연부 ‖ 72, 129, 163
天道教靑年敎理講硏部 ‖ 45
천도교청년당 ‖ 127, 164
天道教靑年同盟 ‖ 231, 234, 239, 250, 260, 266
천도교청년선천동맹 ‖ 272
천도교청년총동맹 ‖ 262
천도교청년회 ‖ 72, 127, 131, 182
天道教革新團 ‖ 186
天道教會月報 ‖ 157, 175
天選制 ‖ 198
鐵山教區 ‖ 102
청년동학당 ‖ 262
崔南善 ‖ 20
崔東旿 ‖ 100, 105, 115
崔東昊 ‖ 194
崔東曦 ‖ 175, 192, 201, 203
崔崙 ‖ 69, 95
崔麟 ‖ 17, 18, 241
崔炳鉉 ‖ 231, 256, 269
崔炳勳 ‖ 41

崔錫蓮 ‖ 102
崔安國 ‖ 102, 179
최용식 ‖ 39
崔容澈 ‖ 42
崔翊龍 ‖ 68, 71
최제우 ‖ 158
崔宗楨 ‖ 130
최창기 ‖ 70
충북도연맹 ‖ 263

[ㅋ]

카라한 ‖ 206

[ㅌ]

統一期成會 ‖ 226, 227, 249
統一黨 ‖ 119, 98

[ㅍ]

파리강화회의 ‖ 18, 25
평북도연맹 ‖ 263

[ㅎ]

韓圭卨 ‖ 20
韓龍淳 ‖ 262
韓明河 ‖ 103
한용운 ‖ 22
한청일 ‖ 39
한현태 ‖ 226
合同敎徒大會 ‖ 185
玄機觀長 ‖ 180
玄相允 ‖ 20
玄行默 ‖ 262

玄僖運 ‖ 130
協成布德 ‖ 83
協成布德部 ‖ 73
형평사 ‖ 199
형평운동 ‖ 199
洪基兆 ‖ 23, 180
홍길재 ‖ 39
洪濤 ‖ 97, 98, 105
홍두옥 ‖ 39
홍두익 ‖ 39

洪秉箕 ‖ 23, 175, 191, 201, 203
홍석정 ‖ 28, 39
洪鍾河 ‖ 103
洪鍾浩 ‖ 42
和龍敎區 ‖ 52, 76, 82
黃秉周 ‖ 42
黃宇京 ‖ 42
黃學秀 ‖ 110
황해도연맹 ‖ 263